财 政 部 规 划 教 材
四流融合新质财经系列丛书
丛书主编　谭秋云

业财融合会计基础

刘小海　焦建平　任伟峰　主　编
王家清　关　坤　陈小琴　副主编

中国财经出版传媒集团
中国财政经济出版社
·北京·

图书在版编目（CIP）数据

业财融合会计基础 / 刘小海，焦建平，任伟峰主编 .

北京 ：中国财政经济出版社，2024.9（2024.12重印）. --（财政部规划教材）（四流融合新质财经系列丛书 / 谭秋云主编）.

ISBN 978-7-5223-2792-1

Ⅰ. F275.2

中国国家版本馆CIP数据核字第2024CJ0136号

责任编辑：李昊民　　责任校对：徐艳丽

封面设计：刘鹏飞　　责任印制：张　健

业财融合会计基础

YECAI RONGHE KUAIJI JICHU

中国财政经济出版社 出版

URL：http：//www.cfeph.cn

E-mail：cfeph @cfemg.cn

社址：北京市海淀区阜成路甲28号　邮政编码：100142

营销中心电话：010-88191522

天猫网店：中国财政经济出版社旗舰店

网址：https：//zgczjjcbs.tmall.com

人卫印务（北京）有限公司印刷　各地新华书店经销

成品尺寸：203mm × 260mm　16开　18.75印张　391 000字

2024年9月第1版　2024年12月北京第2次印刷

定价：49.80元

ISBN 978-7-5223-2792-1

（图书出现印装问题，本社负责调换，电话：010-88190548）

本社图书质量投诉电话：010-88190744

打击盗版举报热线：010-88191661　QQ：2242791300

本书参编院校：（按首字笔画排序）

山东水利职业学院
山东理工职业学院
山东商业职业技术学院
山西财贸职业技术学院
无锡工艺职业技术学院
太原城市职业技术学院
长沙学院
长沙商贸旅游职业技术学院
长治职业技术学院
石家庄邮电职业技术学院
石家庄职业技术学院
江苏财会职业学院
江苏建筑职业技术学院
江苏海洋大学
江苏商贸职业学院
安徽工业经济职业技术学院
邯郸职业技术学院
怀化职业技术学院
青岛酒店管理职业技术学院
青岛职业技术学院
枣庄职业学院
岳阳职业技术学院
河北建材职业技术学院
临沂职业学院
郴州职业技术学院
徐州工业职业技术学院
浙江工贸职业技术学院
浙江经济职业技术学院
常州工业职业技术学院
常州机电职业技术学院
常德科技职业技术学院
湘潭科技职业学院
湖南电气职业技术学院
湖南安全职业技术学院
湖南财经工业职业技术学院
湖南汽车工程职业大学

丛书参编企业：（按首字笔画排序）

广州贤能控股有限公司
天健会计师事务所
五矿有色金属控股有限公司
中联重科股份有限公司
华天实业控股集团有限公司
兴湘商业保理有限公司
泰格林纸集团股份有限公司
特变电工衡阳变压器有限公司
湖南中德安普大数据网络科技有限公司
湖南东云供应链管理有限公司
湖南安信联合会计师事务所（普通合伙）
湖南金州律师事务所
湖南建工集团有限公司
湖南省神州映晟产教融合控股集团有限公司
湖南省煤业集团有限公司
湖南钢铁集团有限公司
湖南高新创业投资集团有限公司
湖南海利化工股份有限公司
湖南唯国资产评估事务所（普通合伙）
湖南路桥建设集团有限责任公司

序言一

湖南物华天宝、人杰地灵，是中国近现代教育的重要发祥地之一，不断续写着“惟楚有材，于斯为盛”的教育辉煌。近年来，湖南高举“楚怡”职教精神旗帜，坚持把职业教育主动融入经济社会发展大局，坚持教育与产业同频共振，初步构建起具有湖湘特色的现代职教体系，为湖南乃至中国加快构建新发展格局，推动高质量发展提供了强有力的技术技能人才支持。目前，湖南全省共有职业院校581所，在校生156万人，11所高职院校入选国家“双高计划”，入选学校数居全国第5位；国家级教学成果奖、示范专业点、教学竞赛成绩等核心指标均居全国前列，两次获国务院职业教育真抓实干督查激励通报，是部省共建的职教改革发展高地之一，是部省协同推进省域现代职业教育体系建设改革试点省份之一，职业教育整体发展水平已进入全国“第一方阵”，为全国积极探索产教融合、科教融汇的新路径积累经验并作出示范。

全国业财税数智化服务行业产教融合共同体（以下简称“共同体”）成立以来，全面落实习近平总书记“要根据科技发展新趋势，优化高等学校学科设置、人才培养模式，为发展新质生产力、推动高质量发展培养急需人才”的重要指示批示精神，联合共同体内行业组织、学校、科研机构、上下游企业，立足教育链、人才链、产业链数智化转型需要，吸收产业一线最新成果，探索破解财经类专业长期存在的“所学非用，所用非学”“知行不一”“理实脱节”等问题，全面推动专业建设、课程资源、教师队伍、教材教法、实践教学、示范基地、产教研一体等全要素、全方位的改革。特别是共同体牵头，联合省内外200余所职业院校和行业企业，以共建共享“湖南中德安普新质财经学院”为载体，积极应对财经行业新技术、新业态、新标准、新工艺的变化，在人才培养模式改革上进行有益的探索，首创并构建了全新的业务流、数据流、财税流、知识流“四流融合”新质财经人才培养模式，重塑了高质量新质财经技能人才培养目标，重构了业财数据应用与管理标准体系和课程体系，搭建了“四流融合”数字化教学平台，开发了一批业财数据应用与管理创新教材，培养了一批具备业财数据应用与管理技能的双师型教师团队，有力提升了适应湖南“三高四新”战略、“4×4”现代产业体系发展需要的有业务场景视角、有大数据素养、有财税专业知识、有技术应用能力的新财经技能人才培养质量。参与改革的教师、学生对改革效果十分满意，一致认为这次改革不仅是教学手段的改革，更是人才培养目标、教学内容、教学方法和学习方法的改革，开阔了视野，提高了人才培养质量，拓宽了创新创业与就业渠道。这一改革是真正的课堂革命，实现了场景式、数字化教学，适应了智能时代新要求，是一场颠覆性改革和引领式创新，走在了全国高职院校的前列。

在2024年5月召开的“四流融合”新质财经系列教材研讨会上，全国140多所本科、高职院校，20多家企业，300多位专家学者共研共商“四流融合”新质财经人才培养模式改革大计，这将成为“四流融合”新质财经人才培养模式改革的重要里程碑。共同体要发挥首创精神、引领示范作用，联合全省、全国更多职业院校、行业企业参与，聚焦“四流融合”金专业、岗课融通金课程、业财融合金教材、双师双能金教师、产学研创金基地的建设，充分发挥教材、师资的基础性作用，吸引更多学校参与此项改革。

湖南省教育厅将举全省之力全面支持，争取2024年省内70多所开设有财经类专业的高职院校均全面开展此项改革，并积极向全国推广。同时，要及时、认真总结提炼改革经验，推广改革成果，在国家级精品在线开放课程、国家规划教材、国家优秀教材奖、国家教学成果奖等方面取得新突破，引领其他专业创新改革。湖南省教育厅将一如既往关心、支持共同体的建设和发展，希望共同体、全国四流融合新质财经人才培养体系联盟以此为契机，抢抓发展机遇，勇于改革创新，努力把共同体、联盟办得更好，将其打造成“一体两翼”校企合作、产教融合新典范，“五金”建设新标杆，为湖南职业教育高质量发展提供新经验，为全国现代职业教育体系建设提供新范式、新样板。

王仁祥　湖南省教育厅副厅长

2024年7月

序言二

人类社会是人的社会，人始终是第一位的，人是人类社会的出发点和归属；人类社会提高生产力是以人为基础的。新质生产力涉及人和劳动资料、劳动对象，是人运用劳动资料对劳动对象发生作用，人是其中主体的、能动的、积极的、创新的因素。正因如此，一切社会都需要将人的能力发挥到最大。在当今我国社会新质生产力提高的过程中，必然离不开人才培养这一基本前提。如何提高人才培养的质量，一直是人类探索的问题。在新时代、新技术的背景下，通过人才培养模式变革提高人才培养质量，既更为迫切，也迎来了新的机会。

教育或者学习的目的到底是什么，一般认为就是让受教育者获得更多的知识，所以学校是知识的殿堂，老师是知识的传授者，学生是知识的学习者。考试要考知识，到社会工作后要用知识，似乎知识成了教和学的目的。但知识是从哪里来的？知识反映的是什么？人来到这个世界从根本上就是要认知世界，世界以客体的形式存在，包括客体的自然界、客体的人类社会、客体的他人以及客体的自我，都需要认知。只有认知了这个世界，人才能利用这个世界，才能更好地与这个世界融为一体。人类要认知世界这一客体，首先必须要将其反映到大脑之中，没有这一反映，就无法构筑起人与客体世界的联系，也就没有了认知的起点。客体世界反映到人的大脑之中就形成了场景，所谓场景就是人对客体世界的主观反映，通过这一场景，人不仅与客体世界形成了认知联系，更为重要的是通过对这一场景的属性进行归纳和抽象，并用创造的文字进行表达，形成了人类的知识体系。可见，知识生成的过程是人对客体世界进行反映，以此为基础形成场景，再对场景的属性进行抽象和表达的过程。显然，场景是知识之母，而客体世界又是场景之母。由此出发，教和学的目的就是要通过知识的学习，找到和发现知识赖以存在的场景，并进一步将场景和现实的客体世界进行比对，这样既可以判断现有知识的准确性，也可以进行知识的创新。学生通过知识学习是要了解知识背后的场景，老师的讲授是要把自己感知的场景用人类创造的文字语言传导给学生，让学生也能感知并沉浸在同样的场景之中，这就是场景化学习和场景化教学。一旦对客体世界有了真实的、全面的、系统的、完整的场景感，人们就可以将这种场景转化为知识，知识的学习就不再重要，场景的感知将成为知识创造的基础。

至今，财会的教和学主要是以核算场景为基础形成的，核算场景是以标准化、规范化、统一化的会计准则为基础形成的。企业业务活动的结果为开启会计核算之旅的起点。财会的本质是要对企业的业务活动进行全面、系统、完整、连续和实时的反映，从而形成财会信息体系或者财务报告体系。但实际上，以核算场景为基础而形成的财会信息体系只是反映一定时期财务状况和经营成果的价值结果信息，并没有提供形成这一价值结果的业务原因信息，从而导致业财信息的脱钩，业财融合就成为一个尚未解决的重大问题。业财融合起源于企业的底层逻辑，即一切业务都要创造价值，而业务价值的创造要通过人来实现，因此可归结为企业的一切员工要通过开展业务实现企业价值最大化。这本是天经地义的事情，但为什么会成为一个尚未解决的重大问题？原因在于企业必须要将管账、管钱的部门与从事业务的部门分离，以形成内部牵制，其结果是财会部门主要提供一定时期财务状况和经营成果的价值结果信息，业务部门伴随其业务活动的进行只提供部分业务信息，这样就造成了企业价值结果信息与业务原因信息的分离。这种分离一方面使财会难以对业务进行反映，难以提供业务信息；另一方面使企业无法分析和判断哪些业务创造了价值、怎样创造了价值和创造了多少价值，也难以考核和评价每个员工对企业价值贡献的程度，使财会信息的决策有用性大大降低。并且，以此为基础进行的财经教育使人才的培养囿于标准化、规范化的会计准则所构造的原理和方法体系，结果是培养的财经人才往往只懂财会而不懂业务，所学的理论也落后于现实的实践，人才培养出现重大“瓶颈”问题。如何从现在主要着重于核算场景转向业务场景，实现核算场景与业务场景的有效融合，既是企业业财融合的内在要求，也是新质财经人才培养体系根本变革的内在需要。

新质财经人才培养的教和学的基础是教材，知识体系的构造是通过教材形成的。人才培养方案的核心是课程，课程又是以教材为基础的。这些无不说明了教材在人才培养和课程质量提高中的作用。进行财经教育的改革就有必要从教材和教法着手，新质财经人才培养的教材和教法的变革根本上在于怎样实现业财融合。从教材的内容上，如何将会计核算及其核算的对象企业的业务活动转化为教材的内容成为改革的基本方向。通过这一改革，学生不仅能够感知核算场景，更为重要的是能够感知企业的业务场景，也就是能够深入了解企业业务活动的全过程、全要素、全方面，并以此为基础对企业的业务活动进行价值分析和判断。从教学的方式上，如何通过财会知识体系的学习再现核算场景尤其是业务场景，成为教法变革的基本要求，满足这一要求才能真正实现新质财经人才培养内容的业财融合，也才能真正实现教学知识与场景的融合，即实现场景化教学。大数据、人工智能、云计算、物联网、区块链等新技术的使用，不仅能够生动逼真地将企业的业务活动展现在教与学之中，使学生全面了解财会信息或者会计核算赖以存在的业务基础，以及业务活动自身，而且能够将财会知识体系与核算场景、业务场景之间的内在关系予以展示，可以使学生亲身体验知识与场景之间的内在联系，以及场景转化为知识体系的过程。

正是基于以上的思想，我们进行了这次教材及教法的变革，这种变革虽然已经进行了十年，并且已在人才培养和企业培训中产生了积极良好的反响，但仍然需要我们坚持不懈地探索、修正和完善。有许多的教育工作者和实践工作者参与其中，他们已经付出了大量的心血，也仍将继续奉献，期盼有更多致力于教育模式变革的人参与其中。我们相信，通过集体的智慧和群策群力的努力，教育变革的春天就在眼前。

谢志华　教育部高等学校工商管理类专业教学指导委员会副主任委员
谭秋云　湖南中德安普大数据网络科技有限公司董事长
2024年7月

编者按

随着数智化时代的到来，财经教育正面临着前所未有的挑战与机遇，打造一个支持、服务现代产业高质量发展的新质财经教育教学体系，是企业界和教育界共同的社会责任和历史使命。

遵循数据驱动、流程再造、风险管控、价值创造等理念，依托业财税数智化“四流融合”（业务流、数据流、财税流、知识流）应用系统，编写的“四流融合新质财经系列丛书”，包括《业财融合会计基础》《业财融合采购管理》《业财融合生产管理》《业财融合销售管理》《业财融合筹资管理》《业财融合投资管理》《业财融合分配管理》《业财税综合分析》《Python在业财融合中的应用》《业财税融合大数据综合应用》，并分别出版高职专科和本科两种类别，这是在新质生产力背景下新质财经教育理论研究与实践探索相结合的成果。

一、编写指导思想

党的二十大报告明确提出：“要办好人民满意的教育，全面贯彻党的教育方针，落实立德树人根本任务，培养德智体美劳全面发展的社会主义建设者和接班人，加快建设高质量教育体系。”2021年财政部《会计改革与发展“十四五”规划纲要》提出：“构建适应经济发展、产业结构调整、新技术革命和国家治理能力现代化等新形势的会计学科专业体系。”国务院国有资产监督管理委员会《关于中央企业加快建设世界一流财务管理体系的指导意见》提出：“推动财务管理从信息化向数字化、智能化转型，实现以核算场景为基础向业务场景为核心转换，成为企业数字化转型的先行者、引领者、推动者，为加快产业数字化、数字产业化注智赋能。”“四流融合新质财经系列丛书”适应了会计职能从传统的算账、记账、核账、报账向价值管理、资本运营、战略决策辅助等职能持续转型升级的客观需求；适应了财务管理从信息化向数字化、智能化转型，实现以核算场景为基础向业务场景为核心转换的迫切需要；适应了财务服务对象由单个企业或集团的利益相关者，延伸到整个产业链、供应链、生态链，促进数据、信息、技术、标准、金融等全方位协同融合的现实需要，是对党的二十大精神的贯彻落实，也是新时代财经商贸类专业产教融合、岗课赛证融通、高质量转型发展的必然要求。

二、编写背景与目的

首先，数智化时代涌现的人工智能、大数据等许多颠覆性技术创新改变了生产、管理和服务方式，带来了更高效、更智能的工作模式和商业模式，需要企业转变和拓展职能，加强数据治理和应用，优化内部管理和资源配置，推动商业模式创新，实施企业战略发展和价值创造。这些新业态、新模式需要一大批既懂业务又懂财务和管理，具备数据思维、业财思维，具备风险控制、价值创造能力的高素质复合型业财数据管理人才。

其次，要发展新质生产力。价值最大化已成为企业管理核心目标，企业管理已深入成本管控、风险控制、战略规划、资源配置、绩效评价等各个环节，更加注重数据价值挖掘和智能技术应用。基于财经领域新现象、新业态、新技术和新管理方式，财经专业需要从根本上转型升级，重构、重组、重设一种新的教育理念和体系来应对这一变革，从师资、课程、教材、教学内容、教学方式、实践基地等方面进行探索创新，促进财经职业教育与产业发展紧密对接，推动企业从传统的成本导向型向价值导向型转变，赋能企业可持续高质量发展。

三、编写内容与结构

依据数据融合和价值创造核心理念，编者团队编写了高职专科和本科两个系列，遵循“以业务为基础，以场景为载体，以流程为主线，以节点为管控，以决策为中心，以数据为要素，以价值为导向，以财税为支持，以知识为工具，以能力为目标”的理念，围绕企业经营活动中的筹资、采购、生产、销售、分配、投资等业务流程内容，采用“场景导入—认知识别—分析研判—风险控制—任务实施”的架构体系，全流程、全场景、全数据、全节点呈现产业资源、产教资源，并将其转化为教材资源。

四、丛书特色与亮点

本丛书有别于传统财经商贸类教材，特色明显。

（一）思政内化

本丛书价值引领与知识传授并重，将爱国、诚信、法治、公正等社会主义核心价值观，以及节俭、责任、廉洁、奉献等正义的世界观融入每个教学项目、教学场景，培养德技兼修、德才兼备的新质财经人才。

（二）业财融合

本丛书通过产业资源全场景导入，进行跨专业、跨课程融合，将不同专业领域、不同课程必备的核心知识和技能进行系统化重组重构，实行数据驱动、实战导向，将财务知识与业务知识深度融合，理论与实践相结合，实现了岗课合一、岗课融通，满足一人多岗、一岗多能综合能力培养要求，形成一套真实、完整、连续、全面的业财融合知识体系。

（三）数据驱动

本丛书贯通数据治理思维，通过业务场景、业务节点，深度融合数据分析技术与财经专业知识，打通从业务到财务的价值链条，有利于培养学生数据挖掘、预测分析、风险评估及可视化等技能，以及从海量数据中发现业财规律、创新业财模式、指导业财决策、优化业财策略、促进业财创新的能力。本丛书依托产教融合数字化教学平台，形成了以数据为核心，线上线下融合，全覆盖、全穿透财经业务的特色教材体系。

（四）场景教学

本丛书采用任务驱动的全场景教学模式，业务场景贯穿每一个节点，始终以场景为载体，以场景认知识别，以场景分析研判，以场景管控风险，以场景创造价值，以场景提炼总结。学生在“做中学”“学中做”，学做一体，知行合一。

（五）节点控制

本丛书通过对财经商贸类专业的专业基础课程和核心课程知识点与技能点的碎片化、场景化，对接岗位要求，以业务为基础进行流程重构，把经济活动中的“业务项目、业务任务、业务流程、业务场景、业务标准、业务价值”与“教学项目、教学任务、教学流程、教学场景、教学标准、教学效果”进行产教逻辑衔接，精准梳理业务的每个流程、每个节点，将业务节点变为教学难点、重点、要点，围绕节点进行认知识别、分析研判、风险控制，达到课岗对接、教产合一、教随产走。

（六）价值导向

本丛书从价值创造的视角出发，通过业务基础、流程主线、场景载体、数据要素、节点管控等教学设计，深入剖析每个业务节点在价值创造过程中的作用与机制，帮助学生理解管理在核算到财务端、财务到业务端、业务到业务端价值创造过程中的关键作用，培养学生形成价值导向的管理思维，提升财经管理工作的价值创造能力，同时助推核算会计向价值会计转型发展。

本丛书由全国业财税数智化服务行业产教融合共同体、湖南中德安普大数据网络科技有限公司及中国财政经济出版社联合策划，来自全国的60位专家担任教材主编。感谢湖南省教育厅、湖南省人民政府国有资产监督管理委员会、湖南省教育科学研究院、中国会计学会、中国商业会计学会等单位的大力支持；感谢全国300多所学校、500多位参编教师及泰格林纸集团股份有限公司等20多家企业、40多位实战专家，感谢他们的辛苦付出及卓越创新；同时还要向本丛书引用的文献等资料的原作者和单位表达感谢。

在此向关心、支持新质财经教育事业的所有同仁一并致谢。

丛书编委会

2024年7月

前言

《业财融合会计基础》是新质财经系列创新性教材之一。本教材坚持贯彻党的二十大精神，落实新时代党加强教材建设和管理的总体要求，坚持把立德树人作为根本任务，以培养懂项目、懂合同、懂产品、懂会计、懂绩效、有业务流视角、有数据流思维、有财税流素养、有知识流技能的“五懂四有”“四流融合”新质财经管理型人才为目的，由各行业企业专家和众多一线教师反复研究编撰而成。

本教材具有以下主要特色：

1. 贯穿“四流融合”新理念

本书以一家上市公司真实业务为场景，以知识应用为原则，以业财分析为主线，以数据管理为目标，对企业筹资、采购、生产、销售、投资、分配等业务活动，进行分析、研判、处理，实现业务流、数据流、财税流、知识流“四流”全面融合，落实新质财经人才培养新理念。

2. 创新“五步”教学新模式

本书按照“场景导入—认知识别—分析研判—风险控制—任务实施”的体例进行编写，即导入企业真实业务场景，认知财税专业知识，分析业财融合处理方法，提示风险控制关键点，完成业财实施任务。将业务场景与岗位技能有机融合，将分析研判与业财知识有机融合，将风险控制与思政教育有机融合，提高学生运用多学科知识创造性解决问题的能力，创新新质财经人才培养新模式。

3. 构建“由果到因”新方法

本书通过期初数据起点展示，业务场景呈现，数据变动分析等方式，帮助学生构建“报表—要素—工具—方法—报表”由果到因的业财数据分析闭环。以企业经济业务的报表项目为出发点，分解从会计报表—会计要素—报表项目—会计科目—经济业务的相互关系，通过会计科目发生额及余额的变化，引导学生直观感受经济业务对报表数据的影响，实现从报表数据出发，再回归报表的数据逻辑闭环流转，落实了知识和技能由“是什么”到“为什么”的根本性变革，并将本书全部经济业务的数据贯通，引导学生在任务实施中感知企业数据的来龙去脉，增强学生的数据思维，构建新质财经人才培养新方法。

4.创建“业务要素”新思维

本书提出对会计科目按“业务要素”进行分类，将会计科目分为筹资业务科目、采购业务科目、生产业务科目、销售业务科目、投资业务科目、分配业务科目、业务共用类科目七类会计科目，并在筹资、采购、生产、销售、投资、分配等业务项目中植入与业务相关的主要会计报表项目及会计科目，培养学生基于业务视角参与生产经营活动全过程、全方位的价值创造和基于财务视角介入生产经营活动全过程、全方位的价值管理理念，创建新质财经人才培养新思维。

本书是高等职业教育财经类专业、工商管理类专业等专业的基础课程教材。全书共由八个项目组成，项目1为业财会计认知，主要是让学习者认知企业与会计报表、会计要素与报表项目、经济业务与会计科目、账户与借贷记账法等会计基础知识；项目2至项目7分别为筹资业务核算、采购业务核算、生产业务核算、销售业务核算、投资业务核算、利润与利润分配核算，主要是让学习者了解企业主要经济业务流程和业务内容，学会业财分析，掌握账务处理；项目8为业财会计工作程序，使学习者掌握填制会计凭证、登记会计账簿、编制会计报表、分析财务指标等会计工作基本流程和基本技能。

本书由郴州职业技术学院刘小海、江苏财会职业学院焦建平、石家庄邮电职业技术学院任伟峰三人任主编，郴州职业技术学院王家清、山西财贸职业技术学院关坤、浙江工贸职业技术学院陈小琴任副主编，湖南中德安普大数据网络科技有限公司沈慧，郴州职业技术学院黄慧丹，常德科技职业技术学院林俊，岳阳职业技术学院刘齐阳，湖南电气职业技术学院王雅婷，山西财贸职业技术学院宋雪羽，湖南汽车工程职业大学李伟、陈明霞，石家庄邮电职业技术学院李悦恩，常德科技职业技术学院张洁、刘雅云，怀化职业技术学院李芬芬、粟龄慧，长沙商贸旅游职业技术学院胡文艳，浙江工贸职业技术学院张顺华，山东商业职业技术学院马淑娥，江苏商贸职业学院朱丹璇、季玉环，岳阳职业技术学院魏文，河北建材职业技术学院刘丽，江苏财会职业学院张雨薇等36所学校、20家企业共计57人参与教材编写及相关数字化资源的制作，最后由教育部高等学校工商管理类专业教学指导委员会副主任委员谢志华等审定，在编写过程中得到了行业企业、兄弟院校的大力支持，在此表示衷心的感谢。

由于时间和水平的限制，本书难免存在一些缺点和错误，敬请广大同行批评指正。

编者

2024年7月

获取更多教学资源

请扫码登录本书场景资源库

登录账号获取请联系：slrhxzcj@163.com

cfeph@cfemg.cn

目录

项目 1　业财会计认知

学习目标

知识目标

1. 了解企业及其经济活动；
2. 了解会计报表及其组成，熟悉资产负债表、利润表的内容和结构；
3. 掌握资产、负债、所有者权益、收入、费用、利润会计六要素的内涵及其分类；
4. 掌握借贷记账法的含义及其记账原理。

技能目标

1. 能判断经济业务对会计要素的影响，进而分析会计报表项目的变化；
2. 能识别会计报表项目与会计科目的对应关系；
3. 能运用借贷记账法对经济业务进行会计处理。

素质目标

1. 正确认知会计职业，养成业财融合的思维习惯；
2. 自觉遵守法规、准则，具备诚实守信的职业道德；
3. 具有严谨细致、爱岗敬业的职业态度；
4. 具备终身学习能力，养成勤奋刻苦、锐意进取的思想品格。

随着数字技术的发展，数据正逐步成为企业的一项重要基础资产，并为数字化时代企业的高质量发展赋能。企业需要依托信息技术加强数据治理、深化业财融合，实现资源利用效率的提高、风险防范水平的促进以及企业整体价值的提升。此刻，开启业财会计学习之旅。

任务 1　企业与会计报表

【教学重点】企业经济活动；会计报表及组成。

【教学难点】会计报表初步阅读。

学习业财会计，先从了解企业和阅读报表开始。通过了解企业基本信息、组织架构、经济活动、业务流程、盈利模式等，建立对企业的基本认知；通过了解会计报表及组成，理解会计向内部管理者、外部投资者等决策者披露企业的财务状况、经营成果和现金流量等会计信息的使命。

一、企业基本情况

【场景1-1】

企业名称：珠江纸业股份有限公司（以下简称“珠江纸业”或“公司”）

法定代表人：王旗

统一社会信用代码：91441900MA3CCA2C89

成立日期：2000年9月28日

注册资本：153,750.6462万元

企业类型：股份有限公司

纳税人资质：增值税一般纳税人

企业规模：大型企业

所属行业：造纸业

企业简介：珠江纸业前身为珠江造纸厂，始建于2000年，公司地处广东省东莞市，位于珠三角入海口，北邻广州、南接深圳，水陆交通十分便利。经过20多年持续经营，目前已成为一家大型文化纸研发、生产和销售企业。主导产品有胶版纸、颜B纸、轻型纸、颜A纸、轻涂纸、办公用纸、淋膜原纸、热敏原纸、牛皮包装纸9个品种，产品广泛应用于高档书刊、报纸、杂志的印刷。公司产品品牌在国内享有较高声誉。原料及主要材料包括阔叶浆、针叶浆、原木、木片等，辅助材料包括引纸绳、石灰、液碱、工业盐等，燃料包括煤炭、柴油、谷壳等。拥有10条造纸生产线，造纸产能达96万吨/年，年收入超50亿元。每年向国家纳税4,000多万元。

认知识别

1. 企业

企业是一个通过从事生产、购买、销售商品或提供服务等经济活动以满足社会需求来实现盈利的经济组织。企业必须依法设立、自主经营、自负盈亏并独立核算。企业必须具备一定的基本要素才能得以存续，包括各种资源、经营场所、法人地位等。企业在经济发展中扮演重要的角色，不仅提供了就业机会，贡献了税收，还促进了技术进步和社会发展。企业按所有权结构不同分为独资企业、合伙企业、有限责任公司和股份有限公司，按行业不同分为制造业、服务业、贸易业等。

珠江纸业属于股份有限公司，所属行业为制造业——造纸业。

思考：什么是股份有限公司？什么是制造业？

2. 企业经济活动

企业的经济活动多种多样，按其性质不同分为经营活动、投资活动和筹资活动。以制造业为例，其经营活动包括采购、生产、销售和分配等基本经营活动。采购活动包括采购计划、招标管理、采购合同、发货通知、验收入库、发票管理、货款结算、分析与考核等业务流程；生产活动包括生产计划、领料业务、投料业务、作业统计、产品统计、产品入库、分析与考核等业务流程；销售活动包括销售预测、定价管理、销售合同、产品发货、发票管理、货款结算、分析与考核等业务流程。分配活动包括计提所得税、计提法定盈余公积、计提任意盈余公积、计算股利、股东大会审议、发放股利、分析等业务流程。

公司主要经济活动包括采购活动、生产活动、销售活动、筹资活动、投资活动、分配活动等。

【知识拓展】会计基本假设

思考：企业经济活动如何影响其资金运动？

二、企业组织架构

【场景1-2】为使各种经济活动有序开展，公司设立了董事会、监事会、总经办、财务部、战略发展部、证券部、运营管理部、人力资源部、党政办、工会、监审法务部、采购中心、招标办公室、进出口部、设备管理部、生产技术管理部、仓储部、安全保卫部、技术中心、营销部、质量管理中心、生产中心、维修中心23个部门。公司组织架构如图1-1所示。

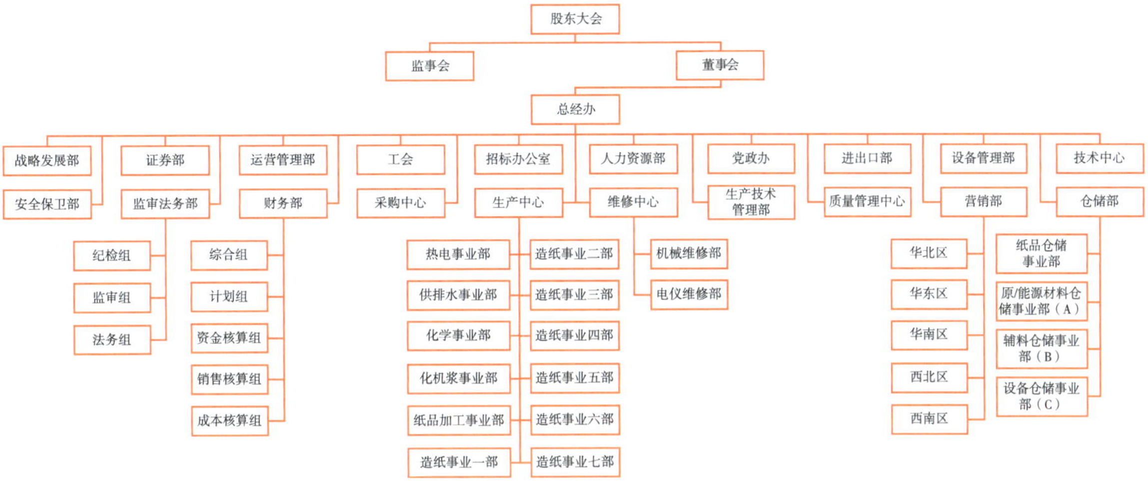

图1-1　公司组织架构图

认知识别　企业组织架构是指企业内部的组织结构和管理体系，它定义了企业内部各个部门、团队以及它们之间的关系和职责。一个有效的组织架构有助于提高企业的运营效率、决策质量和市场适应能力。企业组织架构是企业内部管理的基础，是企业各项经济活动顺利开展的保障。企业应当根据经营现状和战略目标适时调整和优化

【知识拓展】会计机构与会计岗位

企业组织架构。目前公司各组织机构的功能职责如表1-1所示。

表1-1　公司各组织机构的功能职责（节选）

序号	组织名称	功能职责
1	董事会	经营决策机构；负责公司的整体战略和重大决策；制作和保存董事会的议事会议记录，备置公司章程和各种簿册，及时向股东（大）会报告资本的盈亏情况和在公司资不抵债时向有关机关申请破产等
2	监事会	监督检查公司的财务会计活动；监督检查公司董事会和经理等管理人员执行职务时是否存在违反法律法规或者公司章程的行为；要求公司董事和经理纠正其损害公司利益的行为；提议召开临时股东大会；执行公司章程授予的其他职权
3	总经办	根据总经理的指令，统筹公司行政管理工作，负责人力资源开发与管理，协调公司各部门的相互关系，督促、检查总经理的各项指示和公司会议决定的落实情况，管理公司的文书、档案和资料，做好接待来访工作，传递和整理公司经营管理信息，为总经理制定经营管理决策提供依据
4	财务部	起草公司年度经营计划；执行国家的财务会计政策、税收政策和法规；制定和执行公司会计政策、纳税政策及管理政策；整合公司业务体系资源，发挥公司综合优势，实现公司整体利益的最大化；公司会计核算及档案管理；研究公司融资风险和资本结构，进行融资成本核算，提出融资计划和方案；防范融资风险；存货清查等
5	战略发展部	负责公司战略与管理创新的研究与实施，公司年度经营计划的制定与监督，辅助投资决策，管理公司无形资产与品牌
……	……	……

注：完整表格扫码获取。

三、会计报表

【场景1-3】经过20多年的持续经营，公司规模不断扩大，截至2022年12月31日，公司资产总额12,820,732,787.41元，2022年实现净利润420,344,506.13元。公司财务状况和经营成果详见2022年12月31日资产负债表和2022年利润表，分别如表1-2和表1-3所示。

表1-2　资产负债表　会企01表

公司名称：珠江纸业股份有限公司　2022年12月31日　单位：元

项目	年初数	年末数	项目	年初数	年末数
流动资产：			流动负债：		
货币资金	略	1,464,921,532.27	短期借款	略	2,523,000,000.00
交易性金融资产		1,113,907.00	应付票据		330,879,010.45
应收票据		141,090,084.64	应付账款		206,728,331.17
应收账款		65,376,968.97	应付职工薪酬		24,641,480.10
预付款项		298,153,785.69	应交税费		42,477,659.93
其他应收款		2,683,628,009.44	其他应付款		17,543,684.53
其中：应收利息		0	一年内到期的非流动负债		1,139,054,074.01

续表

项目	年初数	年末数	项目	年初数	年末数
应收股利		50,000,000.00	其中：一年内到期的长期借款		665,000,000.00
存货		828,716,980.22	一年内到期的租赁负债		55,556,168.26
			一年内到期的应付债券		418,497,905.75
流动资产合计		5,483,001,268.23	流动负债合计		4,284,324,240.19
非流动资产：			非流动负债：		
债权投资		1,145,340.00	长期借款		1,189,000,000.00
长期股权投资		2,558,328,447.11	租赁负债		88,411,408.01
投资性房地产		5,032,249.43	递延收益		21,220,000.00
固定资产		4,295,848,025.53	非流动负债合计		1,298,631,408.01
在建工程		36,468,829.15	负债合计		5,582,955,648.20
使用权资产		199,824,417.76	所有者权益（或股东权益）：		
无形资产		214,670,132.14	实收资本（或股本）		1,397,733,148.00
长期待摊费用		5,266,220.78	资本公积		4,775,884,697.61
递延所得税资产		21,147,857.28	减：库存股		183,165,498.10
非流动资产合计		7,337,731,519.18	盈余公积		249,711,917.87
			未分配利润		997,612,873.83
			所有者权益合计		7,237,777,139.21
资产总计		12,820,732,787.41	负债和所有者权益总计		12,820,732,787.41

表1-3　　利润表　　会企02表

公司名称：珠江纸业股份有限公司　　2022年12月　　单位：元

项目	本期数	本年累计数
一、营业收入	略	5,856,586,773.85
减：营业成本		4,623,034,439.21
税金及附加		37,756,176.45
销售费用		283,273,498.09
管理费用		153,432,664.18
研发费用		185,789,166.23
财务费用		178,837,443.97
其中：利息费用		167,754,912.98
利息收入		2,627,669.43
加：其他收益		61,163,369.54
投资收益（损失以“-”号填列）		41,435,576.12
信用减值损失（损失以“-”号填列）		-14,252,837.36

续表

项目	本期数	本年累计数
资产减值损失（损失以“–”号填列）		1,278,942.55
资产处置收益（损失以“–”号填列）		0
二、营业利润（亏损以“–”号填列）		484,088,436.57
加：营业外收入		4,142,607.94
减：营业外支出		2,666,658.58
三、利润总额（亏损总额以“–”号填列）		485,564,385.93
减：所得税费用		65,219,879.80
四、净利润（净亏损以“–”号填列）		420,344,506.13
（一）持续经营净利润（净亏损以“–”号填列）		420,344,506.14
五、其他综合收益的税后净额		0
六、综合收益总额		420,344,506.13

认知识别

1. 财务会计报告的概念

财务会计报告是指企业对外提供的反映其某一特定日期的财务状况和某一会计期间的经营成果、现金流量等会计信息的文件。

2. 财务会计报告的作用

财务会计报告是企业财务会计确认与计量的最终结果，是向投资者等财务报告使用者提供决策有用信息的媒介和渠道，是沟通投资者、债权人等使用者与企业管理层之间信息的桥梁和纽带，也是政府、供应商、客户、企业员工、社会公众等使用者获取企业信息的重要来源。

3. 财务会计报告的内容

财务会计报告包括会计报表及其附注和其他应当在财务会计报告中披露的相关信息和资料。会计报表是财务会计报告的核心内容。

4. 会计报表组成

会计报表至少应当包括资产负债表、利润表、现金流量表、所有者权益变动表等。

（1）资产负债表。

资产负债表是反映企业在某一特定日期财务状况的会计报表，即反映企业的资产、负债和所有者权益金额及其结构情况。它有助于信息使用者评价企业的资产质量、资本结构、财务风险以及偿债能力等。资产负债表是一个静态的时点报表。

（2）利润表。

利润表是反映企业一定会计期间经营成果的会计报表，即反映企业实现的收入、发生的费用以及应当计入当期利润的利得和损失、其他综合收益等金额及其结构情况。它有助于使用者分析、评价企业利润构成与质量及其盈利能力。利润表是一个动态的时期报表。

（3）现金流量表。

现金流量表是反映企业一定时期内经营活动、投资活动和筹资活动对其现金及现金等价物所产生影响的财务报表。它有助于使用者了解现金流量的影响因素，评价企业的支付能力、偿债能力和周转能力，预测企业未来现金流量，为其决策提供有力依据。

5. 会计报表初步阅读

（1）资产负债表结构。

资产负债表结构有账户式和报告式两种。账户式资产负债表通常为左右两边，左边反映企业拥有的资产，右边反映企业承担的负债和所有者享有的权益。其编制依据为会计恒等式“资产=负债+所有者权益”。资产表示资金的占用，负债和所有者权益表示资金的来源。

（2）利润表结构。

利润表为多步式结构，根据“收入－费用=利润”会计恒等式，按照一定的计算口径，分步骤计算营业利润、利润总额、净利润等利润指标，将企业净利润的形成及其项目构成情况分步列示。

【知识拓展】
会计信息质量要求

任务2　会计要素与报表项目

【教学重点】会计要素及分类；报表项目及说明。

【教学难点】报表项目的内涵。

对会计报表进行层层分解，进一步了解资产、负债、所有者权益、收入、费用和利润会计六要素及其分类，了解报表项目及其内涵，理解各会计要素内部结构和报表项目的关系，可以获取更系统、全面的会计信息。

一、会计要素的概念与分类

【场景1-4】场景1-3中公司的资产负债表反映了2022年12月31日整体财务状况信息，如表1-4所示。

表1-4　公司2022年12月31日整体财务状况表　单位：元

会计信息	会计要素	年末余额	会计要素	年末余额
财务状况	资产	12,820,732,787.41	负债	5,582,955,648.20
			所有者权益	7,237,777,139.21
	合计	12,820,732,787.41	合计	12,820,732,787.41

认知识别 资产负债表所反映的内容总体分为三类，即资产、负债和所有者权益，是反映企业财务状况的会计三要素。

1. 资产

资产是指企业过去的交易或者事项形成的，由企业拥有或者控制的，预期会给企业带来经济利益流入的经济资源。

资产具有以下特征：

（1）由过去的交易或事项所形成。

资产必须是现实的资产，是企业过去的交易或事项所形成的结果。公司2022年12月31日资产总额12,820,732,787.41元，反映企业在此时间点所占用的资源。对于预期将在未来发生的交易或事项可能产生的结果，不属于企业现实的资产，不得作为资产确认。

（2）必须为企业拥有或者控制。

企业拥有资源，即享有该资源的所有权，从而就能够排他性地从资源中获得经济利益；或者虽然不享有该资源的所有权，但该资源能被企业控制，同样能够排他性地从资产的使用中获得经济利益。例如公司有使用权资产199,824,417.76元，企业对这部分资产虽不拥有所有权，但可以在相当长的时间内使用支配该项资产并从中获益，因此也属于企业的资产。

（3）能给企业带来经济利益。

给企业带来经济利益，是指直接或者间接导致现金和现金等价物流入企业的潜力。企业可以用货币资金购置所需要的机器设备、原材料等，而机器设备、原材料等可以用于生产经营，从而制造出产成品，企业再通过销售商品或提供劳务收回货款，货款即企业所获得的经济利益。

（4）必须可以用货币进行计量。

货币计量是会计核算的前提，只有可以用货币计量的经济资源，才能在会计实务中被正确披露并发挥决策支持作用。

2. 负债

负债是指企业过去的交易或者事项形成的，预期会导致经济利益流出企业的现时义务。

负债具有以下特征：

（1）由过去的交易或事项形成并由企业当前所承担的现时义务。

公司2022年12月31日负债总额5,582,955,648.20元，有的是因为取得所需的资产、货物或接受劳务而引起的，如应付账款、应付职工薪酬等；有的是源于法律上强制执行的义务形成的，如应交税费等。

（2）需由企业在未来某个时日加以清偿。

负债都要偿还，所以都有明确的债权人和到期日，或债权人和到期日可以合理估计确定。负债的到期金额应能以货币确切地计量或合理估计。

（3）负债的清偿会导致经济利益流出企业。

为了清偿债务，企业往往需要在将来转移资产或提供劳务，或同时转移资产和提供劳务。也就是说，负债的清偿会导致经济利益流出企业。例如企业用货币资金偿还应付账款，将导致负债和资产同步减少。

3. 所有者权益

所有者权益是指企业资产扣除负债后，由所有者享有的剩余权益。公司的所有者权益又称为股东权益。所有者权益是所有者对企业资产的剩余索取权，它是企业的资产扣除债权人权益后应由所有者享有的部分，既可反映所有者投入资本的保值增值情况，又体现了保护债权人权益的理念。

相对于负债而言，所有者权益具有以下特征：

（1）除非发生减资、清算，所有者权益一般不需要偿还。

所有者权益作为一种权益资本，无到期日，在企业的生产经营期间内，可以归企业长久使用，无需偿还。

（2）企业清算时，债权人拥有优先清偿权。

只有在清偿所有负债后，剩余财产才返还给投资者。

（3）投资人能够分享利润，而债权人只能按约定的条件获取利息，不能参与企业利润的分配。

二、资产的分类

【场景1–5】公司2022年12月31日资产总额12,820,732,787.41元，是由不同资产要素共同组成的，如表1–5所示。

表1–5　公司2022年12月31日资产要素及其构成　单位：元

会计要素	资产分类	资产项目	金额
资产	流动资产	货币资金	1,464,921,532.27
		交易性金融资产	1,113,907.00
		应收票据	141,090,084.64
		应收账款	65,376,968.97
		预付款项	298,153,785.69
		其他应收款	2,683,628,009.44
		存货	828,716,980.22
		合计	5,483,001,268.23
	非流动资产	债权投资	1,145,340.00
		长期股权投资	2,558,328,447.11
		投资性房地产	5,032,249.43
		固定资产	4,295,848,025.53
		在建工程	36,468,829.15
		使用权资产	199,824,417.76

续表

会计要素	资产分类	资产项目	金额
资产	非流动资产	无形资产	214,670,132.14
		长期待摊费用	5,266,220.78
		递延所得税资产	21,147,857.28
		合计	7,337,731,519.18
总计			12,820,732,787.41

认知识别

1. 资产分类

资产负债表中的资产分流动资产和非流动资产两大类。

流动资产是指企业持有能够在1年或超过1年的一个营业周期内变现或者运用的资产，如货币资金、交易性金融资产、应收票据、应收账款、预付款项、其他应收款、存货等均属于流动资产。此外，衍生金融资产、应收款项融资、合同资产等也属于流动资产，在今后的学习工作当中将会接触到。

非流动资产是指企业持有不能够在1年或超过1年的一个营业周期内变现或者耗用的资产，如债权投资、长期股权投资、投资性房地产、固定资产、在建工程、使用权资产、无形资产、长期待摊费用、递延所得税资产等均属于非流动资产。另外，其他债权投资、长期应收款、其他权益工具投资、其他非流动金融资产、生产性生物资产、油气资产、开发支出、商誉等也属于非流动资产，在今后的学习工作当中将会接触到。

2. 主要资产项目说明

（1）“货币资金”项目，反映资产负债表日企业拥有的处于货币形态的资金，包括库存现金、银行存款以及外埠存款、银行汇票存款、银行本票存款、信用卡存款、存出投资保证金、信用证保证金存款等其他货币资金。

（2）“交易性金融资产”项目，反映资产负债表日企业分类为以公允价值计量且其变动计入当期损益的金融资产，以及企业持有的指定为以公允价值计量且其变动计入当期损益的金融资产的期末账面价值。

（3）“应收票据”项目，反映资产负债表日以摊余成本计量的、企业因销售商品、提供服务等收到的商业汇票，包括银行承兑汇票和商业承兑汇票。

（4）“应收账款”项目，反映资产负债表日以摊余成本计量的、企业因销售商品、提供服务等经营活动应收取的款项。

（5）“预付款项”项目，反映企业按照购货合同规定预付给供应单位的款项。

（6）“其他应收款”项目，反映企业除应收票据、应收账款、预付账款等经营活动以外的其他各项应收、暂付款项的净额。

（7）“存货”项目，反映资产负债表日企业在库、在途和在加工中的各项存货的可变现净值，包括各种原材料、库存商品、在产品、半成品、包装物、低值易耗品、发出商品、委托代销商品等。

（8）“债权投资”项目，反映资产负债表日企业以摊余成本计量的长期债权投资的期末账面价值。

（9）“长期股权投资”项目，反映企业不准备在1年内（含1年）变现的各种股权性质的投资。

（10）“投资性房地产”项目，反映企业以投资为目的而拥有的土地使用权及建筑物以及房地产开发企业出租的开发产品的净值。

（11）“固定资产”项目，反映资产负债表日企业固定资产的期末账面价值和企业尚未清理完毕的固定资产清理净损益。

（12）“在建工程”项目，反映企业尚未达到预定可使用状态的在建工程期末账面价值和企业为在建工程准备的各种物资的期末账面价值。

（13）“使用权资产”项目，反映资产负债表日承租人企业持有的使用权资产的期末账面价值。

（14）“无形资产”项目，反映企业持有的各项无形资产的净值。

（15）“长期待摊费用”项目，反映企业尚未摊销的摊销期限在1年以上（不含1年）的各种费用，如租入固定资产改良支出、大修理支出以及摊销期限在1年以上（不含1年）的其他待摊费用。

（16）“递延所得税资产”项目，反映企业确认的递延所得税资产。

三、负债的分类

【场景1-6】公司2022年12月31日负债总额5,582,955,648.20元，是由不同负债要素共同组成的，如表1-6所示。

表1-6　公司2022年12月31日负债要素及其构成　单位：元

会计要素	负债分类	负债项目	金额
负债	流动负债	短期借款	2,523,000,000.00
		应付票据	330,879,010.45
		应付账款	206,728,331.17
		应付职工薪酬	24,641,480.10
		应交税费	42,477,659.93
		其他应付款	17,543,684.53
		一年内到期的非流动负债	1,139,054,074.01
		合计	4,284,324,240.19
	非流动负债	长期借款	1,189,000,000.00
		租赁负债	88,411,408.01
		递延收益	21,220,000.00
		合计	1,298,631,408.01
总计			5,582,955,648.20

认知识别

1. 负债分类

资产负债表中的负债分为流动负债和非流动负债两大类。

流动负债是指企业将在1年或超过1年的一个营业周期内偿还的债务，如短期借款、应付票据、应付账款、应付职工薪酬、应交税费、其他应付款等均属于流动负债。另外，交易性金融负债、衍生金融负债、预收款项、合同负债、持有待售负债等也属于流动负债，在今后的学习工作当中将会接触到。

非流动负债是指偿还期在1年或超过1年的一个营业周期的各种负债，如长期借款、租赁负债、递延收益等均属于非流动负债。另外，应付债券、长期应付款、预计负债、递延所得税负债等也属于非流动负债，在今后的学习工作当中将会接触到。

2. 主要负债项目说明

（1）“短期借款”项目，反映企业向银行或其他金融机构等借入尚未归还的1年期以下（含1年）的借款。

（2）“应付票据”项目，反映资产负债表日以摊余成本计量的、企业因购买材料、商品和接受服务等开出、承兑的商业汇票，包括银行承兑汇票和商业承兑汇票。

（3）“应付账款”项目，反映资产负债表日以摊余成本计量的、企业因购买材料、商品和接受服务等经营活动应支付的款项。

（4）“应付职工薪酬”项目，反映企业根据有关规定应付给职工的工资、职工福利、社会保险费、住房公积金、工会经费、职工教育经费、非货币性福利、辞退福利等各种薪酬。

（5）“应交税费”项目，反映企业期末未交、多交或未抵扣的各种税费，包括增值税、消费税、所得税、资源税、土地增值税、城市维护建设税、房产税、土地使用税、车船税、教育费附加、矿产资源补偿费等。

（6）“其他应付款”项目，反映企业除应付票据、应付账款、预收账款、应付职工薪酬、应交税费等经营活动以外的其他各项应付、暂收的款项。

（7）“一年内到期的非流动负债”项目，反映企业承担的1年内到期的非流动负债，包括1年内到期的长期借款、长期应付款和应付债券。

（8）“长期借款”项目，反映企业借入尚未归还的1年期以上（不含1年）的各期借款。

（9）“租赁负债”项目，反映资产负债表日承租人企业尚未支付的租赁付款额的期末账面价值。

（10）“递延收益”项目，反映尚待确认的收入或收益。包括企业根据政府补助准则确认的应在以后期间计入当期损益的政府补助金额、售后租回形成融资租赁的售价与资产账面价值差额等其他递延性收入。

四、所有者权益的分类

【场景1-7】公司2022年12月31日所有者权益总额7,237,777,139.21元，是由不同所有者权益要素共同组成的，如表1-7所示。

表1-7　公司2022年12月31日所有者权益要素项目构成　单位：元

所有者权益项目	金额
实收资本（或股本）	1,397,733,148.00
资本公积	4,775,884,697.61
减：库存股	183,165,498.10
盈余公积	249,711,917.87
未分配利润	997,612,873.83
合计	7,237,777,139.21

认知识别

1. 所有者权益组成

资产负债表中的所有者权益由实收资本（或股本）、资本公积、盈余公积、未分配利润等项目构成。另外，其他综合收益也是所有者权益的组成部分，在今后的学习工作中将会接触到。

2. 主要所有者权益项目说明

（1）“实收资本（或股本）”项目，反映企业各投资者实际投入的资本（或股本）总额。

（2）“资本公积”项目，反映企业计入资本公积的“资本溢价”“股本溢价”等期末余额。

（3）“盈余公积”项目，反映企业按规定计提的盈余公积的期末余额。

（4）“未分配利润”项目，反映企业尚未分配的利润。

五、利润形成与会计恒等式

【场景1-8】在【场景1-3】中，利润表反映了公司2022年经营成果信息以及利润表各要素具体项目情况，如表1-8所示。

表1-8　公司2022年整体经营情况和各要素项目构成　单位：元

会计信息	会计要素	收入和费用项目	2022年累计金额
经营成果	收入（含利得）	营业收入	5,856,586,773.85
		其他收益	61,163,369.54
		投资收益	41,435,576.12
		资产处置收益	0
		营业外收入	4,142,607.94
	合计		5,963,328,327.45

续表

会计信息	会计要素	收入和费用项目	2022年累计金额
经营成果	费用（含损失）	营业成本	4,623,034,439.21
		税金及附加	37,756,176.45
		销售费用	283,273,498.09
		管理费用	153,432,664.18
		研发费用	185,789,166.23
		财务费用	178,837,443.97
		信用减值损失	14,252,837.36
		资产减值损失	−1,278,942.55
		营业外支出	2,666,658.58
		所得税费用	65,219,879.80
	合计		5,542,983,821.32
	利润（净利润）		420,344,506.13

认知识别 利润表所反映的内容总体分为三类，即收入、费用和利润，是反映企业经营成果的会计三要素。

1. 收入

收入是指企业在日常活动中形成的、会导致所有者权益增加的、与所有者投入资本无关的经济利益的总流入。

公司的收入有营业收入、其他收益、投资收益等。营业收入按主次不同，分为主营业务收入和其他业务收入。主营业务收入是指企业为完成其经营目标所从事的经常性活动所实现的收入。其他业务收入是指企业为完成其经营目标所从事的与经常性活动相关的活动实现的收入。营收外收入是企业非日常活动所形成的，属于构成利润的利得。

收入通常具有以下特点：

（1）收入是从企业的日常经济活动中产生的。

（2）收入可能表现为企业资产的增加，也可能表现为企业负债的减少，也可能同时引起资产的增加和负债的减少。

（3）收入必须能用货币计量。

（4）收入能导致企业所有者权益的增加。

2. 费用

费用是指企业在日常活动中发生的、会导致所有者权益减少的、与向所有者分配利润无关的经济利益的总流出。

公司的费用有营业成本、税金及附加、销售费用、管理费用、研发费用、财务费用等，营业成本与营业收入匹配，区分主营业务成本和其他业务成本。各种金融工具信用减值准备所确认的信用损失，存货、固定资产、无形资产等减值准备所确认的减值损失，处置非流动资产确认的利得或损失等也是影响营业利润的项目。缴纳企业所得税形成的所得税费用视同费用。营业外支出是企业非日常活动所形成的，属于构成利润的损失。

费用通常具有以下特点：

（1）费用是企业在销售商品、提供劳务等日常活动中所发生的经济利益的流出。

（2）费用可能表现为企业资产的减少，也可能表现为企业负债的增加，也可能同时引起资产的减少和负债的增加。

（3）费用最终会导致企业所有者权益的减少。

（4）费用应当能以货币计量。

3. 利润

利润是指企业在一定会计期间的经营成果。利润包括收入减去费用后的净额、直接计入当期利润的利得和损失等。利润有营业利润、利润总额和净利润之分。

4. 主要利润表项目说明

（1）“营业收入”项目，反映企业经营活动所确认的收入总额，主要包括主营业务收入和其他业务收入。

（2）“营业成本”项目，反映企业经营活动发生的实际成本总额，主要包括主营业务成本和其他业务成本。

（3）“税金及附加”项目，反映企业应负担的经营活动发生的消费税、城市维护建设税、资源税、教育费附加、房产税、城镇土地使用税、车船税、印花税等相关税费。

（4）“销售费用”项目，反映企业在销售商品过程中发生的包装费、广告费等费用和销售本企业商品而专设的销售机构的职工薪酬、业务费等经营费用。

（5）“管理费用”项目，反映企业为组织和管理生产经营活动而发生的各项费用。

（6）“研发费用”项目，反映企业进行研究与开发过程中发生的费用化支出以及计入管理费用的自行开发无形资产的摊销。

（7）“财务费用”项目，反映企业为筹集生产经营所需资金而发生的各项费用。

（8）“其他收益”项目，反映计入其他收益的政府补助，以及其他与日常活动相关且计入其他收益的项目。

（9）“投资收益”项目，反映企业以各种方式对外投资所取得的收益。

（10）“公允价值变动损益”项目，反映企业确认的交易性金融资产、交易性金融负债，以及采用公允价值模式计量的投资性房地产等公允价值变动形成的应计入当期损益的利得或损失。

（11）“信用减值损失”项目，反映企业按照《企业会计准则第22号金融工具确认和计量》（2018）的要求，计提的各项金融工具信用减值准备所确认的信用损失。

（12）“资产减值损失”项目，反映企业有关资产发生的减值损失。

（13）“资产处置收益”项目，反映企业出售划分为持有待售的非流动资产（金融工具、长期股权投资和投资性房地产除外）或处置组（子公司和业务除外）时确认的处置利得或损失，以及处置未划分为持有待售的固定资产、在建工程、生产性生物资产及无形资产而产生的处置利得或损失。

（14）“营业外收入”项目，反映企业发生的与其生产经营无直接关系的各项收入。主要包括与企业日常活动无关的政府补助、盘盈利得、捐赠利得（企业接受股东或股东的子公司直接或间接的捐赠，经济实质属于股东对企业的资本性投入的除外）等。

（15）“营业外支出”项目，反映企业发生的与其生产经营无直接关系的各项支出，包括公益性捐赠支出、非常损失、盘亏损失、非流动资产损毁报废损失等。

（16）“所得税费用”项目，反映企业根据所得税准则确认的应从当期利润总额中扣除所得税。

5. 会计恒等式

会计要素之间存在的基本关系等式称会计等式，又称会计恒等式，是进行复式记账的理论基础，也是编制报表的依据。

（1）静态会计等式。

资产负债表显示了资产、负债和所有者权益三者之间在数量上存在的恒等关系，用公式表示如下：

资产＝负债＋所有者权益

公式之所以成立，分析如下：

企业要进行经济活动，必须拥有一定数量和质量的能给企业带来经济利益的经济资源，即资产。企业的资产最初来源于两个方面：一是由企业所有者投入，二是由企业向债权人借入。所有者和债权人将其拥有的资产提供给企业使用，就相应地对企业的资产享有要求权，前者称为所有者权益，后者则称为债权人权益，即负债。所以资产、负债和所有者权益的关系正如一枚硬币的正面和反面，必然相等。

（2）动态会计等式。

利润表显示收入、费用和利润三者之间在数量上存在的恒等关系，用公式表示如下：

收入－费用＝利润

这一等式反映了企业利润的实现过程，在利润表上，经过多步骤计算得到不同利润指标。

（3）综合会计等式。

由于利润归属于所有者权益，因此可以把动态变化后实现的利润即收入与费用差额加到所有者权益中，即将上述两个会计等式结合起来得到综合会计等式。

资产＝负债＋所有者权益＋收入－费用

这表明因收入与费用的动态变化，使得原有基本等式下的静态平衡被更新，达到了新的平衡关系。

企业无论发生什么经济业务都不会破坏会计恒等式。

任务3 经济业务与会计科目

【教学重点】会计科目及分类；经济业务与会计科目对应关系。

【教学难点】各会计科目内涵。

经济业务发生必将引起会计要素发生变化。经济业务不同，所引起的会计要素的内涵及其增减变化各不相同。为了对会计要素的具体内容进行核算和监督，就需要根据其各自的不同特征，分门别类地确定具体的核算项目，即会计科目。随着经济业务不断丰富，会计科目不断增多。

【场景1-9】2022年12月31日，公司会计科目余额表，如表1-9所示。

表1-9 2022年12月31日公司会计科目余额表 单位：元

科目编码	科目名称	期初余额	
		借方	贷方
1001	库存现金	14,121.17	
1002	银行存款	1,120,456,472.87	
1012	其他货币资金	344,450,938.23	
1101	交易性金融资产	1,113,907.00	
1121	应收票据	141,090,084.64	
1122	应收账款	143,186,616.96	
1123	预付账款	298,153,785.69	
1131	应收股利	50,000,000.00	
1221	其他应收款	2,633,628,009.44	
1231	坏账准备		77,809,647.99
1403	原材料	381,298,345.51	
1405	库存商品	309,725,944.68	
1411	周转材料	42,323,277.67	
1471	存货跌价准备		58,569.41
1506	债权投资	1,145,340.00	
1511	长期股权投资	2,558,328,447.11	
1521	投资性房地产	5,283,201.50	
1523	投资性房地产累计折旧		250,952.07
1601	固定资产	8,513,996,493.09	
1602	累计折旧		4,199,871,610.28

续表

科目编码	科目名称	期初余额	
		借方	贷方
1603	固定资产减值准备		18,276,857.28
1604	在建工程	36,468,829.15	
1641	使用权资产	233,031,390.88	
1642	使用权资产累计折旧		33,206,973.12
1701	无形资产	318,935,962.24	
1702	累计摊销		104,265,830.10
1801	长期待摊费用	5,266,220.78	
1811	递延所得税资产	21,147,857.28	
2001	短期借款		2,523,000,000.00
2201	应付票据		330,879,010.45
2202	应付账款		206,728,331.17
2211	应付职工薪酬		24,641,480.10
2221	应交税费		42,477,659.93
2241	其他应付款		17,543,684.53
2271	租赁负债		143,967,576.27
2401	递延收益		21,220,000.00
2501	长期借款		1,854,000,000.00
2502	应付债券		418,497,905.75
4001	实收资本		1,397,733,148.00
4002	资本公积		4,775,884,697.61
4101	盈余公积		249,711,917.87
4104	利润分配		997,612,873.83
4201	库存股	183,165,498.10	
5001	生产成本	95,427,981.77	

2022年12月31日，公司部分总账科目对应明细科目余额表，如表1-10所示。

表1-10　2022年12月31日公司部分科目对应明细科目余额表　单位：元

科目编码	总账科目	期末余额	科目编码	明细科目	期末余额
1403	原材料	381,298,345.51	140301	原料	346,698,280.85
			140302	辅料	17,690,106.76
			140303	织物	1,508,710.76
			140304	能源	15,401,247.14
			合计		381,298,345.51

续表

科目编码	总账科目	期末余额	科目编码	明细科目	期末余额
2221	应交税费	42,477,659.93	222102	未交增值税	19,586,878.05
			222103	企业所得税	13,833,890.67
			222105	城市维护建设税	1,371,081.46
			222109	房产税	2,509,445.75
			222112	应交个人所得税	132,070.28
			222113	教育费附加	587,606.34
			222114	地方教育费附加	391,737.56
			222116	环境保护税	3,007,645.26
			222117	印花税	663,843.00
			222199	其他	393,461.56
			合计		42,477,659.93

公司资产负债表部分项目与会计科目对应关系，如表1–11所示。

表1–11　资产负债表部分项目与会计科目对应关系表

序号	会计科目			资产负债表项目	
	科目名称	余额	余额方向	项目名称	金额
1	库存现金	14,121.17	借方	货币资金	1,464,921,532.27
2	银行存款	1,120,456,472.87	借方		
3	其他货币资金	344,450,938.23	借方		
4	交易性金融资产	1,113,907.00	借方	交易性金融资产	1,113,907.00
5	原材料	381,298,345.51	借方	存货	828,716,980.22
6	材料成本差异		借方		
7	库存商品	309,725,944.68	借方		
8	发出商品		借方		
9	周转材料	42,323,277.67	借方		
10	生产成本	95,427,981.77	借方		
11	存货跌价准备	58,569.41	贷方		
12	债权投资	1,145,340.00	借方	债权投资	1,145,340.00
13	固定资产	8,513,996,493.09	借方	固定资产	4,295,848,025.53
14	累计折旧	4,199,871,610.28	贷方		
15	固定资产减值准备	18,276,857.28	贷方		
16	在建工程	36,468,829.15	借方	在建工程	36,468,829.15

认知识别

1. 会计科目表

为了使不同企业的会计信息具有可比性，财政部依据《企业会计准则》制定了一个标准的会计科目表，并规定企业在不违反会计准则中确认、计量和报告规定的前提下，可以根据本单位的实际情况自行增设、分拆、合并会计科目。企业不存在的交易或者事项，可不设置相关会计科目。

目前制造类企业会计科目如表1-12所示，其中资产类科目43个，负债类科目12个，所有者权益类科目6个，损益类科目16个，成本类科目3个，共同类科目3个，总计83个。每一个科目都有其具体的内涵，为经济业务提供了分类的依据。

表1-12 会计科目表

序号	编号	会计科目名称	序号	编号	会计科目名称
一、资产类			二、负债类		
1	1001	库存现金	44	2001	短期借款
2	1002	银行存款	45	2201	应付票据
3	1012	其他货币资金	46	2202	应付账款
4	1101	交易性金融资产	47	2205	合同负债
5	1121	应收票据	48	2211	应付职工薪酬
6	1122	应收账款	49	2221	应交税费
7	1123	预付账款	50	2231	应付利息
8	1131	应收股利	51	2232	应付股利
9	1132	应收利息	52	2241	其他应付款
10	1221	其他应收款	53	2501	长期借款
11	1231	坏账准备	54	2502	应付债券
12	1401	材料采购	55	2901	递延所得税负债
13	1402	在途物资	三、共同类		
14	1403	原材料	56	3103	衍生工具
15	1404	材料成本差异	57	3201	套期工具
16	1405	库存商品	58	3202	被套期项目
17	1406	发出商品	四、所有者权益类		
18	1407	商品进销差价	59	4001	实收资本
19	1408	委托加工物资	60	4002	资本公积
20	1411	周转材料	61	4101	盈余公积
21	1462	合同资产	62	4103	本年利润
22	1471	存货跌价准备	63	4104	利润分配

续表

序号	编号	会计科目名称	序号	编号	会计科目名称
23	1475	合同履约成本	64	4201	库存股
24	1477	合同取得成本	五、成本类		
25	1501	债权投资	65	5001	生产成本
26	1503	其他债权投资	66	5101	制造费用
27	1511	长期股权投资	67	5301	研发支出
28	1512	长期股权投资减值准备	六、损益类		
29	1521	投资性房地产	68	6001	主营业务收入
30	1531	长期应收款	69	6051	其他业务收入
31	1601	固定资产	70	6101	公允价值变动损益
32	1602	累计折旧	71	6111	投资收益
33	1603	固定资产减值准备	72	6301	营业外收入
34	1604	在建工程	73	6401	主营业务成本
35	1605	工程物资	74	6402	其他业务成本
36	1606	固定资产清理	75	6403	税金及附加
37	1701	无形资产	76	6601	销售费用
38	1702	累计摊销	77	6602	管理费用
39	1703	无形资产减值准备	78	6603	财务费用
40	1711	商誉	79	6701	资产减值损失
41	1801	长期待摊费用	80	6702	信用减值损失
42	1811	递延所得税资产	81	6711	营业外支出
43	1901	待处理财产损益	82	6801	所得税费用
			83	6901	以前年度损益调整

2. 会计科目编码

在会计信息化和数字化处理时代，会计科目编码尤其重要。会计科目编码采用分段组合码，即一个编码分成几段，每一段有固定的位数，每一个编码代表一定的含义，如表1-9中有“原材料”科目编码为“1403”，表1-10中有“原料”科目编码是“140301”，说明科目编码方式是分两段，第一段用四位数表示，第二段用两位数表示，下级科目编码把上级科目编码组合编成，表明上下级关系。编码“1403”中的“1”代表资产，“4”代表资产中的其种类型，“03”是序号。从表1-12中的科目编码可以发现一定的编码规律。

3. 会计科目的作用

（1）有了会计科目，就可以通过不同会计科目来反映不同会计事项的特点。例如公司的厂房、机器设备、运输车辆等劳动资料，其实物形态是固定不变的，将在很长时间内为企业所使用，为反映这一类资产，设置“固定资产”科目；而库存的各种原料、辅助材料、燃料是企业生产的劳动对象，通过生产改变了它们原有的实物形态、性能、用途等，为反映这一类资产，设置“原材料”科目。例如从银行取得的借款有偿还期限在1年以内的借款和偿还期限在1年以上的借款，为了反映两种不同风险的负债，分别设置“短期借款”和“长期借款”科目。

（2）有了会计科目，能够使企业各不相同的经济业务，按照既定的标准进行科学的分类，将各自独立的经济事项转化为规范的具有可比性的经济信息。例如，公司购买阔叶浆936.70吨，单价6,590元/吨，金额6,172,853.00元；而一个服装厂购买棉布40,000米，每米单价30元。阔叶浆与棉布之间无任何的可比性，但是对于各自企业而言，它们都属于企业生产经营的主要材料，如果把它们归入一类，即各企业都归入同一个会计科目“原材料”，通过计算公司有原材料6,172,853.00元，服装厂有原材料1,200,000.00元，这样两个不同的企业会计信息就可以进行横向比较。

4. 会计科目分类

每个会计科目核算某一特定的经济内容，各个会计科目之间既有联系又有区别，它们构成了会计科目体系。为了正确设置和运用会计科目，就需要对会计科目进行合理地分类。

（1）按所反映的经济内容分类。

会计科目按照经济内容分类，主要就是按照会计要素进行的分类。财政部颁布的会计科目表就是在会计六要素基础上，考虑部分要素内容的特殊性进行一定的归并和细分。具体分为以下六类：

A.资产类科目。用于反映企业资产要素增减变化的会计科目。例如，反映货币性资产的“库存现金”“银行存款”“其他货币资金”等；反映债权性资产的“应收票据”“应收账款”“预付账款”等；反映存货类资产的“原材料”“库存商品”“周转材料”等，反映劳动工具的“固定资产”“在建工程”等科目。

B.负债类科目。用于反映企业负债要素增减变化的会计科目。例如，反映企业从银行的借款“短期借款”“长期借款”；反映企业尚欠的购货款“应付账款”“应付票据”等；反映应付未付职工工资等的“应付职工薪酬”等科目。

C.所有者权益类科目。用于反映企业所有者权益要素增减变化的会计科目。例如，反映企业接受投资人投资的“实收资本”科目；反映留存收益的“盈余公积”“未分配利润”等科目。

D.成本类科目。用于反映企业产品生产和劳务提供过程中发生的各种直接和间接费用的会计科目。例如，反映制造成本的“生产成本”“制造费用”等科目。

E.损益类科目。用于反映企业收入的实现、费用的发生，并计算确定损益相关信息的会计科目。例如，反映企业收入的“主营业务收入”“其他业务收入”等；反映企业生产管理过程费用发生的“主营业务成本”“其他业务成本”“管理费用”“财务费用”“销售费用”等；反映营业外收支情况的“营业外收入”“营业外支出”等科目。

另外，还有一种共同类科目，既用于反映资产要素，又用于反映负债要素内容的会计科目，该类会计科目主要用于金融企业。例如，“衍生工具”“套期工具”“被套期项目”等科目。

虽然会计科目是对会计要素的分类，但会计要素与会计科目类别并不完全相同，将反映利润类要素的会计科目“本年利润”和“利润分配”归并为所有者权益类科目，能够体现利润归属于所有者这一经济实质；将广义收入类要素和广义费用类要素合并为损益类科目，可以方便企业进行经营成果的计算；将资产要素中的一部分内容如“生产成本”“制造费用”等独立设置为成本类科目，以满足生产制造企业进行各类成本对象计算成本的需要。

（2）按提供指标的详细程度分类。

会计科目按提供指标的详细程度及其统驭关系，可以分为总分类科目和明细分类科目。

A. 总分类科目。总分类科目又称总账科目或一级科目，是提供总括核算资料，进行总分类核算的依据。例如表1-9中的会计科目都是总分类科目。

B. 明细分类科目。明细分类科目是把总分类科目所反映的经济内容进行详细分类的科目，是用来辅助反映会计核算资料详细、具体指标的科目。例如表1-10中列示了部分明细科目。

在会计实务中；若一个总分类科目下设置的明细分类科目过多，往往会给记账、稽核、查对等带来诸多不便。这时，就可以在总分类科目与所属明细分类科目之间增设二级科目（也称子目），二级科目之下再按所包括的内容设置隶属于该二级科目的三级科目（也称细目）。

由于设置了二级科目，总分类科目也称为一级科目，二级科目和三级科目统称为明细分类科目。如有需要也可设置四级科目、五级科目。

总分类科目与明细分类科目的关系是，总分类科目对所属明细分类科目起着统驭控制的作用，明细分类科目是对其总分类科目的详细和具体说明。

公司“原材料”总分类科目和所属明细分类科目之间的关系如表1-13所示。

表1-13　总分类科目与所属明细分类科目的关系表

<table>
<tr><th rowspan="2">总分类科目（一级科目）</th><th colspan="2">明细分类科目</th></tr>
<tr><th>二级明细科目（子目）</th><th>三级明细科目（细目）</th></tr>
<tr><td rowspan="7">原材料</td><td rowspan="3">原料</td><td>阔叶浆</td></tr>
<tr><td>针叶浆</td></tr>
<tr><td>……</td></tr>
<tr><td rowspan="3">辅料</td><td>混合碳酸钙</td></tr>
<tr><td>复合胶</td></tr>
<tr><td>……</td></tr>
<tr><td>……</td><td>……</td></tr>
</table>

（3）按业务要素分类。

会计科目按业务要素，可以分为筹资业务科目、采购业务科目、生产业务科目、销售业务科目、投资业务科目、分配业务科目、业务共同类科目七大类。

A.筹资业务是企业为了满足经营活动、投资活动、资本结构管理和其他需要，运用一定的筹资方式，通过一定的筹资渠道，筹措和获取所需资金的一种经济活动。

B.采购业务是企业为了满足生产经营需要，进行的购买物资、服务等资源的过程。采购业务是企业生产经营活动的首要环节，在企业的产品开发、质量保证、供应链管理及经营管理中起着极其重要的作用。

C.生产业务是制造企业生产经营活动的核心环节，生产过程既是产品的制造过程，又是资产的耗费过程，在生产过程中，企业投入原材料、支付职工薪酬、计提折旧等。

D.销售业务是企业为了实现市场价值和满足客户需求，进行的产品或服务的推广、交易和交付的过程。销售业务是企业经营管理的关键组成部分，不仅直接关系到企业的收入和利润，也是企业市场竞争力和品牌影响力的体现。

E.投资业务是企业为获取未来收益而向一定对象投放资金的经济行为。投资是资本运作的关键环节，是企业发展的重要内驱力。

F.分配业务是计算企业在一定会计期间实现的净收益，按照法定程序和企业章程的规定进行分配，是企业财务管理中的重要组成部分。

企业的经济业务包括以上六大类，在各类经济业务中，均设有相关的会计科目，除此之外，还有一些会计科目是在各类经济业务中均会涉及的会计科目，称为业务共同类科目。

表1-14 按业务要素分类的会计科目表

序号	会计科目名称	序号	会计科目名称
一、筹资业务		41	工程物资
1	短期借款	42	固定资产
2	应付利息	43	固定资产清理
3	长期借款	44	固定资产减值准备
4	财务费用	45	无形资产
5	实收资本（股本）	46	研发支出
6	资本公积	47	无形资产减值准备
7	应付债券	48	交易性金融资产
8	库存股	49	长期股权投资
二、采购业务		50	长期股权投资减值准备
9	在途物资	51	投资收益
10	材料采购	52	公允价值变动损益
11	原材料	53	应收股利
12	周转材料	54	应收利息
13	材料成本差异	55	债权投资

续表

序号	会计科目名称	序号	会计科目名称
14	商品进销差价	56	其他债权投资
15	预付账款	57	投资性房地产
16	应付账款	58	衍生工具
17	应付票据	59	套期工具
18	委托加工物资	60	被套期项目
三、生产业务		61	商誉
19	生产成本	六、分配业务	
20	制造费用	62	盈余公积
21	库存商品	63	利润分配
22	累计折旧	64	其他收益
23	累计摊销	65	营业外收入
24	应付职工薪酬	66	营业外支出
25	长期待摊费用	67	所得税费用
四、销售业务		68	本年利润
26	应收账款	69	税金及附加
27	应收票据	70	应付股利
28	发出商品	71	销售费用
29	合同负债	72	递延所得税资产
30	主营业务收入	73	递延所得税负债
31	其他业务收入	74	管理费用
32	主营业务成本	75	以前年度损益调整
33	其他业务成本	七、业务共用	
34	信用减值损失	76	库存现金
35	坏账准备	77	银行存款
36	长期应收款	78	应交税费
37	合同资产	79	资产减值损失
38	合同取得成本	80	待处理财产损益
39	合同履约成本	81	其他应收款
五、投资业务		82	其他应付款
40	在建工程	83	其他货币资金

任务4 账户与借贷记账法

【教学重点】账户及其分类；借贷记账法及账户结构。

【教学难点】经济业务对会计要素及会计报表的影响。

为全面、连续、系统地反映经济业务发生引起会计要素增减变化，进而确定对会计报表产生的影响，需要使用特定的记账方法——借贷记账法对经济业务进行会计处理。

任务导入

【场景1-10】为了能更加清楚理解借贷记账法的原理和运用，以案例公司为背景，针对筹资、采购、生产、销售、投资、分配等业务活动，涉及10笔经济业务。

1.接收投资业务

2000年9月28日，公司成立初期，与中际创投公司签订投资入股协议，协议显示，中际创投公司用货币资金5亿元进行投资，与公司注册资本一致，2000年10月28日，经验证，5亿元资金已存入公司开户行。

2.银行借款业务

2023年2月2日，公司与平安银行有限公司常平分行签订借款合同，借款50,000,000元，期限为12个月。2023年2月12日收到该笔借款本金50,000,000元存入银行。

3.采购未付款业务

2023年3月6日公司与广东丰云绳网带有限公司签订购销合同，购入引纸绳12,800.38米，价款64,001.90元，增值税8,320.25元，合同约定购买方在交易完成后的30天内付款。

4.支付欠款业务

2023年3月16日公司收到银行付款回单，单据显示企业支付了3月6日所欠广东丰云绳网带有限公司引纸绳货款72,322.15元。

5.生产领用材料业务

2023年1月1日，公司造纸事业六部为生产轻涂纸从仓库领用原料阔叶浆936.70吨，单价6,590元/吨，金额6,172,853元。

6.生产分配工资业务

2023年1月31日，公司造纸事业六部为生产轻涂纸分配的直接生产工人工资为558,171.20元。公司月末计算本月工资，下月中旬发放本月工资。

7.销售未收款业务

2023年1月4日，公司与安徽恒源纸业有限公司签订购销合同，销售颜B纸248.13吨，价款

1,401,071.01元，增值税182,139.23元。合同约定购买方在交易完成后的30天内付款。1月6日，公司发出全部产品。

8.费用业务

2023年1月3日，公司收到中泰财产保险股份有限公司东莞中心支公司的续保清单，清单显示公司党政办后勤使用的77辆车的保险将于1月10日到期。公司党政办申请为77辆车购买交强险及商业险。1月3日申请工作签报获得批准。1月6日收到银行回单，显示已划转车辆保险费共计358,905.55元。

9.购买交易性金融资产业务

2023年3月1日，公司以36元/股的价格购入中际旭创3,300股股票，证券公司的股票交割单显示成交金额为118,800元。

10.提取盈余公积业务

公司根据《公司法》有关规定“公司制企业应当按照净利润（减弥补以前年度亏损）的10%提取法定盈余公积”，按2022年净利润10%比例提取的法定盈余公积42,034,450.61元。

请分析以上经济业务对会计要素的影响，使用正确的会计科目，运用借贷记账法进行账务处理。

认知识别

1.账户

（1）账户的概念及意义。

账户是根据会计科目开设的，用于连续、系统地记录经济业务引起的各会计要素的增减变化情况及其结果的，具有一定格式和结构的记账实体。

会计科目只是对企业的经济业务进行分类核算提供了依据。而企业的经济业务会不断连续地发生，即使同一类经济业务也会经常发生，其结果是不断发生增减变化。另外，经济业务引起某一会计要素变动，要么是增加，要么是减少，也只有这两种情况。如：12月1日收到投资款100,000元存入银行；12月2日取得借款50,000元存入银行；12月3日从银行提取现金2,000元；12月4日购买原材料支付银行存款37,440元；……

为了能够连续、系统地记录经济业务引起各会计要素的增减变化情况及其结果，就有了“账户”的概念。如上面，如果设置一个“银行存款”账户，在账户里连续记录增加数和减少数，可以得出从12月1日到12月4日，“银行存款”增加数共计150,000元（100,000+50,000），“银行存款”减少数共计39,440元（2,000+37,440）。若在12月1日经济业务发生前“银行存款”本来就有40,000元，12月4日经济业务结束后，“银行存款”还有150,560元（40,000+150,000–39,440）。这里40,000元为“期初余额”，150,000元为“本期增加数”，39,440元为“本期减少数”，150,560元为“期末余额”，统称为账户的四个金额要素，四个金额要素的关系是：

期末余额=期初余额+本期增加数–本期减少数

因此，账户由账户名称和账户结构两部分组成。

（2）账户的基本结构。

由于经济业务引起某一会计要素变动无外乎增加和减少两种情况，把账户的结构定义两个基本部分；左方和右方，一方反映增加，一方反映减少。账户的结构简化成T型账户，如图1-2所示。

图1-2　账户的基本结构

在实际工作中，一般不采用T型账户来记录经济业务，而是采用账页的形式，账户通常包括以下基本内容：

A.账户名称（即会计科目）；

B.日期和凭证号数（用以说明账户记录的日期及来源）；

C.摘要（概括说明经济业务的内容）；

D.增加和减少的金额；

E.余额。

以三栏式账页格式为例，账页的格式如表1-15所示。

表1-15　账户名称（会计科目）

年		凭证		摘要	增加数	减少数	余额识别	余额
月	日	字	号					

（3）账户的分类。

A.账户按会计要素分类

账户按会计要素分类就是按账户所核算的经济内容与各会计要素的联系分类。一般分为资产类、负债类、共同类、所有者权益类、损益类和成本类六大类。即某账户属于哪一类账户由会计科目所属类型决定。

B.账户按提供指标详略程度分类

账户按提供指标的详略程度分类，分为总分类账户和明细分类账户。

总分类账户是根据总分类科目开设的，是对企业经济活动的具体内容进行总括核算的账户，它能够提供某一具体内容的总括核算指标。每一个企业都应该根据本企业业务的特点按统一制度规定，设置若干个总分类账户。

明细分类账户是根据明细分类科目开设的，是对企业某一经济业务进行明细核算的账户，它能够提供某一具体经济业务的明细核算指标。明细分类账户是依据企业经济业务的具体内容设置的，它所提供的明细核算资料主要是满足企业内部经营管理的需要。各个企业的经济业务具体内容不同，经营管理的水平不一致，明细分类账户的名称，核算内容及使用方法也就不能统一规定，只能由各企业根据经营管理的实际需要和经济业务的具体内容自行规定。

（4）账户与科目的关系。

会计科目和账户两者之间既有联系又有区别。

它们的联系在于：二者都是按经济业务的具体内容设置的，会计科目是设置账户的依据，是账户的名称；账户是会计科目的具体运用。会计科目反映的经济内容，就是账户所要登记的经济内容。

它们的区别在于：会计科目仅仅是账户的名称，只能表明某项经济内容，不存在结构问题，也不能反映经济业务引起的会计要素的增减变动情况；账户则具有一定的格式和结构，能连续系统地反映经济业务引起的会计要素的增减变动及结存情况。

2. 借贷记账法

（1）借贷记账法的概念。

借贷记账法作为一种复式记账法，是以“借”和“贷”为记账符号，以会计恒等式的平衡关系为基础，对每一项经济业务以借贷相等的金额在两个或两个以上相互联系的账户中进行全面登记的记账方法。

（2）借贷记账法的记账符号。

借贷记账法是以“借”和“贷”二字作为记账符号。作为记账符号，“借贷”二字没有任何的实际含义，而是单纯的记账符号。这样每个账户的账页区分为“借方”“贷方”和“余额”三栏，以反映会计要素的增减变化。以三栏式账页格式为例，账页的格式如表1-16所示。

表1-16　账户名称（会计科目）

年		凭证		摘 要	借方	贷方	借或贷	余额
月	日	字	号					

（3）借贷记账法的账户结构。

为了说明借贷记账法的账户结构，同样以T型账户形式来说明。在借贷记账法下，账户的左方为借方，右方为贷方，其T型账户的形式如图1-3所示。

图 1-3　借贷记账法 T 型账户结构

这样所有账户的借方和贷方都是按相反的方向记录其增减变动金额，即如果用借方登记增加金额，则贷方登记减少金额；如果用贷方登记增加金额，借方登记减少金额。至于是用借方登记增加金额还是用贷方登记增加金额，由账户的性质决定，即账户所要反映的经济内容。

按照惯例，借贷记账法下各类账户结构如下：

A. 资产类账户的结构。

资产类账户的借方登记增加金额，贷方登记减少金额。每一会计期间借方记录的增加金额合计称为本期借方发生额，贷方记录的减少金额合计称为本期贷方发生额。一个会计期间结束时，资产类账户若有期末余额，一般为借方余额，其计算公式如下：

资产类账户期末借方余额 = 期初借方余额 + 本期借方发生额 – 本期贷方发生额

资产类账户的结构如图 1–4 所示。

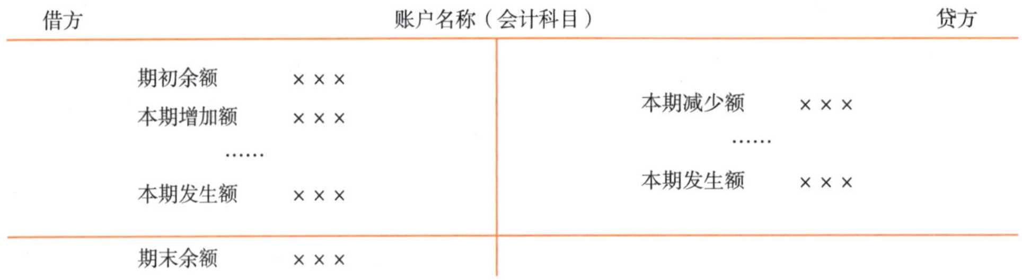

图 1-4　资产类账户结构

B. 负债类账户的结构。

负债类账户的结构与资产类账户的结构相反，即负债类账户是贷方登记增加金额，借方登记减少金额。每一会计期间借方记录的减少金额合计称为本期借方发生额，贷方记录的增加金额合计称为本期贷方发生额。一个会计期间结束时，负债类账户若有期末余额，一般为贷方余额，其计算公式如下：

负债类账户期末贷方余额 = 期初贷方余额 + 本期贷方发生额 – 本期借方发生额

负债类账户的结构如图 1–5 所示。

借方　　账户名称（会计科目）　　贷方

借方		贷方	
		期初余额	×××
本期减少额	×××	本期增加额	×××
……		……	
本期发生额	×××	本期发生额	×××
		期末余额	×××

图1-5　负债类账户结构

C.所有者权益类账户的结构。

所有者权益类账户的结构与负债类账户的结构相同，即所有者权益类账户是贷方登记增加金额，借方登记减少金额。每一会计期间借方记录的减少金额合计称为本期借方发生额，贷方记录的增加金额合计称为本期贷方发生额。一个会计期间结束时，所有者权益类账户若有期末余额，一般为贷方余额，其计算公式如下：

所有者权益类账户期末贷方余额＝期初贷方余额＋本期贷方发生额－本期借方发生额

所有者权益类账户的结构如图1-6所示。

借方　　账户名称（会计科目）　　贷方

借方		贷方	
		期初余额	×××
本期减少额	×××	本期增加额	×××
……		……	
本期发生额	×××	本期发生额	×××
		期末余额	×××

图1-6　所有者权益类账户结构

D.损益类账户的结构。

在企业生产经营活动中，取得收入和发生费用，最终会导致所有者权益发生变化。根据“资产＝负债＋所有者权益＋收入－费用”的会计等式，收入的增加可以视为所有者权益的增加，费用的增加可以视为所有者权益的减少。因此，损益类账户中的收入性质账户的结构与所有者权益类账户的结构相似，费用支出性质账户的结构与所有者权益类账户的结构相反。

其一，收入性质账户的结构。

收入的增加额记入账户的贷方，减少额或转销额记入账户的借方。期末，本期增加额减去本期减少额后的差额，应转入有关所有者权益账户。结转后账户期末没有余额。收入性质账户的结构如图1-7所示。

借方	账户名称（会计科目）	贷方
本期减少额或转销额 ×××		本期增加额 ×××
……		……
本期发生额 ×××		本期发生额 ×××

图 1-7　收入性质账户的结构

其二，费用支出性质账户的结构。

费用支出的增加额记入账户的借方，减少额或转销额记入账户的贷方。期末，本期增加额减去本期减少额后的差额，应转入有关所有者权益账户，以便与收入相抵计算当期损益，结转后账户期末没有余额。费用支出性质账户的结构如图 1–8 所示。

借方	账户名称（会计科目）	贷方
本期增加额 ×××		本期减少额或转销额 ×××
……		……
本期发生额 ×××		本期发生额 ×××

图 1-8　费用支出性质账户的结构

E. 成本类账户的结构。

由于生产成本本身是企业的一项资产，因此，成本类账户的结构与资产类账户结构相同，即成本的增加额记入账户的借方，减少额或转出额记入账户的贷方，期末一般没有余额。“生产成本”账户期末余额会出现借方余额，表示企业月末在产品的生产成本。此时成本类账户就属于资产类账户。

根据以上各类账户结构的说明，将账户借方和贷方所记录的经济内容加以归纳，如图 1–9 所示。

借方	账户名称（会计科目）	贷方
资产的增加		资产的减少
负债的减少		负债的增加
所有者权益的减少		所有者权益的增加
收入的减少		收入的增加
费用支出的增加		费用支出的减少
成本的增加		成本的减少

图 1-9　各类账户的结构

（4）借贷记账法的记账规则。

根据复式记账的原理和借贷记账法的账户结构以及经济业务对会计要素的影响，对于发生的任何一项经济业务，所记入的账户必然是有的在借方，有的在贷方，而且记入借方的金额和记入贷方的金额相等，绝不可能全部记在借方或全部记在贷方。这一规律概括为“有借必有贷，借贷必相等”。这就是借贷记账法的记账规则。

（5）会计分录，简称分录，是登记账户之前对每项经济业务列出应借、应贷的账户名称及其金额的一种记录。会计分录由会计账户（相互对应的账户）、记账符号（应借应贷方向）及其发生金额三个要素构成。会计分录的格式要求是：上借下贷，借贷错开，格式如下：

借：账户名称　　　借方金额

　贷：账户名称　　　贷方金额

分析研判

1. 接收投资业务

该业务属于筹资业务，表明资产要素项目“货币资金”增加。同时，该资金来源为中际创投公司投入，中际创投公司拥有所有权，因此，所有者权益要素项目“实收资本（股本）”增加。货币资金存入银行，资产科目使用“银行存款”科目，因货币资金是投资者投入，所有者权益科目使用“实收资本（股本）”科目。“银行存款”增加500,000,000元，增加记借方；“实收资本”增加500,000,000元，增加记贷方。登记到账户中，如图1-10所示。

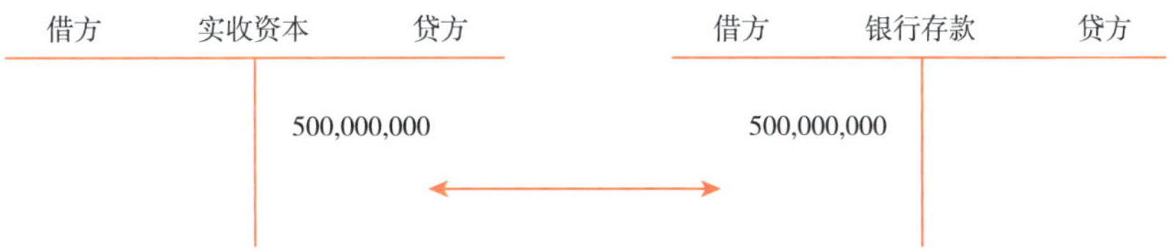

图1-10　登记账户图示（一）

2. 银行借款业务

该业务属于筹资业务，表明资产要素项目“货币资金”增加，同时，该资金来源为向平安银行有限公司常平分行借入，到期需要偿还，银行为债权人，公司为债务人，由于偿还期限为一年，因此，负债要素项目“短期借款”增加。货币资金存入银行，资产科目使用“银行存款”科目，因偿还期限为一年，负债科目使用“短期借款”科目。“银行存款”增加50,000,000元，增加记借方；“短期借款”增加50,000,000元，增加记贷方。登记到账户中，如图1-11所示。

【知识拓展】会计计量属性

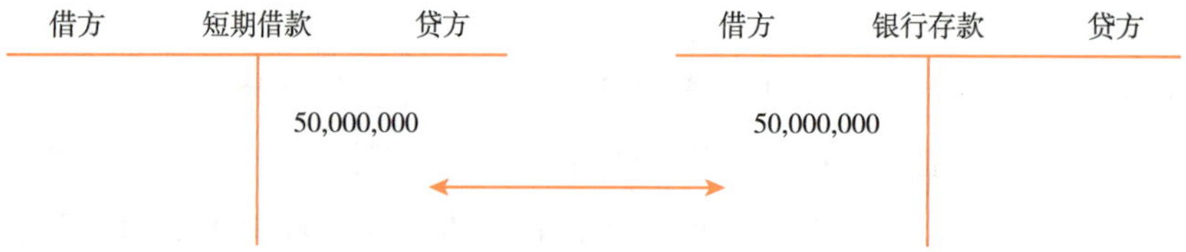

图1-11　登记账户图示（二）

3. 采购未付款业务

该业务属于采购业务，是向广东丰云绳网带有限公司购入原材料未支付价款和增值税，价款和税款一并形成负债，因此，一方面资产要素项目“存货”增加，另一方面，负债项目“应付账款”增加，采购支付增值税是用来抵扣未来应交增值税，表明负债项目“应交税费”减少。购入原材料，资产科目使用“原材料”科目，因购买材料形成的未付款项，负债科目使用“应付账款”科目，可以抵扣未来应交增值税，负债科目使用“应交税费”科目。“原材料”增加64,001.90元，增加记借方；“应付账款”增加72,322.15元，增加记贷方；“应交税费”减少8,320.25元，减少记借方。登记到账户中，如图1-12所示。

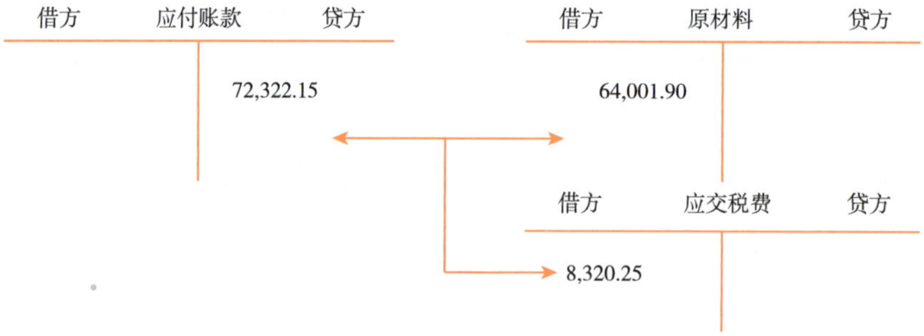

图1-12　登记账户图示（三）

4. 支付欠款业务

该业务属于采购业务，支付所欠广东丰云绳网带有限公司货款，表明资产要素项目“货币资金”减少，同时，偿还了负债，表明负债要素项目的“应付账款”减少。货币资金减少是银行支付，资产科目使用“银行存款”，以明确是偿还欠款，负债科目使用“应付账款”科目。“银行存款”减少72,322.15元，减少记贷方；“应付账款”减少72,322.15元，减少记借方。登记到账户中，如图1-13所示。

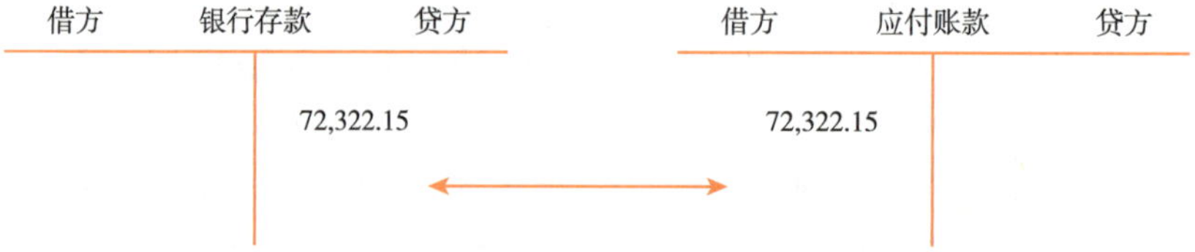

图1-13　登记账户图示（四）

5. 生产领用材料业务

该业务属于生产业务，造纸事业六部领用原料投入产品生产，直接材料费用归集到产品生产成本，表明资产要素项目中一项“存货”减少，另一项“存货”增加。产品生产归集直接材料成本，成本科目使用“生产成本”，领用原材料表明原材料减少，资产科目使用“原材料”科目。“生产成本”增加6,172,853元，增加记借方；“原材料”减少6,172,853元，减少记贷方。登记到账户中，如图1–14所示。

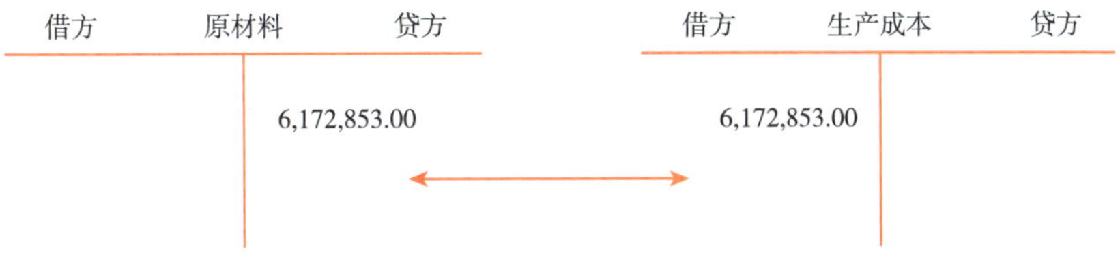

图1–14 登记账户图示（五）

6. 生产分配工资业务

该业务属于生产业务，造纸事业六部生产产品应分配工人工资，直接人工费用归集到产品生产成本，表明资产要素项目“存货”增加，应付工人工资形成负债，表明负债要素项目“应付职工薪酬”增加。产品生产归集直接人工成本，成本科目使用“生产成本”，应付工人工资形成负债，负债科目使用“应付职工薪酬”科目。“生产成本”增加558,171.20元，增加记借方；“应付职工薪酬”增加558,171.20元，增加记贷方。登记到账户中，如图1–15所示。

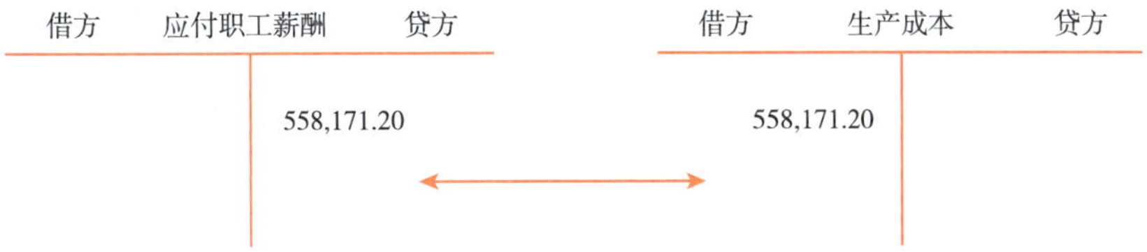

图1–15 登记账户图示（六）

7. 销售未收款业务

该业务属于销售业务，向安徽恒源纸业有限公司销售产品，价款和税款未收，形成一笔债权，表明资产要素项目“应收账款”增加，同时，销售产品实现收入，表明收入要素项目“营业收入”增加，应收增值税需以后上缴税务局，形成负债，表明负债要素项目“应交税费”增加。销售产品应收取款项，资产科目使用“应收账款”科目，销售产品为主营业务，收入科目使用“主营业务收入”科目，应交增值税形成的负债科目使用“应交税费”科目。“应收账款”增加1,583,210.24元，增加记借方；“主营业务收入”增加1,401,071.01元，增加记贷方；“应交税费”增加182,139.23元，增加记贷方。登记到账户中，如图1–16所示。

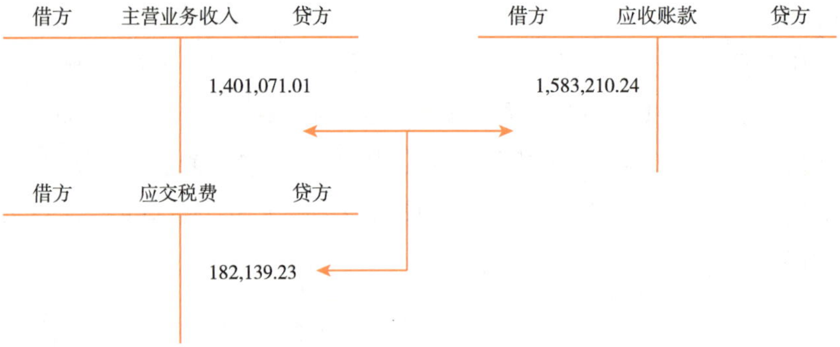

图1-16 登记账户图示（七）

8. 费用业务

该业务是向中泰财产保险股份有限公司东莞中心支公司支付车辆保险费，表明费用要素项目“管理费用”增加，同时，资产要素项目“货币资金”减少。公司管理部门发生的费用，费用科目使用“管理费用”科目，银行支付，资产科目使用“银行存款”。“管理费用”增加358,905.55元，增加记借方；“银行存款”减少358,905.55元，减少记贷方。登记到账户中，如图1-17所示。

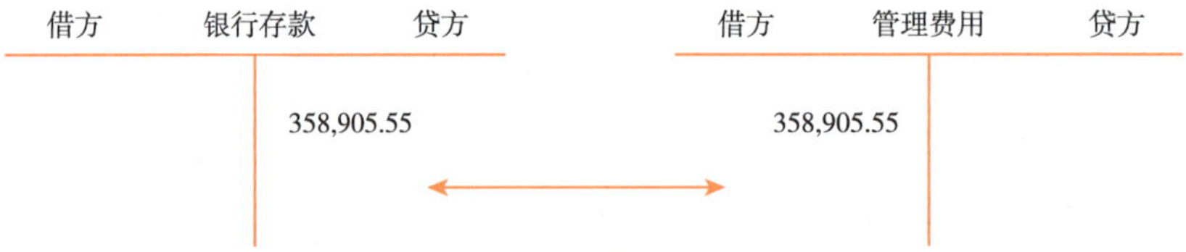

图1-17 登记账户图示（八）

9. 购买交易性金融资产业务

该业务属于投资业务，通过证券公司购入中际旭创股票，是对外投资业务，持有股票以期增值，为企业获取经济利益，表明资产要素项目“交易性金融资产”增加，同时，资产要素项目“货币资金”减少。投资目的为短期持有，资产科目使用“交易性金融资产”科目，通过证券资产账户存出保证金，资产科目使用“其他货币资金”科目。“交易性金融资产”增加118,800元，增加记借方；“其他货币资金”减少118,800元，减少记贷方。登记到账户中，如图1-18所示。

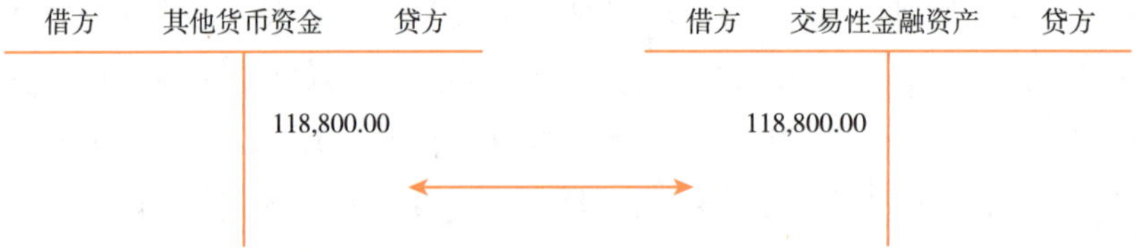

图1-18 登记账户图示（九）

10. 提取盈余公积业务

该业务属于分配业务，企业盈利形成的未分配利润属于所有者权益，通过利润分配提取盈余公积，盈余公积也是所有者权益，因此，表明所有者权益要素项目“盈余公积”增加，另一项所有者权益要素项目“未分配利润”减少。年末利润分配业务，通过利润分配提取盈余公积，所有者权益增加科目使用“盈余公积”科目，另一项所有者权益减少科目使用“利润分配”科目。“利润分配”减少42,034,450.61元，减少记借方；“盈余公积”增加42,034,450.61元，增加记贷方。登记到账户中，如图1-19所示。

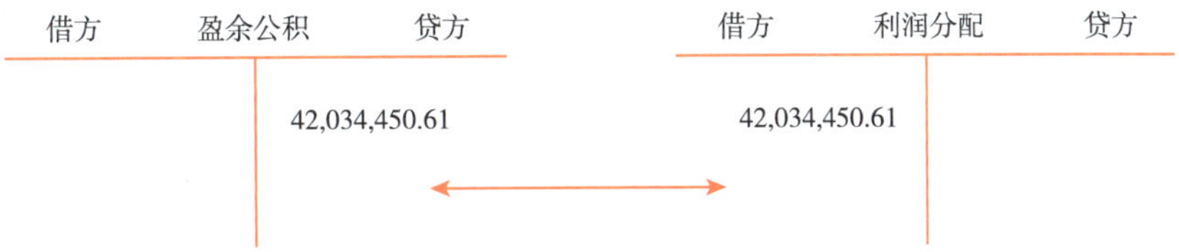

图1-19 登记账户图示（十）

风险控制 账务处理的风险主要表现在两个方面：一是出现技术性差错，如借贷方向记错、会计科目用错、记账金额算错，出现技术性差错将导致财务报表相关项目金额不准确，影响财务决策；二是出现非技术性差错，如会计人员违背会计准则有意错记、漏记、重记、多记、少记，出现非技术性差错将导致财务报表失真，影响会计公信力。

为了防范出现技术性差错，要求会计人员必须认真学习会计专业理论，提高会计实务能力；要求会计人员必须工作细致，提高职业素养。为了防范出现非技术性差错，要求会计人员具备良好的会计职业道德，做到诚实守信、遵守准则、不做假账；要求建立健全内部控制制度，会计人员相互监督。

任务实施

（1）公司根据上述场景，进行账务处理（编制会计分录）如下：

业务1：接收投资业务

借：银行存款　　500,000,000.00

　　贷：实收资本　　500,000,000.00

业务2：银行借款业务

借：银行存款　　50,000,000.00

　　贷：短期借款　　50,000,000.00

业务3：采购未付款业务

借：原材料——引纸绳　　64,001.90

　　应交税费——应交增值税（进项税额）　　8,320.25

贷：应付账款——广东丰云绳网带有限公司 72,322.15

业务4：采购结算支付欠款业务

借：应付账款——广东丰云绳网带有限公司 72,322.15

贷：银行存款 72,322.15

业务5：生产领用材料业务

借：生产成本——轻涂纸 6,172,853.00

贷：原材料——阔叶浆 6,172,853.00

业务6：生产分配工资业务

借：生产成本——轻涂纸 558,171.20

贷：应付职工薪酬 558,171.20

业务7：销售未收款业务

借：应收账款 1,583,210.24

贷：主营业务收入 1,401,071.01

应交税费——应交增值税（销项税额） 182,139.23

业务8：费用业务

借：管理费用 358,905.55

贷：银行存款 358,905.55

业务9：购买交易性金融资产业务

借：交易性金融资产 118,800.00

贷：其他货币资金 118,800.00

业务10：提取盈余公积业务

借：利润分配 42,034,450.61

贷：盈余公积 42,034,450.61

（2）以上10笔业务发生后科目余额变化情况如表1–17所示。

表1–17 科目余额变化表 单位：元

科目名称	期初余额		本期发生额		期末余额	
	借方	贷方	借方	贷方	借方	贷方
银行存款	1,120,456,472.87		550,000,000.00	431,227.70	1,670,025,245.17	
实收资本		1,397,733,148.00		500,000,000.00		1,897,733,148.00
短期借款		2,523,000,000.00		50,000,000.00		2,573,000,000.00
原材料	381,298,345.51		64,001.90	6,172,853.00	387,407,196.61	
应交税费		42,477,659.93	8,320.25	182,139.23		42,651,478.91
应付账款		206,728,331.17	72,322.15	72,322.15		206,728,331.17

续表

科目名称	期初余额		本期发生额		期末余额	
	借方	贷方	借方	贷方	借方	贷方
生产成本	95,427,981.77		6,731,024.20		102,159,005.97	
应付职工薪酬		24,641,480.10		558,171.20		25,199,651.30
应收账款	143,186,616.96		1,583,210.24		144,769,827.20	
主营业务收入				1,401,071.01		1,401,071.01
管理费用			358,905.55		358,905.55	
交易性金融资产	1,113,907.00		118,800.00		1,232,707.00	
其他货币资金	344,450,938.23			118,800.00	344,332,138.23	
利润分配		997,612,873.83	42,034,450.61			955,578,423.22
盈余公积		249,711,917.87		42,034,450.61		291,746,368.48
合计			600,971,034.87	600,971,034.87		

注：此表期末余额不作为项目二至项目七期初余额。

（3）以上10笔业务发生后对会计报表项目影响如表1-18、表1-19所示。

表1-18 资产负债表

资产	影响数	负债和所有者权益	影响数
货币资金	+549,449,972.30	短期借款	+50,000,000.00
交易性金融资产	+118,800.00	应交税费	+173,818.98
应收账款	+1,583,210.24	应付职工薪酬	+558,171.20
存货	+622,173.10	实收资本	+500,000,000.00
		盈余公积	42,138,667.16
		未分配利润	−41,096,501.70
合计	+551,774,155.64	合计	+551,774,155.64

表1-19 利润表

项目	本期金额
营业收入	+1,401,071.01
减：管理费用	+358,905.55
营业利润	1,042,165.46

科目余额发生变化进而将对会计报表项目产生影响。借贷记账法就是通过分析经济业务发生对会计要素影响，判断会计要素增减变化，然后使用正确的会计科目，依据借贷记账法原理，对经济业务作出账务处理，再按要求编制会计报表。

项目总结

企业发生的经济业务错综复杂，但从其对“资产＝负债＋所有者权益＋收入－费用”这一等式中各项会计要素的影响来讲，归纳起来不外乎以下几种类型：

（1）资产、负债、所有者权益各要素内部有增有减，增减金额相等，且总额不变。

（2）负债与所有者权益之间有增有减，增减金额相等，且总额不变。

（3）资产与负债之间同增或同减，金额相等，总额变动。

（4）资产与所有者权益之间同增或同减，金额相等，总额变动。

（5）资产增加，收入增加，金额相等，总额变动。

（6）资产减少，费用增加，金额相等，总额变动。

（7）收入增加，负债减少，金额相等，总额不变。

（8）费用增加，负债增加，金额相等，总额不变。

各类账户结构如表1-20所示。

表1-20 各类账户结构表

账户类别	借方	贷方	余额方向
资产类	增加	减少	一般在借方
负债类	减少	增加	一般在贷方
所有者权益类	减少	增加	一般在贷方
收入类	减少	增加	期末无余额
费用类	增加	减少	期末无余额
成本类	增加	减少	一般在借方

企业经济业务及资金运动循环如图1-20所示。

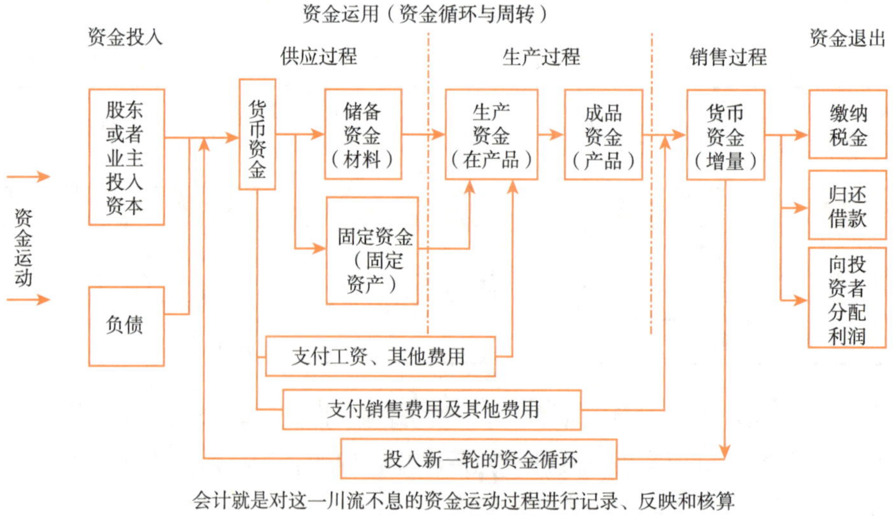

图1-20 企业经济业务及资金运动循环

项目 2　筹资业务核算

学习目标

知识目标

1. 了解筹资业务流程及其资金运动；
2. 熟悉筹资方式和筹资渠道；
3. 熟悉股票发行业务，掌握发行股票核算方法；
4. 熟悉银行借款业务，掌握短期借款和长期借款核算方法。

技能目标

1. 能认知筹资活动的业务流和数据流；
2. 能运用借贷记账法对筹资业务进行账务处理。

素质目标

1. 树立筹资风险和筹资成本意识，能根据企业发展需要选择合适的筹资渠道与筹资方式；
2. 树立债务结构优化意识，能合理安排和选择债务期限、利率、币种；
3. 树立高度的责任意识，积极关注企业的资金状况和风险情况；
4. 具备严谨、细致的财务思维，确保财务信息真实、准确和完整。

筹资是企业为了满足经营活动、投资活动、资本结构管理和其他需要，运用一定的筹资方式，通过一定的筹资渠道，筹措和获取所需资金的一种经济活动。从资金运动的角度来看，筹资活动是企业资金周转的起点。

【场景 2-1】企业的资金来源渠道主要有银行借款、发行债券、融资租赁、股权融资等。公司以价值最大化为导向，结合自身的资本结构、资产配置、现金流创造、现金管理等情况，同时根据市场环境和项目需求选择合适的筹资方式，追求资本成本最低及企业价值最大化，确保造纸业务的顺利进行和持续发展。以银行信用借款业务为例，业务流程主要包括：第一步，企业与银行或金融机构签订授信合同。第二步，企业获批授信额度后，向银行或金融机构提交借款申请。第三步，企业与银行签订借款合同。第四步，收到银行发放的借款。第五步，按时付息还款。筹资业务的业务流、数据流、财税流、知识流的融合关系如图 2-1 所示。

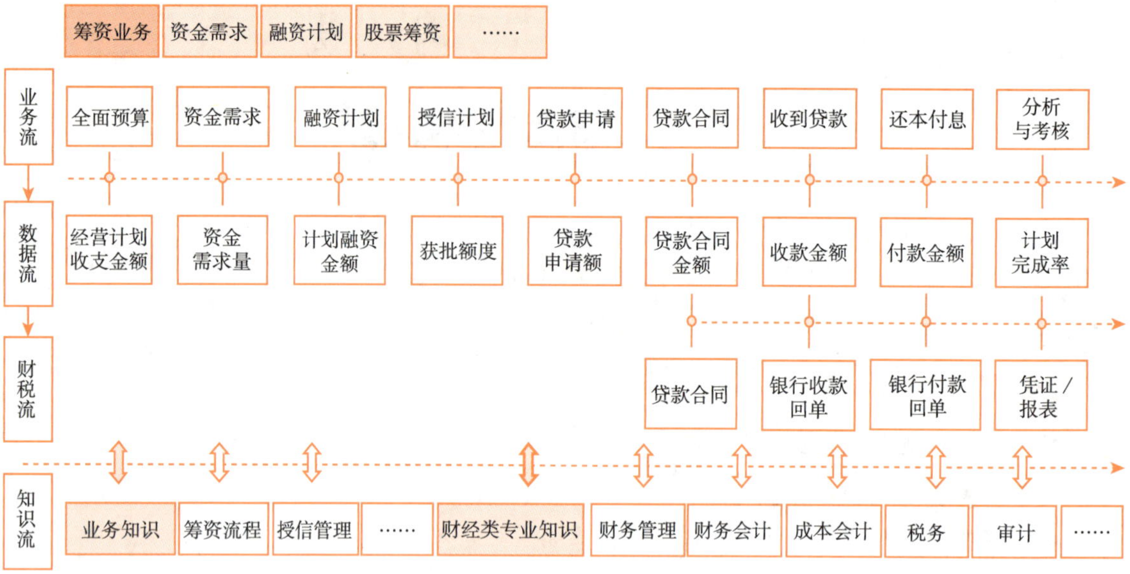

图2-1　四流融合——筹资

认知识别

1. 筹资方式

筹资方式主要有股权筹资和债务筹资。股权筹资形成企业的所有者权益资金，债务筹资形成企业的负债资金。

所有者权益资金是指企业依法筹集的、长期拥有并自主支配的资金。这类资金通常没有规定偿还本金的时间，也没有偿付利息的约束。所有者权益资金由企业成立时各种投资者投入的资金（实收资本或股本）以及企业在生产经营过程中形成的资本公积、盈余公积和未分配利润组成。实收资本或股本是投资者实际投入企业的资本。投资者可以是国家，也可以是法人或个人（包括外商）。

负债资金又称为借入资金，是指企业通过商业信用、银行借款、发行债券等方式筹集的资金，属于企业负债，到期要偿还本金和利息。

2. 筹资渠道

筹资渠道是指企业筹集资金的来源方向与通道。企业最基本的筹资渠道有两个：直接筹资和间接筹资。直接筹资是指企业与投资者签订协议或发行股票、债券等方式直接从社会取得资金；间接筹资是指企业通过银行等金融机构以信贷关系间接从社会取得资金。企业的筹资渠道主要有：国家财政投资和财政补贴、银行与非银行金融机构信贷、资本市场筹资、其他法人单位与自然人投入、企业自身积累等。

分析研判　企业发生筹资业务，会引起资产、负债和所有者权益发生变化，支付利息会增加企业当期费用。筹资业务涉及的会计报表项目及会计科目如表2-1所示。

表2-1　与筹资业务相关的主要会计报表项目及会计科目

财务报表	会计要素	报表项目	会计科目
资产负债表	资产	货币资金	银行存款
		固定资产	固定资产
		无形资产	无形资产
		在建工程	在建工程
	负债	短期借款	短期借款
		长期借款	长期借款
		其他应付款	应付利息
	所有者权益	股本	股本
		资本公积	资本公积——资本溢价（股本溢价）
利润表	费用	财务费用	财务费用

任务1　发行股票

【教学重点】发行股票的账务处理；股本溢价的确认。

【教学难点】股本溢价的确认。

发行股票是股权融资的一种方式，是指企业通过证券公司或其他机构公开或非公开方式出售股票，认购人持有股票即成为股东。发行股票有两种情况：一种是新公司成立首次发行股票，另一种是已成立的公司因业务发展需要增资发行新股。二者的发行步骤和方法不尽相同，但会计处理基本一致。

任务导入

【场景2-2】2023年3月4日，公司委托中信证券股份有限公司非公开发行股票，发行价格为6.46元/股，面值1元/股，发行数量155,000,000股。浙江信仕会计师事务所于2023年3月6日出具验资报告：实际募集资金总额为1,001,300,000元，减除发行费用18,032,950元（其中包含可抵扣的增值税983,620.75元），募集资金净额为983,267,050元。

【知识拓展】单据

上述场景原始单据有承销协议、三方监管协议、验资报告、股本变动公告等。

业务发生时，相关科目期初余额如表2-2所示。

表 2-2 发行股票业务科目期初余额表 单位：元

科目名称	期初余额	
	借方	贷方
银行存款	1,120,456,472.87	
股本		1,397,733,148.00
资本公积		4,775,884,697.61
应交税费		42,477,659.93

认知识别

1. 银行存款

银行存款是企业存入银行或其他金融机构的各种款项，包括人民币存款和外币存款。企业除了按核定限额留存的库存现金外，其余的货币资金都必须存入银行。企业与其他单位之间的一切货币资金收付业务，除了在规定范围内可以用现金直接收付外，都必须通过银行办理转账结算。

凡是独立核算的企业都必须在当地银行开设账户，以办理存款、取款和转账等结算。银行存款账户分为基本存款账户、一般存款账户、临时存款账户和专用存款账户。基本存款账户是企业办理日常转账结算和现金收付的账户，该账户是存款人的主办账户，工资、奖金等现金的支取只能通过本账户办理，一个企业只能有一个基本存款账户；一般存款账户是在基本存款户以外的银行借款转存或与基本存款户的存款人不在同一地点的附属不独立核算单位开立的账户，企业可以通过该账户办理转账结算和现金交存，但不能办理现金的支取；临时存款账户是企业因临时经营活动需要而开立的账户，该账户可以办理转账和根据国家现金管理的规定办理现金收付；专用存款账户是企业因特定用途而开立的账户。

2. 实收资本（或股本）

实收资本（或股本）是指企业按照章程规定或合同、协议约定，接受投资者投入企业的资本，即企业收到投资者实际缴纳的资本数额。实收资本的构成比例或股东的股份比例是确定所有者在企业所有者权益中所占份额的基础，也是企业进行利润或股利分配的主要依据。

投资者可以用货币出资，也可以用实物、知识产权、土地使用权等出资，但是法律、行政法规规定不得作为出资的财产除外。

3. 资本公积

资本公积是指企业收到投资者出资额超出其注册资本（股本）中所占份额的投资，以及其他资本公积。资本公积包括资本（股本）溢价和其他资本公积等。

（1）资本（股本）溢价。

资本（股本）溢价是指企业投资者出资超过其在注册资本（股本）中的份额部分。其形成的主要原因有溢价发行股票、投资者超额缴入资本等。

除股份有限公司以外的企业在创立时，投资者认缴的出资额往往和注册资本金额一致，不会产生资本溢价。但企业在重组或者有新投资者加入时，其资本利润率一般要高于企业初创期，为了维护原投资者的权益，新加入的投资者出资额通常会大于原投资者的出资额，才能取得与原投资者相同的出资比例，超出部分则为资本溢价。

股本溢价则是指股份有限公司溢价发行股票时，实际收到的款项超过面值总额的数额。在溢价发行股票的情形下，企业发行股票所取得的收入中等于股票面值部分计入股本，超出股票面值的溢价收入则计入股本溢价。

（2）其他资本公积。

其他资本公积是指除资本溢价（股本溢价）以外的资本公积。主要是指企业非日常经营活动中形成的直接计入所有者权益的利得和损失。

4. 主要会计科目

（1）银行存款。

企业对银行存款业务进行核算，应当开设“银行存款”科目。该科目属于资产类科目，借方登记存入银行的款项，贷方登记从银行提取或转账支付的款项，余额在借方，表示企业银行存款的实有数额。该科目可按存款银行和币种等进行明细核算。“银行存款”的T型账户如图2–2所示。

借方　　银行存款　　贷方

存入银行的款项	从银行提取或转账支付的款项
银行存款的实有数额	

图2–2　“银行存款”T型账户

（2）实收资本（股本）。

为了反映和监督投资者投入资本的增减变动情况，应设置“实收资本”或“股本”科目进行核算。该科目属于所有者权益类科目，贷方登记收到投资者应投入的资本或发行股票的面值，借方登记按照法定程序报经批准而减的资本或股票面值，期末余额在贷方，反映企业实收资本总额。该科目可按投资者进行明细分类核算。非股份有限公司通过“实收资本”核算，股份有限公司通过“股本”核算。“实收资本”或“股本”科目的T型账户如图2–3所示。

借方　　实收资本（或股本）　　贷方

按照法定程序报经批准而减少的资本或股票面值	收到投资者应投入的资本或发行股票面值
	实收资本（股本）的总额

图2–3　“实收资本（或股本）”T型账户

（3）资本公积——资本（股本）溢价。

企业为核算资本公积变化情况，应设置“资本公积”科目。该科目属于所有者权益类科目，贷方登记资本公积的增加数额，借方登记资本公积的减少数额；期末余额在贷方，表示资本公积的结余数额。该科目设置“资本（股本）溢价”和“其他资本公积”两个明细科目核算。“资本公积——资本（股本）溢价”科目的T型账户如图2-4所示。

资本公积——资本（股本）溢价

借方	贷方
转增实收资本或股本的资本公积	投资者实际投入大于应当投入的资本 发行股票实际收到的款项超过面值总额部分的数额
	资本（股本）溢价的结余数额

图2-4 “资本公积——资本（股本）溢价”T型账户

分析研判

1. 业务流程

该场景为业务流程中的实际筹资环节，前期经过“全面预算——资金需求———融资计划”等环节，企业可以在流动贷款、项目贷款、债券筹资、股票筹资等不同筹资方式中选择一种或几种进行融资。此业务为发行股票，对应业务流程如图2-5所示。

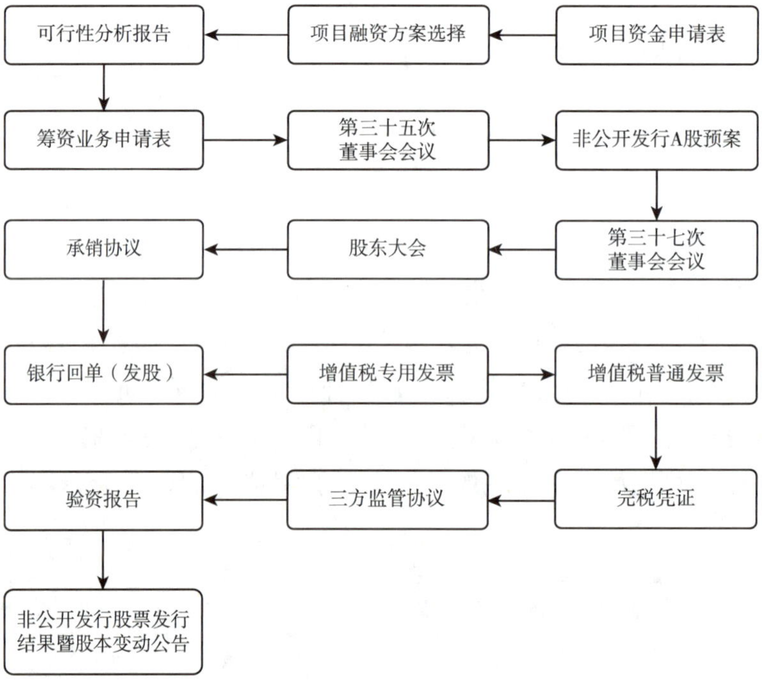

图2-5 发行股票业务流程

2. 场景核心单据

发行股票的核心单据为股本变动公告。股本变动公告记载了股票发行数量、发行价格、发行费用以及募集资金净额等，财务人员据此对业务进行核算。股本变动公告如图2-6所示。

证券代码：888888　　　　证券简称：珠江纸业　　　　公告编号：2023-027

珠江纸业股份有限公司

非公开发行股票发行结果暨股本变动公告

本公司董事会及全体董事保证本公告内容不存在任何虚假记载、误导性陈述或者重大遗漏，并对其内容的真实性、准确性和完整性承担个别及连带责任。

重要内容提示：

● 发行数量和价格

1. 发行数量：155,000,000股人民币普通股（A股）

2. 发行价格：6.46元/股

● 预计上市时间

● 本公司本次非公开发行的A股股票已于2023年3月9日在中国证券登记结算有限责任公司上海分公司办理完毕登记托管手续。

本次向发行对象非公开发行的股份自发行结束之日起36个月内不得转让，所有新增股份预计可流通时间为2026年3月9日，如遇非交易日，则顺延至其后的第一个交易日。

● 资产过户情况：本次发行各认购对象均以现金认购，不存在资产过户情况。

一、本次发行概况

（一）本次发行履行的相关程序

1. 本次发行履行的内部决策程序

本次非公开发行A股股票相关事项已经获得公司董事会会议审议通过，已经获得公司2023年第二次临时股东大会审议通过。

2. 本次发行监管部门核准程序

2022年9月24日收到国务院国有资产监督管理委员会对公司实际控制人童林纸业集团股份有限公司下发的《关于珠江纸业股份有限公司非公开发行A股股票有关问题的批复》（国资产权〔2022〕1279号），原则同意公司本次非公开发行。

2022年10月27日，中国证监会发行审核委员会审核通过了公司本次非公开发行A股股票的申请。

2023年1月22日，收到中国证监会《关于核准珠江纸业股份有限公司非公开发行股票的批复》（证监许可〔2023〕104号），核准了公司本次非公开发行股票的申请。

（二）本次发行情况

1. 发行方式：本次非公开发行的A股股票全部采取向特定对象发行的方式。

2. 股票类型和面值：本次非公开发行的股票为境内上市人民币普通股（A股），每股面值人民币1.00元。

3. 发行对象及认购方式：公司本次非公开发行股票的对象为：童林纸业集团股份有限公司、山东省国有资产投资控股有限公司、湖北海江投资有限公司、长沙北玢投资咨询有限公司、国联证券股份有限公司、中信证券股份有限公司设立的中信证券珠江纸业员工持股计划1期定向资产管理计划、刘国共7名法人、自然人或其他合格投资者。所有发行对象均以现金方式认购本次非公开发行股票。

4. 发行数量：155,000,000股。

5. 发行价格：本次发行价格为6.46元/股。

6. 锁定期安排：发行对象认购本次非公开发行的股票自发行结束之日起，三十六个月内不得转让。

7. 募集资金金额：本次非公开发行的募集资金总额为1,001,300,000元，募集资金净额为983,267,050元。

8. 发行费用（包含承销费）：18,032,950元（含税）。

9. 保荐机构（主承销商）：中信证券股份有限公司。

……

图2-6　股本变动公告（节选）

注：完整公告扫码获取。

3. 业财分析

公司发行股票实际募集资金净额983,267,050元存入银行，使“银行存款”增加；支付发行费用时发生的增值税983,620.75元，为接受服务发生的可抵扣增值税，可以在计算应交增值税时进行抵扣，表示“应交税费”减少；按发行股票的股数155,000,000股，每股面值1元，计算出面值总额155,000,000元，为投资人投资实际计入公司“股本”的部分，投资人实际投资额超出公司股票面值的部分为投资人超额投资，属于“资本公积”。

风险控制 非公开发行股票的投资者通常是特定对象。公司非公开发行股票应对这些投资者的资格进行严格审核，确保其具备足够的资金实力、投资经验和风险承受能力。

尽管非公开发行股票的信息披露要求相对较低，但公司仍需按照相关法律法规和监管要求，及时、准确、完整地披露必要信息，包括发行方案、募集资金用途、财务状况等，确保投资者能够充分了解公司情况。

任务实施

1. 单据审核

账务处理的核心单据为股本变动公告，审核要点如下：

（1）发行股票的方式、发行数量、发行价格等；

（2）是否有相关单位的签章。

2. 发行股票的账务处理

2023年3月4日，根据审核无误的单据，进行如下账务处理：

借：银行存款　　983,267,050

　　应交税费——应交增值税（进项税额）　　983,620.75

　　贷：股本　　155,000,000

　　　　资本公积——股本溢价　　829,250,670.75

3. 对会计科目的影响

本业务对于第一季度企业会计科目的影响如表2-3所示。

表2-3 发行股票业务科目发生额及余额表 单位：元

科目名称	期初余额		本期发生额		期末余额	
	借方	贷方	借方	贷方	借方	贷方
银行存款	1,120,456,472.87		983,267,050.00		2,103,723,522.87	
股本		1,397,733,148.00		155,000,000.00		1,552,733,148.00
资本公积		4,775,884,697.61		829,250,670.75		5,605,135,368.36
应交税费		42,477,659.93	983,620.75			41,494,039.18

任务 2　短期借款

【教学重点】收到短期借款的账务处理；短期借款利息的计算与计提的账务处理；短期借款还本、付息的账务处理。

【教学难点】短期借款利息的计算与计提账务处理。

借入资金是筹集资金的一种方式，银行借款是最常见的借入资金形式之一。企业可以通过向银行申请借款来满足资金需求，这种借款通常需要提供一定的抵押或担保，并且需要按照约定的期限和利率进行还款。银行借款根据归还期限的长短分为短期借款和长期借款两种。

子任务 1　短期借款借入

任务导入

【场景 2-3】2023 年 2 月 12 日，公司向平安银行有限公司常平分行借入一笔生产经营用借款，本金为 50,000,000 元，期限为 12 个月，年利率为 3.27%。自合同签订后首次提款日起按月计算利息，每笔借款利率以定价基准加浮动点数确定，其中定价基准为每笔提款日前一工作日全国银行间同业拆借中心公布的 1 年期贷款市场报价利率（LPR），浮动点数为减 38 个基点。如利率确定日前一工作日全国银行间同业拆借中心未公布相应期间的贷款市场报价利率，则以全国银行间拆借中心公布的贷款日常报价利率为准，以此类推。借款按月结息，结息日为每月 20 日。

上述场景原始单据有借款合同，银行收款回单等。

业务发生时，相关科目期初余额如表 2-4 所示。

表 2-4　短期借款核算科目期初余额表　单位：元

科目名称	期初余额	
	借方	贷方
银行存款	2,103,723,522.87	
短期借款		2,523,000,000.00

认知识别

1. 短期借款

短期借款是指企业向银行或其他金融机构等借入的期限在 1 年以下（含 1 年）的各种借款。

短期借款一般是为了满足正常生产经营所需的资金或者为了抵偿某种债务而借入的款项。

2. 主要会计科目

企业核算短期借款借入、归还，需要设置“短期借款”科目。该科目属于负债类科目，贷方登记短期借款本金的增加额，借方登记本金的减少额，期末贷方余额反映企业尚未偿还的短期借款的本金数额。该科目可按借款种类、借款人和币种设置明细科目进行明细核算。“短期借款”的T型账户如图2-7所示。

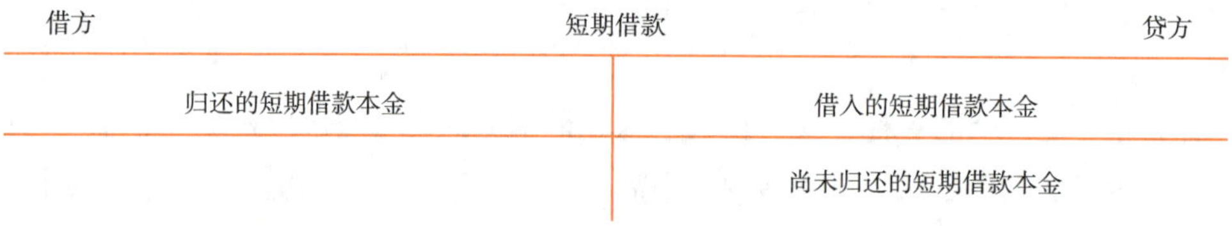

图2-7 “短期借款”T型账户

分析研判

1. 业务流程

该场景为业务流程中的“收到贷款”环节，前期经过“全面预算——资金需求——融资计划——授信计划——贷款申请——贷款合同”等环节。借入短期借款业务流程如图2-8所示。

图2-8 短期借款筹资业务流程

2. 场景核心单据

借入短期借款业务的核心单据为借款合同和银行收款回单。借款合同中记载了借款的本金、借款期限、借款利率、归还的方式等；银行收款回单可辨析企业已经收到借款本金，财务人员可据此对业务进行核算。借款合同、银行收款回单如图2-9、图2-10所示。

借款合同

特别提示：本合同系借贷双方在平等、自愿的基础上依法协商订立，所有合同条款均是双方意思的真实表示。为维护借款人的合法权益，贷款人特提请借款人对有关双方权利义务的全部条款、特别是黑体部分内容予以充分注意。

贷款人：平安银行股份有限公司常平分行

负责人：刘峰

联系人：何芳茗；手机号码：137****4129

住所（地址）：广东省东莞市***
邮编：523***
电话：0769–8622***；传真：/；电子邮件：/

借款人：珠江纸业股份有限公司
法定代表人：王旗
联系人：陈丽；手机号码：188****0787
住所（地址）：广东省东莞市****
邮编：523***
电话：0769–8882****；传真：0769–8882****；
电子邮件：3746*****@qq.com
【请借款人务必准确、完整地填写上述信息，以确保后续相关通知和法律文书的及时送达】
借款人、贷款人经平等协商，就贷款人向借款人发放贷款事宜达成一致，特订立本合同。

第一部分 基本约定

第一条 借款用途
本合同项下借款用于下列用途，未经贷款人书面同意，借款人不得将借款挪作他用，贷款人有权监督款项的使用。
借款用途：珠江纸业股份有限公司日常经营使用。
第二条 借款金额和期限
2.1 本合同项下借款币种为人民币，金额为50,000,000元（大写：人民币伍仟万元整）（大小写不一致时，以大写为准）。
2.2 本合同的借款期限为12个月，自本合同项下首次提款日起算。
2.3 对于每笔提款而言，提款日为借款资金实际划入放款账户之日，到期日为借据上记载的还款日（分期还款的，到期日按本合同或借贷双方另行约定的还款计划执行），且任何一笔提款的还款日不得超过本合同的借款期限。
第三条 利率、利息和费用
3.1【人民币借款利率确定方式】
人民币借款利率按以下方式确定：
每笔借款利率以定价基准加浮动点数确定，其中定价基准为每笔借款提款日（提款日/合同生效日）（下称首个利率确定日）前一工作日全国银行间同业拆借中心公布的1年期（1年期/5年期以上）贷款市场报价利率（LPR），浮动点数为减38个基点（一个基点为0.01%，下同）。如利率确定日前一工作日全国银行间同业拆借中心未公布相应期限的贷款市场报价利率，则以全国银行间同业拆借中心未公布的贷款市场报价利率为准，以此类推，首个利率确定日后，不论届时是否已提款，借款利率应按下列 B （A/B）种方式调整：
A. 以 / （1/3/6/12）个月为一期，一期一调整，分段计息。第二期及以后各期的利率确定日为首个利率确定日满一期后的对应日，贷款人在该日按前一工作日全国银行间同业拆借中心公布的前述期限的贷款市场报价利率和浮动点数对借款利率进行调整。如遇调整当月不存在与首个利率确定日对应的日期，则以该月最后一日为对应日。
B. 在整个借款期限内不调限。
……

图2–9 短期借款合同（节选）

注：完整合同扫码获取。

平安银行 PING AN BANK　　收付款业务回单　　回单凭证

记账日期：	回单号：760829155	验证码：554Z7ESDJB618
付款人名称：平安银行股份有限公司常平分行		收款人名称：珠江纸业股份有限公司
付款人账号：18650810223089		收款人账号：18650895616765
付款人开户行：平安银行股份有限公司常平分行		收款人开户行：平安银行股份有限公司常平分行
币种：人民币	金额：（大写）伍仟万元整	（小写）50000000
备注：无		
已打印次数：	打印时间：	设备编号：
打印方式：	柜员号：8	网点号：

图2-10　短期借款银行回单

3. 业财分析

公司从平安银行借入50,000,000元，该借款期限为12个月，属于短期借款，该借款存入银行，使“银行存款”增加；同时使得公司“短期借款”也增加。

风险控制　由于短期借款的使用关系到企业生产经营规模和效益，企业应根据自身的经营情况和资金需求，合理规划借款周期，避免频繁借款和还款，减少利息和手续费支出。

任务实施

1. 单据审核

账务处理的核心单据为银行回单，银行回单的审核要点如下：

（1）核对回单的信息是否填写完整，如日期、金额、账户信息等，确保收到的金额与借款合同一致。

（2）确认回单上是否有银行的公章、业务员的签字或盖章，避免伪造银行回单等情况的发生，以此给企业造成损失。

2. 收到短期借款的账务处理

2023年2月12日，根据审核无误的单据，进行如下账务处理：

借：银行存款	50,000,000.00	
贷：短期借款		50,000,000.00

3. 对会计科目的影响

本业务对于第一季度企业会计科目的影响如表2-5所示。

表 2-5 短期借款借入核算科目发生额及余额表 单位：元

科目名称	期初余额		本期发生额		期末余额	
	借方	贷方	借方	贷方	借方	贷方
银行存款	2,103,723,522.87		50,000,000.00		2,153,723,522.87	
短期借款		2,523,000,000.00		50,000,000.00		2,573,000,000.00

子任务 2 短期借款计息

任务导入

【场景 2-4】沿用【场景 2-3】，公司取得平安银行有限公司常平分行借款后，根据借款合同约定，借款按月结息，结息日为每月 20 日。2023 年 2 月 20 日为银行结息日，2023 年 2 月 21 日收到平安银行有限公司常平分行网上银行电子回单，已支付利息。

上述场景原始单据有利息计算表、支付利息银行回单等。

业务发生时，相关科目期初余额见表 2-6。

表 2-6 短期借款计息核算科目期初余额表 单位：元

科目名称	期初余额	
	借方	贷方
银行存款	2,153,723,522.87	
财务费用		

认知识别

1. 借款利息的计算公式

借款利息 = 借款本金 × 利率 × 期限

2. 计息方式

企业借入短期借款应支付利息，计息主要有预提方式和非预提方式两种。

（1）预提方式。

预提是因尚未支付，需要预先列支。短期借款若按季度支付利息，根据权责发生制，每月都需要确认短期借款利息费用，则应在支付前按月预提利息费用，确认为当月费用，待季度末再进行支付。

（2）非预提方式。

短期借款利息采用非预提方式核算，是指短期借款的利息按月进行支付，或者在借款到期时连同本金一起归还。例如，该场景借款合同中注明，借款自实际提款日起按日计息，按月结息，说明利息采用非预提方式支付利息。

3. 财务费用

财务费用是指企业为筹集生产经营所需资金等而发生的筹资费用，包括利息支出（减利息收入）、汇兑损益以及相关的手续费等。

4. 主要会计科目

企业应设置“财务费用”科目，核算财务费用的发生和结转情况。该科目属于损益类科目，借方登记企业发生的各项财务费用，贷方登记期末转入“本年利润”的财务费用，期末结转后该科目应无余额。该科目应按费用项目进行明细核算。“财务费用”的T型账户如图2-11所示。

图2-11 “财务费用”T型账户

分析研判

1. 业务流程

该场景为业务流程中“还本付息”的付息环节，其必要的前期环节为“全面预算——资金需求——融资计划——授信计划——贷款申请——贷款合同——收到贷款”。短期借款计息核算业务流程如图2-12所示。

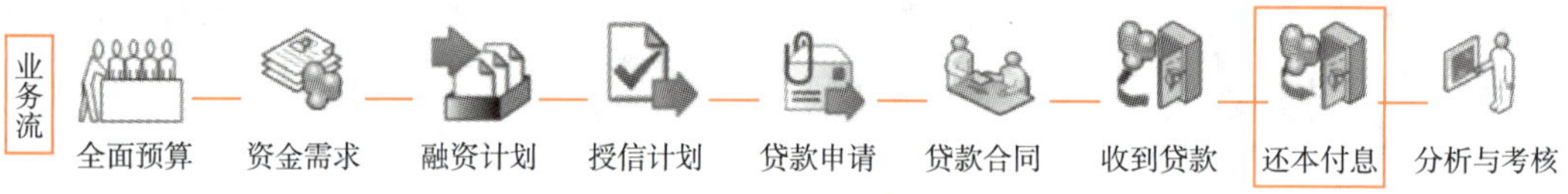

图2-12 短期借款筹资业务流程

2. 场景核心单据

支付利息业务的核心单据为利息计算表和支付利息银行回单。通过利息计算表可以辨析，企业本期应当支付的借款利息金额；通过利息付款银行回单，可以辨析借款的计息方式、企业本次支付的利息金额等，财务人员可以据此对业务进行核算。利息计算表、支付利息银行回单如表2-7、图2-13所示。

表2-7 利息计算表

日期：2023年2月21日　　金额：元

合同号	贷款金融机构名称	贷款本金	币种	贷款期限（月）	利息计算起始日（含）	利息计算终止日（含）	年利率	本月应计利息	结算周期	是否资本化	用途	备注
020051256225-2023年字477号	平安银行股份有限公司常平分行	50,000,000	人民币	12	2023年2月12日	2023年2月20日	3.27%	40,875	月结	否	满足受信人依法合规正常经营的业务需要	利息=本金×年利率÷360×实际天数计算

续表

合同号	贷款金融机构名称	贷款本金	币种	贷款期限（月）	利息计算起始日（含）	利息计算终止日（含）	年利率	本月应计利息	结算周期	是否资本化	用途	备注
合计	（大写）人民币	人民币肆万零捌佰柒拾伍元整						（小写）	40,875			

平安银行 PING AN BANK　　收付款业务回单　　回单凭证

记账日期：　　回单号：688825223　　验证码：070I1LOKCW391

付款人名称：珠江纸业股份有限公司　　收款人名称：平安银行股份有限公司常平分行

付款人账号：18650895616765　　收款人账号：18650810223089

付款人开户行：平安银行股份有限公司常平分行　　收款人开户行：平安银行股份有限公司常平分行

币种：人民币　　金额：（大写）肆万零捌佰柒拾伍元整　　（小写）40875

备注：　无

已打印次数：　　打印时间：　　设备编号：

打印方式：　　柜员号：　10　　网点号：

图2-13　支付利息银行回单

3. 业财分析

该项借款于2月12日借入，2月20日计提2月的借款利息，共需计算9天的利息，利息费用总额为40,875元（50,000,000 × 3.27% ÷ 360 × 9=40,875），公司借款目的为满足日常经营需要，应当费用化处理，确认为“财务费用”；同时通过银行支付该利息费用，使得“银行存款”减少。公司采用非预提方式支付利息，故无须通过“应付利息”进行核算。

风险控制　短期借款利息的计提方式影响财务费用和利润计算的准确性，企业应当根据借款合同约定，选择与之匹配的利息计提方式。如果未能正确核算应当计提的利息，则可能导致企业利润虚高，影响财务报表使用者的判断和决策。

任务实施

1. 单据审核

账务处理的核心单据为利息计算表和银行付款回单。银行付款回单的审核要点如下：

（1）核对回单的信息是否填写正确，如日期、收付款人名称、账号、开户行等信息。

（2）核对付款金额与利息计算表中利息费用是否一致，以避免多付或少付，以此给企业造成损失。

（3）确认回单上是否有银行的公章、业务员的签字或盖章，避免伪造银行回单等情况的发生。

利息计算表的审核要点如下：

（1）核对贷款金融机构名称、贷款本金、币种、贷款期限、利率等信息是否与借款合同一致。

（2）核对利息计算起始日、终止日、利息计算期限是否正确。

（3）需重新计算本月应计利息，以此来核对利息计算表中的利息费用计算是否正确。

（4）根据实质重于形式原则查明贷款实际用途是否与借款合同一致，核对利息费用是否资本化，以避免高估资产、低估费用。

（5）核对相关人员的签章，确保内部控制流程的健全性和有效性。

2. 支付短期借款利息的账务处理

2023年2月20日，根据审核无误的单据，进行如下账务处理：

借：财务费用　　40,875.00

　　贷：银行存款　　40,875.00

3. 对会计科目的影响

本业务对于第一季度企业会计科目的影响如表2-8所示。

表2-8　短期借款计息核算科目发生额及余额表　单位：元

科目名称	期初余额		本期发生额		期末余额	
	借方	贷方	借方	贷方	借方	贷方
银行存款	2,153,723,522.87			40,875.00	2,153,682,647.87	
财务费用			40,875.00		40,875.00	

任务拓展

会计处理基础是确定会计业务的出发点，是指在确认和处理一定会计期间的收入和费用时选择的处理原则和标准，其目的是对收入和支出进行合理配比，进而作为确认当期损益的依据。不同会计处理基础会使同一企业同一期间的收入、费用和财务成果在会计核算结果上不同，会计处理基础有收付实现制和权责发生制两种。

1. 收付实现制

收付实现制，也称现金制，是以收到或支付现金作为确认收入和费用的标准，是与权责发生制相对应的一种会计基础。凡是本期实际收到款项的收入和付出款项的费用，不论款项是否属于本期，只要在本期实际发生，即作为本期的收入和费用。如【场景2-4】中公司通过平安银行支付2月借款利息40,875元，无论该利息费用是否归属于本期，只要是本期实际支付，均属于本期的费用。

2. 权责发生制

权责发生制，也称应计制或应收应付制，是指企业按收入的权利和支出的义务是否归属于本期来确认收入、费用的标准，而不是按款项的实际收支是否在本期发生，也就是以应收应付为标准。在权责发生制下，凡属本期的收入和费用，不论其是否收到或支付，均要计入本期，凡不属本期的收入、费用，即使在本期收到或支付，也不计入本期。假设【场景2-4】中公司3月1日通过平安银行支付该借款利息40,875元，尽管该利息费用在3月实际支付，但按权责发生制原则，该借款于2月12日借入，2月20日计算，因此无论款项是否实际支付，该利息费用仍归属于企业2月。

在我国，企业必须以权责发生制为会计处理基础，而事业单位的预算会计实行收付实现制，国务院另有规定的除外；财务会计实行权责发生制。

子任务 3　短期借款本金偿还

任务导入

【场景2-5】沿用【场景2-3】，2024年2月10日短期借款到期，2月21日公司收到平安银行有限公司常平分行网上银行电子回单，已偿还短期借款的本金。

上述场景原始单据有银行付款回单等。

分析研判

1. 业务流程

该场景为业务流程中“还本付息”的还本环节，其必要的前期环节为“全面预算——资金需求——融资计划——授信计划——贷款申请——贷款合同——收到贷款”。短期借款本金偿还业务流程如图2-14所示。

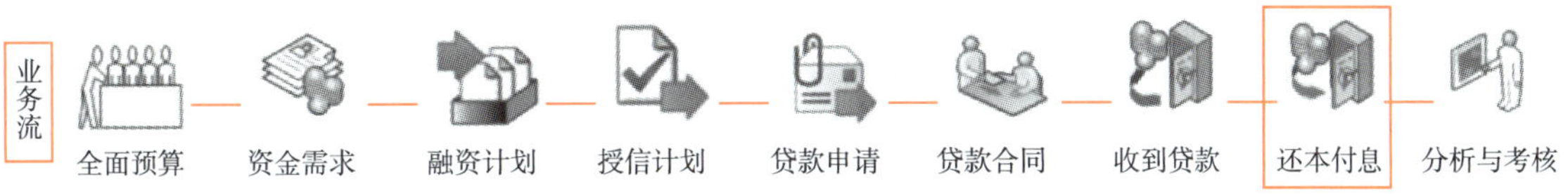

图2-14　短期借款筹资业务流程

2. 场景核心单据

归还短期借款本金业务的核心单据为银行付款回单。从银行付款回单中可以辨析，企业短期借款本金是否全部偿还，财务人员据此对归还短期借款本金业务进行核算。该场景中的银行付款回单如图2-15所示。

平安银行 PING AN BANK　　收付款业务回单　　回单凭证

记账日期：	回单号：220344005	验证码：763I4IKAFW647
付款人名称：珠江纸业股份有限公司		收款人名称：平安银行股份有限公司常平分行
付款人账号：18650895616765		收款人账号：18650810223089
付款人开户行：平安银行股份有限公司常平分行		收款人开户行：平安银行股份有限公司常平分行
币种：人民币	金额：（大写）伍仟万元整	（小写）50000000
备注：无		
已打印次数：	打印时间：	设备编号：
打印方式：	柜员号：2	网点号：

图2-15　偿还借款本金银行付款回单

3. 业财分析

公司从平安银行借入期限为12个月的借款50,000,000元现已到期，公司须按合同约定按时归还借款，该借款通过银行支付，使“银行存款”减少；归还借款后同时使“短期借款”也相应减少。

风险控制　企业应加强现金流管理，确保按时还款，维护良好的信用记录，否则将会影响企业的信誉度，进而影响企业的融资能力。

任务实施

1. 单据审核

账务处理的核心单据为银行付款回单，审核要点前面已作说明。

2. 归还短期借款本金的账务处理

2024年2月21日，根据审核无误的单据，进行如下账务处理：

借：短期借款　　50,000,000

　　贷：银行存款　　50,000,000

注：本业务为2024年业务。

3. 对会计科目的影响

本业务对于企业2023年第一季度会计科目无影响。

任务 3　长期借款

【教学重点】收到长期借款的账务处理；计提长期借款利息的账务处理；长期借款还本、付息相关账务处理。

【教学难点】计提长期借款利息的账务处理。

长期借款是企业筹集资金的重要方式之一，对于企业的长期发展具有重要意义。它为企业提供了稳定的资金来源，帮助企业实现长期发展战略，提升市场竞争力。同时，长期借款也有助于优化企业的资本结构，降低短期偿债压力，提高企业的财务稳定性。

子任务 1　长期借款借入

任务导入

【场景 2-6】2023 年 3 月 19 日公司向中国邮政储蓄银行横沥支行借款，本金为 45,000,000 元，借款期限 72 个月。借款利率以定价基准确定，定价基准为每笔借款提款日前一工作日全国银行间同业拆借中心公布的 5 年期以上贷款市场报价利率。每月 20 日计提利息，利息每半年支付一次。

上述场景原始单据有借款合同、网上银行电子回单等。

业务发生时，相关科目期初余额见表 2-9。

表 2-9　长期借款借入核算科目期初余额表　单位：元

科目名称	期初余额	
	借方	贷方
银行存款	2,153,682,647.87	
长期借款		1,854,000,000.00

认知识别

1. 长期借款

长期借款是指企业向银行或其他金融机构借入的期限在 1 年以上（不含 1 年）的各种借款，一般用于固定资产的构建、改扩建工程、大修理工程、对外投资以及为了保持长期经营能力等方面。

2. 主要会计科目

为了核算长期借款的借入、计息和归还情况，需设置“长期借款”科目进行核算。该科目属于负债类科目，贷方登记长期借款本息的增加额，借方登记本息的减少额，期末贷方余额反映企业尚未偿还的长期借款。本科目可按贷款单位和贷款种类，分别设立“本金”“利息调整”“应计利息”等进行明细核算。“长期借款”的T型账户如图2-16所示。

借方	长期借款 贷方
偿还长期借款本金 偿还到期一次还本付息方式计提的利息	借入长期借款本金 到期一次还本付息方式计提的利息
	尚未归还的长期借款本金 和到期一次还本付息方式计提的利息

图2-16 “长期借款”T型账户

分析研判

1. 业务流程

该场景为业务流程中的“收到贷款”环节，其必要的前期环节为“全面预算——资金需求——融资计划——授信计划——贷款申请——贷款合同”，后续环节为“还本付息”。长期借款借入业务流程如图2-17所示。

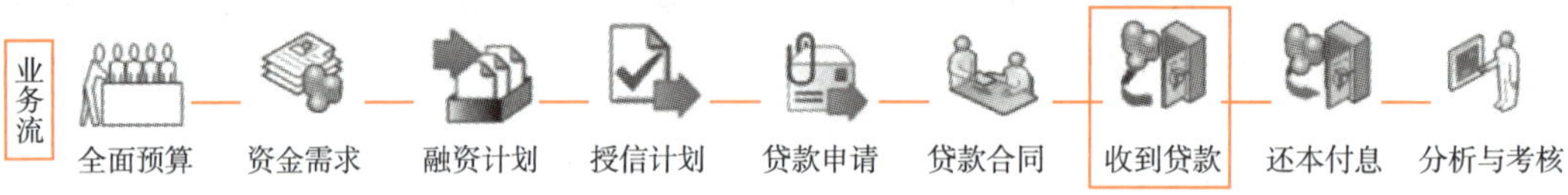

图2-17 长期借款筹资业务流程

2. 场景核心单据

收到长期借款业务的核心单据为借款合同和银行收款回单。借款合同记载了借款期限、借款本金、借款利率等。银行回单可以证明企业已经收到长期借款本金。财务人员可以据此进行核算。借款合同、银行收款回单如图2-18、图2-19所示。

借款合同

特别提示：本合同系借贷双方在平等、自愿的基础上依法协商订立，所有合同条款均是双方意思的真实表示。为维护借款人的合法权益，贷款人特提请借款人对有关双方权利义务的全部条款、特别是黑体部分内容予以充分注意。

贷款人：中国邮政储蓄银行横沥支行

负责人：周薇薇

联系人：周星晨；手机号码：189****7429

住所（地址）：广东省东莞市 ****
邮编：523***
电话：0769-8225***；传真：/；电子邮件：/

借款人：珠江纸业股份有限公司
法定代表人：王旗
联系人：陈丽；手机号码：188****0787
住所（地址）:广东省东莞市 ****
邮编：523***
电话：0769-8882****；传真：0769-8882****；电子邮件：3746*****@qq.com
【请借款人务必准确、完整地填写上述信息，以确保后续相关通知和法律文书的及时送达】
借款人、贷款人经平等协商，就贷款人向借款人发放贷款事宜达成一致，特订立本合同。

第一部分　基本约定

第一条　借款用途

本合同项下借款用于下列用途，未经贷款人书面同意，借款人不得将借款挪作他用，贷款人有权监督款项的使用。

借款用途：珠江纸业股份有限公司日常经营使用

第二条　借款金额和期限

2.1 本合同项下借款币种为人民币，金额为45,000,000元（大写：人民币肆仟伍佰万元整）（大小写不一致时，以大写为准）。

2.2 本合同的借款期限为 72 个月，自本合同项下首次提款日起算。

2.3 对于每笔提款而言，提款日为借款资金实际划入放款账户之日，到期日为借据上记载的还款日（分期还款的，到期日按本合同或借贷双方另行约定的还款计划执行），且任何一笔提款的还款日不得超过本合同的借款期限。

第三条　利率、利息和费用

3.1【人民币借款利率确定方式】

人民币借款利率按以下方式确定：

每笔借款利率以定价基准加浮动点数确定，其中定价基准为每笔借款提款日（提款日/合同生效日）（下称首个利率确定日）前一工作日全国银行间同业拆借中心公布的5年期以上（1年期/5年期以上）贷款市场报价利率（LPR），浮动点数为 / 个基点（一个基点为0.01%，下同）。如利率确定日前一工作日全国银行间同业拆借中心未公布相应期限的贷款市场报价利率，则以全国银行间同业拆借中心未公布的贷款市场报价利率为准，以此类推，首个利率确定日后，不论届时是否已提款，借款利率应按下列 B（A/B）种方式调整：

A. 以 / （1/3/6/12）个月为一期，一期一调整，分段计息。第二期及以后各期的利率确定日为首个利率确定日满一期后的对应日，贷款人在该日按前一工作日全国银行间同业拆借中心公布的前述期限的贷款市场报价利率和浮动点数对借款利率进行调整。如遇调整当月不存在与首个利率确定日对应的日期，则以该月最后一日为对应日。

B. 在整个借款期限内不调限。

……

图 2-18　长期借款合同（节选）

注：完整合同扫码获取。

中国邮政储蓄银行 POSTAL SAVINGS BANK OF CHINA

网上银行电子回单

电子回单号码：030009356

付款方	户名	中国邮政储蓄银行横沥支行	收款方	户名	珠江纸业股份有限公司
	账号	132598889189175072		账号	132598889181006695
	开户银行	中国邮政储蓄银行横沥支行		开户银行	中国邮政储蓄银行横沥支行
金额		小写：45000000 大写：肆仟伍佰万元整			
附言		无			
	付款用途	无		摘要	本金
	交易流水号				
	验证码	912T5JATGV894			
	交易日期	2023-03-19 13:04:55		打印日期	2023-03-19 13:04:55

图2-19　长期借款的银行收款回单

3. 业财分析

公司从中国邮政储蓄银行借入期限为72个月的借款45,000,000元，该借款期限超过1年属于长期借款，该借款存入银行，使“银行存款”增加；同时使得公司“长期借款”也增加。

风险控制　由于长期借款的使用关系到企业生产经营规模和效益，企业除了要遵守有关的贷款规定、编制借款计划并要有不同形式的担保外，还应该监督借款的使用、关注近期支付长期借款的利息，并按规定的期限归还借款本金。

任务实施

1. 单据审核

账务处理的核心单据为银行收款回单，审核要点前面已作说明。

2. 借入长期借款本金的账务处理

2023年3月19日，根据审核无误的单据，进行如下账务处理：

借：银行存款　　45,000,000

　　贷：长期借款——本金　　45,000,000

3. 对会计科目的影响

本业务对于第一季度企业会计科目的影响如表2-10所示。

表2-10　长期借款借入核算科目发生额及余额表　　单位：元

科目名称	期初余额		本期发生额		期末余额	
	借方	贷方	借方	贷方	借方	贷方
银行存款	2,153,682,647.87		45,000,000.00		2,198,682,647.87	
长期借款		1,854,000,000.00		45,000,000.00		1,899,000,000.00

子任务 2　长期借款计息

任务导入

【场景 2-7】沿用【场景 2-6】，公司取得中国邮政储蓄银行横沥支行借款后，每月 20 日计提利息。

上述场景原始单据有利息计算表等。

该业务发生前，相关科目的期初余额如表 2-11 所示。

表 2-11　长期借款计息核算科目期初余额表　单位：元

科目名称	期初余额	
	借方	贷方
财务费用	40,875.00	
应付利息		

认知识别

1. 利息费用核算原则

长期借款计算确定的利息费用，应当按照以下原则计入有关成本、费用。属于筹建期间的，计入管理费用；属于生产经营期间的，计入财务费用。如果长期借款用于购建固定资产等符合资本化条件，在资产尚未达到预定可使用状态前，所发生的利息支出应当资本化，计入在建工程等相关资产的成本；资产达到预定可使用状态后发生的利息支出，以及按规定不予资本化的利息支出，则计入财务费用。

2. 计息方式

长期借款有分期付息到期还本和到期一次还本付息两种计息方式，企业如采用分期付息到期还本方式计提利息的，在计息时先通过"应付利息"科目进行核算，如企业采用到期一次还本付息计提利息的，在计息时通过"长期借款——应计利息"科目进行核算。

3. 主要会计科目

为核算企业应当支付而未支付的利息费用，需要设置"应付利息"科目。"应付利息"属于负债类科目，用来核算企业按照合同约定应支付的利息，包括吸收存款，分期付息到期还本的长期借款，企业债券等应支付的利息。

科目的贷方登记增加的应付未付的利息，借方登记已经支付的利息，期末余额在贷方，表示应付未付的利息。该科目一般应按债权人设置明细进行明细核算。"应付利息"的T型账户如图 2-20 所示。

借方	应付利息	贷方
支付的利息		计提的利息
		尚未支付的利息

图2-20 “应付利息”T型账户

分析研判

1. 业务流程

该场景为业务流程中“还本付息”环节的计提利息环节，其必要的前期环节为“全面预算——资金需求——融资计划——授信计划——贷款申请——贷款合同——收到贷款”。计提利息之后会出现支付利息环节，通常企业计提利息在每月月末进行。长期借款计息业务流程如图2-21所示。

图2-21 长期借款筹资业务流程

2. 场景核心单据

计提利息业务的核心单据为利息计算表。利息计算表记载了企业本期应当支付的借款利息金额，财务人员可以据此对业务进行核算。利息计算表如表2-12所示。

表2-12 长期借款利息计算表

日期：2023年3月21日　　金额：元

合同号	贷款金融机构名称	贷款本金	币种	贷款期限（月）	利息计算起始日（含）	利息计算终止日（含）	年利率	本月应计利息	结算周期	是否资本化	用途	备注
020091456013-2023年字298号	中国邮政储蓄银行横沥支行	45,000,000	人民币	72	2023年3月19日	2023年3月20日	3.65%	9,125	月结	否	用于日常经营	利息=本金×年利率÷360×实际天数计算
合计	（大写）人民币	人民币玖仟壹佰贰拾伍元整						（小写）	9,125			

3. 业财分析

该项借款于3月19日借入，3月20日计提3月的借款利息，共需计算2天的利息，利息费用总额为9,125元（45,000,000×3.65%÷360×2=9,125），公司借款是为了日常经营，利息计算表中注明利息费用不资本化处理，需要费用化计入“财务费用”；根据合同约定该借款利息每半年支付，属于分期付息到期还本方式支付利息，因此先计入“应付利息”。

风险控制 企业应当区分哪些借款是为建造固定资产等项目发生的，哪些借款是为日常经营活动而发生的，前者产生的利息如符合资本化条件应当予以资本化，计入相关资产成本；后者应当费用化计入财务费用。只有正确划分资本化与费用化的利息支出，企业才能合理确定资产入账成本以及本期利润金额，才能符合会计中谨慎性原则要求，不高估资产或者收益，低估负债或者费用。

任务实施

1. 单据审核

账务处理的核心单据为利息计算单，审核要点前面已作说明。

2. 长期借款计息的账务处理

2023年3月21日，根据审核无误的单据，进行如下账务处理：

借：财务费用　　9,125

　贷：应付利息　　9,125

3. 对会计科目的影响

本业务对于第一季度企业会计科目的影响如表2-13所示。

表2-13　长期借款计息核算科目发生额及余额表　单位：元

科目名称	期初余额		本期发生额		期末余额	
	借方	贷方	借方	贷方	借方	贷方
财务费用	40,875.00		9,125.00		50,000.00	
应付利息				9,125.00		9,125.00

任务拓展

支付已计提的利息时，账务处理如下：

借：应付利息　　9,125

　贷：银行存款　　9,125

子任务 3 长期借款本金偿还

任务导入

【场景2-8】沿用【场景2-6】，2029年长期借款到期，4月23日，公司收到中国邮政储蓄银行网上银行电子回单，已偿还长期借款的本金。

上述场景中的原始单据有银行付款回单等。

该场景业务不影响公司2023年第一季度会计报表。

分析研判

1. 业务流程

该场景为业务流程中“还本付息”的还本环节，其必要的前期环节为“全面预算——资金需求——融资计划——授信计划——贷款申请——贷款合同——收到贷款”。长期借款本金偿还业务流程如图2-22所示。

图2-22 长期借款筹资业务流程

2. 场景核心单据

长期借款本金偿还业务的核心单据为银行付款回单。银行付款回单记载了企业偿还长期借款的金额，财务人员可以据此对业务进行核算。银行付款回单如图2-23所示。

中国邮政储蓄银行 POSTAL SAVINGS BANK OF CHINA

网上银行电子回单

电子回单号码：890277534

付款方	户名	珠江纸业股份有限公司	收款方	户名	中国邮政储蓄银行横沥支行
	账号	132598889181006695		账号	132598889189175072
	开户银行	中国邮政储蓄银行横沥支行		开户银行	中国邮政储蓄银行横沥支行
金额		小写:45000000 大写:肆仟伍佰万元整			
附言		无			
	付款用途	无		摘要	本金
	交易流水号				
	验证码	822R6YFPHD152			
	交易日期	2029-04-23 16:22:00		打印日期	2029-04-24 00:00:00

图2-23 偿还长期借款本金银行付款回单

3. 业财分析

公司从中国邮政储蓄银行借入期限为72个月的借款45,000,000元现已到期，公司须按合同约定按时归还借款，该借款通过银行支付，使“银行存款”减少；归还借款后同时使“长期借款”也相应减少。

风险控制　企业应该按时归还借款，建立良好的信用记录，提高信誉度，为未来的再融资打下基础。

任务实施

1. 单据审核

账务处理的核心单据为银行付款回单，审核要点前面已作说明。

2. 偿还长期借款本金的账务处理

2029年4月24日，根据审核无误的单据，进行如下账务处理：

借：长期借款　　45,000,000

　　贷：银行存款　　45,000,000

注：本业务为2029年业务。

3. 对会计科目的影响

本业务对于企业2023年第一季度会计科目无影响。

任务拓展

（1）假设公司2023年3月19日借款合同约定借款本金45,000,000元，需缴纳手续费50,000元，会计处理如下：

3月19日取得借款：

借：银行存款　　44,950,000

　　长期借款——利息调整　　50,000

　　贷：长期借款——本金　　45,000,000

（2）假设公司此项借款合同约定的是一次性还本付息，会计处理如下：

每月21日计提利息：

借：财务费用①　　9,125

　　贷：长期借款——应计利息②　　9,125

2029年3月18日一次还本付息

本金与利息之和为：45,000,000+45,000,000×3.65%×6=54,855,000（元）

借：长期借款——本金　　45,000,000

　　　　　　——应计利息　　9,855,000

　　贷：银行存款　　54,855,000

① 财务费用=期初摊余成本×实际利率

② 若本期有摊销的利息调整金额，为应计利息的差额，应记入“长期借款——利息调整”科目。

项目总结

1. 对公司会计科目影响汇总

本项目场景对公司会计科目的影响汇总如表2-14所示。

表2-14 筹资业务相关科目发生额及余额表

科目名称	期初余额		本期发生额		期末余额	
	借方	贷方	借方	贷方	借方	贷方
银行存款	1,120,456,472.87		1,078,267,050.00	40,875.00	2,198,682,647.87	
应交税费		42,477,659.93	983,620.75			41,494,039.18
短期借款		2,523,000,000.00		50,000,000.00		2,573,000,000.00
应付利息				9,125.00		9,125.00
长期借款		1,854,000,000.00		45,000,000.00		1,899,000,000.00
股本		1,397,733,148.00		155,000,000.00		1,552,733,148.00
资本公积		4,775,884,697.61		829,250,670.75		5,605,135,368.36
财务费用			50,000.00		50,000.00	

2. 对公司会计报表项目影响汇总

本项目对于第一季度公司会计报表项目影响如表2-15、表2-16所示。

表2-15 资产负债表（受筹资业务影响部分）

资产	期末余额	负债和所有者权益	期末余额
货币资金	+1,078,226,175,00	短期借款	+50,000,000.00
		应交税费	-983,620.75
		长期借款	+45,000,000.00
		其他应付款	+9,125.00
		股本	+155,000,000
		资本公积	+829,250,670.75
		盈余公积	-5,000.00
		未分配利润	-45,000.00
合计	+1,078,226,175.00	合计	+1,078,226,175.00

表 2-16 利润表（受筹资业务影响部分）

项目	本期金额
二、营业总成本	
其中：	
管理费用	
财务费用	+50,000.00

3. 筹资业务账务处理汇总

发行股票、借入款项等筹资业务的账务处理如表 2-17 所示。

表 2-17 筹资业务相关账务处理

项目	业务类型	账务处理	
吸收投资		非股份有限公司	股份有限公司
	发行股票	借：银行存款 应交税费——应交增值税（进项税额） 贷：实收资本 资本公积——资本溢价	借：银行存款 应交税费——应交增值税（进项税额） 贷：股本 资本公积——股本溢价
短期借款		预提利息	非预提利息
	借入本金	借：银行存款 贷：短期借款	借：银行存款 贷：短期借款
	计提利息	借：财务费用 贷：应付利息 借：财务费用 应付利息 贷：银行存款	借：财务费用 贷：银行存款
	偿还本息	借：短期借款 应付利息 贷：银行存款	借：短期借款 贷：银行存款
长期借款		分期付息，到期还本	到期一次还本付息
	借入本金	借：银行存款 长期借款——利息调整（如有差额） 贷：长期借款——本金	借：银行存款 长期借款——利息调整（如有差额） 贷：长期借款——本金
	计提利息	借：财务费用 管理费用（筹建期间） 在建工程（符合资本化条件） 贷：应付利息	借：财务费用 管理费用（筹建期间） 在建工程（符合资本化条件） 贷：长期借款——应计利息
	偿还本息	借：长期借款——本金 应付利息 贷：银行存款	借：长期借款——本金 ——应计利息 贷：银行存款

项目 3　采购业务核算

学习目标

知识目标

1. 了解采购业务流程及其资金运动；
2. 熟悉采购业务内容，掌握存货成本构成；
3. 掌握材料采购、材料入库、采购结算业务的核算方法。

技能目标

1. 能认知采购活动的业务流和数据流；
2. 能运用计划成本法对采购业务进行账务处理；
3. 能运用实际成本法对采购业务进行账务处理。

素质目标

1. 具备根据采购需求，严控采购费用的成本意识；
2. 养成关注市场动态变化，及时调整采购策略，应对市场变化的风险意识；
3. 坚持职业道德规范，保持廉洁自律，养成不接受供应商贿赂和回扣，保护企业商业机密和知识产权的保密意识；
4. 具备遵守国家法律法规和企业规章制度，确保采购活动合法合规的法律意识。

采购是企业为了满足生产经营需要，进行的购买物资、服务等资源的过程。采购业务是企业生产经营活动的首要环节，在企业的产品开发、质量保证、供应链管理及经营管理中起着极其重要的作用。从资金运动的角度来看，采购活动是企业资金周转中的货币资金转变为储备资金。

【场景3-1】采购业务按采购来源方式的不同可分为集中采购、零星采购、委托加工和进口等。珠江纸业制定了完善的物资采购管理制度，明确界定了物资采购的范围，规定了物资采购的定价机制与招标流程，确保公司运营活动的顺畅进行与长期稳健发展。以集中采购业务为例，财税流表现为：第一步，企业与销售方签订采购合同。第二步，向销售方发出发货通知。第三步，收到货物并对发来的材料进行质量检测，将无质量问题的材料验收入库并填写验收入库单。第四步，收到销售方开具的增值税专用发票。第五步，通过银行向销售方付款，并收到银行的付款回单。采购业务中业务流、数据流、财税流、知识流的融合如图3-1所示。

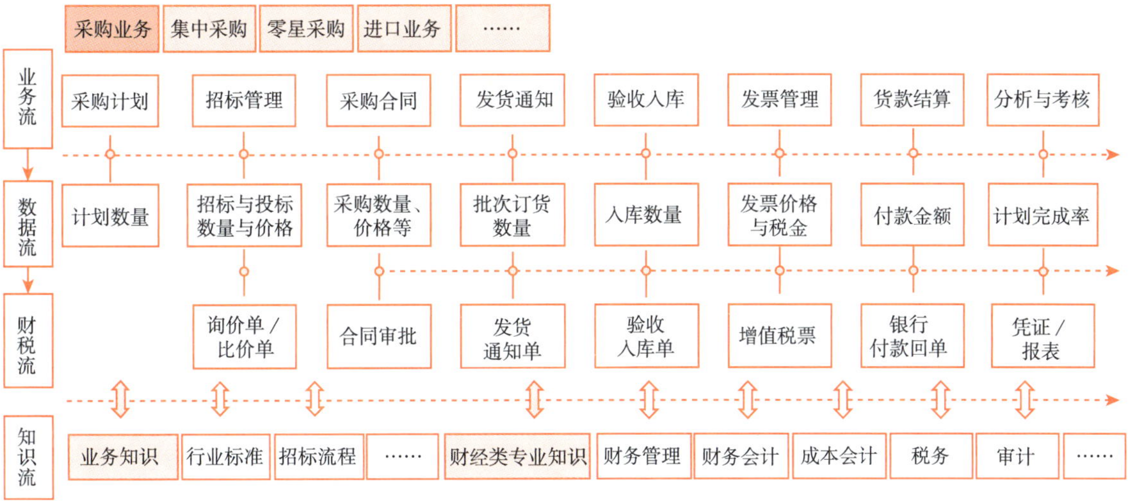

图3-1 四流融合——采购

认知识别

1. 采购方式

采购方式是指企业在获取商品和服务时所采取的不同方法和程序。常见的采购方式有：公开招标、邀请招标、竞争性谈判、询价采购、直接采购、电子采购、框架协议、集中采购、分散采购、战略采购等，每种采购方式都有其优势和局限性，选择哪种方式取决于组织的需求、市场条件和采购物品的性质。公司的采购方式有集中采购、零星采购等。从来源的角度还包括委托加工和进口。

2. 采购内容

采购内容是指企业在采购过程中所要获取的商品、服务或工程，公司主要是采购原料、辅料、织物、能源等。采购内容的选择取决于企业的具体需求、预算限制、市场条件和供应链管理策略等。有效的采购管理可以帮助企业降低成本、提高效率和确保质量。

3. 采购流程

采购流程是企业获取所需商品和服务的一系列步骤。一个典型的采购流程包括以下几个关键阶段：需求识别、市场调研、预算制定、采购计划、供应商选择、采购方式确定、采购文件准备、发布采购信息、供应商响应、评估和比较、谈判、合同签订、订单下达、订单跟踪、收货和检验、付款、记录和文档管理、供应商评估和反馈、持续改进等。采购流程的每个阶段都至关重要，需要精心规划和执行，以确保采购活动的有效性和效率。

分析研判 企业发生采购业务，会引起资产、负债要素发生变化。采购业务涉及的主要会计报表项目及会计科目如表3-1所示。

表3-1　　与采购业务相关的会计报表项目及会计科目

<table>
<tr><th>会计报表</th><th>会计要素</th><th>报表项目</th><th>会计科目</th></tr>
<tr><td rowspan="10">资产负债表</td><td rowspan="7">资产</td><td>货币资金</td><td>银行存款</td></tr>
<tr><td rowspan="5">存货</td><td>在途物资</td></tr>
<tr><td>材料采购</td></tr>
<tr><td>原材料</td></tr>
<tr><td>周转材料</td></tr>
<tr><td>材料成本差异</td></tr>
<tr><td>预付账款</td><td>预付账款</td></tr>
<tr><td rowspan="3">负债</td><td>应付账款</td><td>应付账款</td></tr>
<tr><td>应付票据</td><td>应付票据</td></tr>
<tr><td>应交税费</td><td>应交税费——应交增值税（进项税额）</td></tr>
</table>

任务1　材料采购

【教学重点】材料采购成本计算；原材料核算方法；材料采购业务账务处理。

【教学难点】计划成本法下材料采购核算。

根据存货核算方法的不同，材料采购核算可以分为计划成本法下材料采购核算和实际成本法下材料采购核算，两种方法在会计科目设置、账务处理、成本计算与分摊等方面均有所不同。

1. 存货的概念和确认条件

存货，是指企业在日常活动中持有以备出售的产成品或商品、处在生产过程中的在产品、在生产过程或提供劳务过程中耗用的材料或物料等，包括各类材料、在产品、半成品、产成品或库存商品以及包装物、低值易耗品、委托加工物资等。

确认一项存货是否属于企业的存货，其标准是看企业对该存货是否具有法人财产权（或法定产权）。凡是在盘存日期，法定产权属于企业的物品，不论其存放在何处或处于何种状态，都应确认为企业的存货。反之，凡是法定产权不属于企业的物品，即使存放于企业，也不应确认为企业的存货。

确认存货应同时满足以下两个条件：

（1）与该存货有关的经济利益很可能流入企业；

（2）与该存货有关的成本能够可靠计量。

2. 存货的计价

企业的外购存货主要包括原材料和商品。存货的采购成本，包括购买价款、相关税费、运输费、装卸费、保险费以及可归属于实际成本的费用。

（1）购买价款是指企业购入的材料或商品的发票账单上列明的价款，但不包括按照规定可以抵扣的增值税进项税额。

（2）相关税费是指企业购买存货发生的进口关税、消费税、资源税和不能抵扣的增值税进项税额以及相应的教育费附加等应计入存货采购成本的税费。

（3）其他可归属于存货采购成本的费用是指采购成本中除上述各项以外的可归属于存货采购的费用，如在存货采购过程中发生的仓储费、包装费、运输途中的合理损耗、入库前的挑选整理费用（包括挑选整理中发生的工费支出和挑选整理过程中所发生的合理损耗，并扣除回收的下脚废料价值）等。运输途中的合理损耗，是指存货在运输过程中，因存货性质、自然条件及技术设备等因素，所发生的自然的或不可避免的损耗。

3. 计划成本法与实际成本法

计划成本法和实际成本法是存货成本核算的两种方法。

计划成本法是指企业存货的日常收入、发出和结余均按预先制定的计划成本计价。使用的会计科目有“材料采购”“原材料”“周转材料”“材料成本差异”等，存货采购实际成本与计划成本的差异，就是通过“材料成本差异”科目核算。月末，计算本月发出材料应负担的成本差异并进行分摊，从而将发出材料的计划成本调整为实际成本。计划成本法日常核算比较简单，可以反映存货采购成本是节约还是超支，从而反映和考核物资采购业务的效率。该方法适用于存货品种繁多、收发频繁的企业，能够减少核算工作量，并有利于成本控制和预算分析。

实际成本法指企业存货的日常收入、发出和结余均按实际成本计价。使用的会计科目有“在途物资”“原材料”“周转材料”等，科目的借方、贷方及余额均以实际成本计入。实际成本法在于准确反映存货的实际成本，为企业的经营决策提供可靠依据。该方法适用于存货品种较少、收发不频繁的企业，能够确保成本核算的准确性和及时性。

子任务 1　计划成本法下材料采购

任务导入

【场景3-2】2023年2月26日公司与广东丰云绳网带有限公司签订购销合同，购入引纸绳12,800.38米。3月6日收到增值税专用发票，不含税金额64,001.90元，增值税税额8,320.25元，合同约定购买方在信用期内10天付款，可享受2%的现金折扣。公司采用计划成本对原材料进行计价。

上述场景原始单据有采购合同、增值税专用发票等。

业务发生时，相关科目期初余额如表3-2所示。

表3-2 计划成本法下材料采购核算相关科目期初余额表 单位：元

科目名称	期初余额	
	借方	贷方
材料采购		
应付账款		206,728,331.17
应交税费		41,494,039.18

认知识别

1. 原材料

原材料是企业在生产过程中经过加工改变其形态或性质并构成产品主要实体的各种原料及主要材料、辅助材料、外购半成品（外购件）、燃料等。公司的原料及主要材料包括阔叶浆、针叶浆、原木、木片等，辅助材料包括引纸绳、石灰、液碱、工业盐等，燃料包括煤炭、柴油、谷壳等。原材料归属于资产负债表中的存货项目。

2. 原材料计划成本计价

原材料按计划成本核算，是指原材料的日常收、发、存均按计划成本计价。原材料总账及明细账都按计划成本登记，实际成本与计划成本之间的差异在期末通过分配材料成本差异，将发出材料的计划成本调整为实际成本。

3. 主要会计科目

（1）材料采购。

企业采用计划成本法核算材料成本，在材料采购过程中需设置“材料采购”科目。该科目属于资产类科目，借方登记外购材料物资的实际成本，贷方登记验收入库材料的实际成本。期末余额在借方，表示已购入但尚未验收入库的材料物资的实际成本。该科目应按供应单位和材料物资品种、类别进行明细核算。“材料采购”T型账户如图3-2所示。

借方	材料采购 贷方
材料采购的实际成本	入库材料的实际成本
在途材料的采购成本	

图3-2 “材料采购”T型账户

（2）应交税费——应交增值税（进项税额）。

增值税是对我国境内销售货物、进口货物，或提供加工、修理修配劳务，销售服务、无形资产、不动产的增值额征收的一种流转税。按照纳税人的经营规模及会计核算的健全程度，增值税纳税人分为一般纳税人和小规模纳税人。一般纳税人应纳增值税额，根据当期销项税额减去当期进项税额计算确定；小规模纳税人应纳增值税额，按照销售额和规定的征收率计算确定。

按照《中华人民共和国增值税暂行条例》规定，增值税一般纳税企业购入货物或接受应税劳务支付的增值税（即进项税额），可以从销售货物或提供劳务按规定收取的增值税（即销项税额）中抵扣。准予从销项税额中抵扣的进项税额，通常包括：①从销售方取得的增值税专用发票上注明的增值税额；②从海关取得的完税凭证上注明的增值税额；③自境外单位或者个人购进劳务、服务、无形资产或者境内的不动产，从税务机关或者扣缴义务人取得的代扣代缴税款的完税凭证上注明的增值税额；此外，购进免税农产品准予从销项税额中抵扣进项税额，准予抵扣的进项税额按买价和9%的扣除率计算；如用于生产销售或委托加工13%税率的农产品，按照农产品收购发票或者销售发票上注明的农产品买价和10%的扣除率计算。例如：公司为增值税一般纳税人，在该场景中的增值税发票为专用发票，因此可以进行增值税进项税额的抵扣。

增值税一般纳税人应当在“应交税费”科目下设置“应交增值税”等明细科目。同时，在明细账内应设置“进项税额”“销项税额”等专栏。其中：“进项税额”专栏，记录一般纳税人购进货物、加工修理修配劳务、服务、无形资产或不动产而支付或负担的、准予从当期销项税额中抵扣的增值税额。例如：本业务中使用到“应交税费——应交增值税（进项税额）”科目，书写会计分录时使用括号对专栏进行标注。

“应交税费——应交增值税”科目属于负债类科目，贷方登记应交纳的增值税，借方登记实际交纳的增值税，期末贷方余额表示企业尚未交纳的增值税，期末借方余额表示多交或尚未抵扣的增值税。“应交税费——应交值税”T型账户如图3-3所示。

借方　　　　应交税费——应交增值税　　　　贷方

实际交纳的增值税 可抵扣的增值税	应交纳的增值税
多交或尚未抵扣的增值税	企业尚未交纳的增值税

图3-3　“应交税费——应交增值税”T型账户

（3）应付账款。

应付账款是指企业因购买材料、商品或接受劳务供应等经营活动应支付的款项。这是买卖双方在购销活动中由于取得物资与支付货款在时间上不一致而产生的负债。

为了核算应付账款的发生及其偿还情况，应设置“应付账款”科目，该科目属于负债类科目，贷方登记企业购买材料、商品和接受劳务等形成的应付未付款项；借方登记偿还的应付账款，或开出商业汇票抵付应付账款的款项，或已冲销无法支付的应付账款；余额一般在贷方，表示尚未偿还的应付账款。本科目一般应按照债权人设置明细科目进行明细核算。例如：该场景中，公司从广东丰云绳网带有限公司购买引纸绳，在未支付货款时，应当在“应付账款——广东丰云绳网带有限公司”科目核算需要支付的款项。“应付账款”T型账户如图3-4所示。

借方	应付账款　　　　　　贷方
企业偿还的应付账款或开出商业汇票抵付应付账款的款项或已冲销无法支付的应付账款	企业购买材料、商品和接受劳务等形成的应付未付款项
	尚未偿还的应付账款

图3-4 “应付账款”T型账户

分析研判

1. 业务流程

该场景为业务流程中的发票管理环节，其必要的前置环节为“采购计划——招标管理——采购合同”，“发货通知——验收入库”为可能与材料采购同步发生的环节节点，“货款结算”一般在材料采购业务之后发生。对应业务流程如图3-5所示。

图3-5 采购业务流程

2. 场景核心单据

材料采购业务的核心单据为增值税发票。从增值税发票中可以辨析企业采购货物的实际成本、增值税进项税额能否抵扣等，财务人员可以据此对材料采购业务进行核算。该场景的采购合同、增值税发票如图3-6、图3-7所示。

采购合同

购买方（甲方）：珠江纸业股份有限公司　　合同编号：HT20230226012

签订地点：东莞市

销售方（乙方）：广东丰云绳网带有限公司　　签订时间：2023年2月26日

经双方友好协商，就甲方向乙方采购引纸绳事项达成如下协议。

序号	商品名称	规格型号	品牌	单位	不含税单价	数量	不含税金额
1	引纸绳	12mm	—	m	5	12,800.38	64,001.90
不含税金额合计							64,001.90
价税合计人民币	柒万贰仟叁佰贰拾贰元壹角伍分　（¥72,322.15）						

一、产品质量：货物符合质量、安全要求。

二、交货地点、方式：珠江纸业股份有限公司仓库

三、运输方式及到达站港和费用负担：火车运输，费用由乙方承担。

四、交货时间：合同签订甲乙双方签字盖章，收到甲方发货通知单后4天内。

五、发票情况：13%增值税专用发票

六、包装标准、包装物的供应与回收：防水防潮防火。

七、结算方式：票到（或货到）月结30天

八、折扣优惠：购买方在信用期内10天付款，可享受2%的现金折扣

九、付款方式：电汇

十、违约责任：如果乙方逾期交货的，应向甲方按日支付相当于逾期交货部分0.5%的违约金，交货期到期后超过30天未交货，甲方有权解除合同，乙方需无条件全额退款。

十一、解决合同纠纷的方式：双方协商解决，协商不成向合同签订地人民法院起诉。

十二、其他约定事项

1.本合同产品数量因用料等影响会导致不同，以实际发货数量为准，合理损耗为按每批发货数量的0.5%。

2.下年付款方式与供应商评级有关，在供应商分级中被评为A级，贷款中10%将于3个月之后支付；被评为B级，货款中20%将于5个月之后支付；如果被评为C级，货款中30%将于6个月之后支付。

3.本合同一经订立，双方不得更改或擅自解除，如需修订，只能以双方盖章的书面文件（包括传真件）进行，该类文件是本合同的有效组成部分。

4.任何一方对于下列原因而导致不能或暂时不能履行全部或部分合同义务的不负责任，如水灾、火灾、地震、战争。

十三、本合同经双方签字、盖章后生效，传真件具有同等的法律效力。

甲方：珠江纸业股份有限公司
单位地址：广东省东莞广麻大道258号
法定代表人：王旗
委托代理人：卢宛玲
电话：1367782[illegible]6
传真：0769-88821858
开户银行：中国工商银行东莞市长安支行
账号：19013224124455631285
税号：91441900MA3CCA2C89

乙方：广东丰云绳网带有限公司
单位地址：广州市天河区车站100号
法定代表人：王旻
委托代理人：李翔
电话：136[illegible]58526
传真：020-85374268
开户银行：中国建设银行车站路支行
账号：6226750623882426417 5
税号：91440100MA4L75238Q

图3-6　采购合同

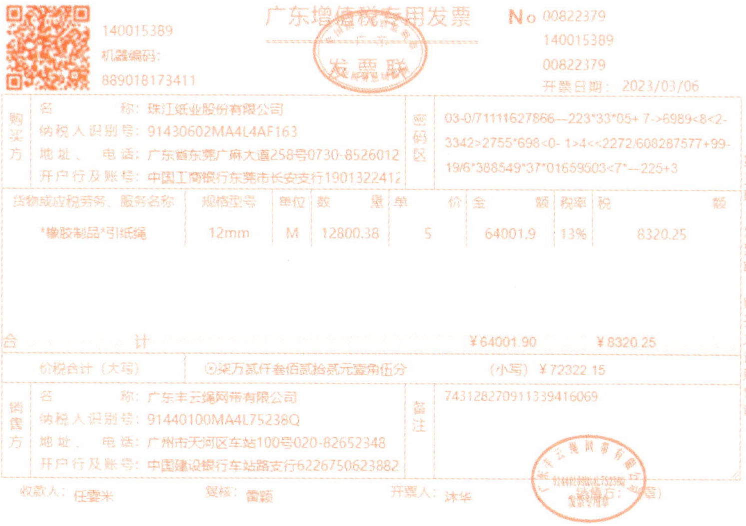
广东增值税专用发票　发票联

No 00822379

140015389
机器编码：
889018173411

140015389
00822379
开票日期：2023/03/06

购买方
名　　称：珠江纸业股份有限公司
纳税人识别号：91430602MA4L4AF163
地址、电话：广东省东莞广麻大道258号0730-8526012
开户行及账号：中国工商银行东莞市长安支行1901322412

密码区
03-0/71111627866—223*33*05+ 7->6989<8<2-
3342>2755*698<0- 1>4<<2272/608287577+99-
19/6*388549*37*01659503<7*—225+3

货物或应税劳务、服务名称	规格型号	单位	数量	单价	金额	税率	税额
*橡胶制品*引纸绳	12mm	M	12800.38	5	64001.9	13%	8320.25
合计					¥64001.90		¥8320.25

价税合计（大写）　⊗柒万贰仟叁佰贰拾贰元壹角伍分　（小写）¥72322.15

销售方
名　　称：广东丰云绳网带有限公司
纳税人识别号：91440100MA4L75238Q
地址、电话：广州市天河区车站100号020-82652348
开户行及账号：中国建设银行车站路支行6226750623882

备注
743128270911339416069

收款人：任霎米　复核：雷颖　开票人：沐华　销售方：（章）

第三联：发票联　购买方记账凭证

图3-7　采购发票

3. 业财分析

公司外购材料物资在计划成本核算下，无论材料是否验收入库，先将采购材料金额64,001.90元计入“材料采购”；对采购过程中发生可抵扣的增值税8,320.25元，可以在计算应交增值税时进行抵扣，表示“应交税费”减少；公司因采购活动需支付但还暂未支付的款项72,322.15元（64,001.90+8,320.25），计入“应付账款”。

风险控制 企业采用计划成本进行材料计价，应当防范由于原材料的市场价格剧烈波动，导致实际采购价格与计划成本差距过大，影响成本计算和盈利计算准确性的风险。该风险可能导致企业成本虚低、利润虚高，影响会计报表使用者的判断和决策。

任务实施

1. 单据审核

账务处理的核心单据为增值税发票。为确保增值税发票的合规性和准确性，降低企业的财税风险，企业会计人员应熟悉增值税发票的种类及发票审核要点。

增值税发票的种类主要包括：①专用发票。增值税专用发票是一般纳税人销售货物或者提供应税劳务开具，特殊情况也可委托税务机关代开。它是购买方用于抵扣增值税进项税额的主要依据。②普通发票。增值税普通发票是纳税人销售货物或者提供应税劳务时开具，特殊情况也可委托税务机关代开。但该发票不能用于纳税人抵扣增值税。此外还有货物运输发票、公路通行费发票等类型。企业取得增税发票时，应注意发票类型。

增值税发票的审核要点如下：

（1）核对发票的抬头（单位名称、纳税人识别号、开户行等信息）是否与企业信息一致。发票中单位名称等信息均不能简写，同时还需要核对开出发票的单位名称等信息是否与合同一致；

（2）发票密码是每张增值税专用发票的唯一标识，需进入税务局网站进行验证。确保发票的真实性，防止伪造的情况；

（3）审核发票上的货物或应税劳务、服务名称及数量、价格等信息是否与实际交易和合同相符。确保发票中列明的信息与实际交易及采购（或销售）合同一致。

（4）检查发票印章，确保印章与开票单位名称一致且清晰，如有模糊不清的情况，需及时与开票方联系。

2. 计划成本法材料采购核算的账务处理

2023年3月6日，根据审核无误的单据，进行如下账务处理：

借：材料采购——辅料——引纸绳	64,001.90	
应交税费——应交增值税（进项税额）	8,320.25	
贷：应付账款——广东丰云绳网带有限公司		72,322.15

3. 对会计科目的影响

本业务对于第一季度公司会计科目的影响如表3-3所示。

表 3-3 计划成本法下材料采购核算相关科目发生额及余额表 单位：元

科目名称	期初余额		本期发生额		期末余额	
	借方	贷方	借方	贷方	借方	贷方
材料采购			64,001.90		64,001.90	
应付账款		206,728,331.17		72,322.15		206,800,653.32
应交税费		41,494,039.18	8,320.25			41,485,718.93

子任务 2　实际成本法下材料采购

任务导入

【场景 3-3】沿用【场景 3-2】，假设公司采用实际成本对原材料进行计价。此时，2023 年 2 月 26 日公司向广东丰云绳网带有限公司购买 12,800.38 米引纸绳的业务核算，与计划成本法下材料采购核算有所不同。

认知识别

1. 原材料实际成本计价

如果企业未预先设定材料的计划采购单价，直接根据实际采购材料的单价进行核算，则该企业采购材料按实际成本计价法。在该种方法下，原材料的核算从收、发料凭证，到明细分类核算和总账的登记，均按实际成本反映。

2. 主要会计科目

企业采购原材料按实际成本法计价，在材料采购时，需开设“在途物资”科目。该科目属于资产类科目，用来核算企业购入尚未到达或尚未验收入库的各种材料的实际成本。借方登记企业已购入但尚未入库的材料的实际成本，贷方登记已验收入库的材料的实际成本，期末余额在借方，反映期末在途物资的实际成本。该科目应按供应单位和物资品种进行明细核算。“在途物资”T 型账户如图 3-8 所示。

借方　　　　在途物资	贷方
企业购入但尚未入库材料的实际成本	已验收入库材料的实际成本
在途物资的实际成本	

图 3-8 “在途物资”T 型账户

分析研判

1. 业务流程

原材料按实际成本法计价的材料采购业务流程与原材料按计划成本法计价的材料采购业务流

程相同。

2. 场景核心单据

原材料按实际成本法计价的材料采购核心单据与原材料按计划成本法计价的材料采购核心单据相同，均为增值税发票。详见图3-7采购发票。

3. 业财分析

公司外购材料物资在实际成本核算下，材料尚未验收入库之前先将采购材料金额64,001.90元通过“在途物资”进行核算；对采购过程中发生可抵扣的增值税8,320.25元，可以在计算应交增值税时进行抵扣，表示“应交税费”减少；公司因采购活动需支付现还暂未支付的款项72,322.15元（64,001.90+8,320.25），先计入“应付账款”。

风险控制 在材料采购过程中，企业需高度警惕多项潜在风险，包括预测失误风险，可能导致物料数量难以满足生产实际需求或超出预算范围，影响成本控制和生产计划；供应商产能下降引发的供应不及时风险，可能导致打乱生产节奏，造成停工待料等不利后果；采购流程不完善的风险，导致企业与供应商之间存在的不诚实乃至违法行为（如受贿、串通报价等）而损害企业利益。

任务实施

1. 单据审核

账务处理的核心单据为增值税发票，审核要点前面已作说明。

2. 实际成本法材料采购核算的账务处理

2023年3月6日，根据审核无误的单据，进行如下账务处理：

借：在途物资——辅料——引纸绳	64,001.90	
应交税费——应交增值税（进项税额）	8,320.25	
贷：应付账款——广东丰云绳网带有限公司		72,322.15

注：因珠江纸业对材料采购采用计划成本核算，故此业务不作为公司2023年第一季度发生的业务。

知识拓展 材料采购成本由买价、运杂费、包装费、运输损耗、入库前的挑选整理费（包括损耗）、不可以抵扣的增值税等构成，不包含可以抵扣的增值税进项税额。

（1）原材料的买价，例如图3-3采购发票中注明的材料价款，由材料数量乘以材料单价计算而得。

（2）运杂费、包装费等其他采购费用也应根据取得的增值税发票类型具体判断计入材料采购成本的金额。如果取得增值税专用发票，则材料采购成本中仅包含费用金额，对应税额计入“应交税费——应交增值税（进项税额）”科目；如果取得增值税普通发票，则费用金额和对应税额均应计入材料采购成本中。

同时，如果企业购买的多种材料一同运输或包装，仅取得一张增值税发票，则应将采购费用在不同材料间进行合理分配。分配公式为：

$$采购费用分配率=\frac{实际发生的采购费用}{全部材料的买价或重量}$$

某种材料应分担的采购费用 = 该材料的重量或买价 × 采购费用分配率

假设在【场景 3-3】中，企业采购引纸绳需自行承担运费，运费发票如图 3-9 所示。

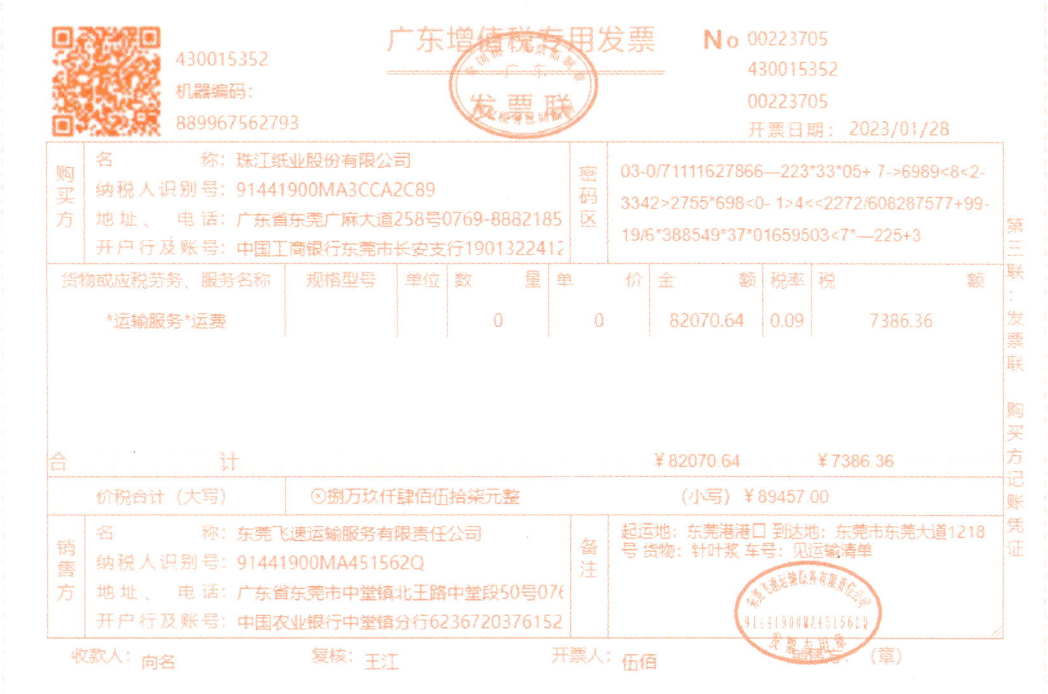

广东增值税专用发票 No 00223705

430015352

机器编码：889967562793

430015352

00223705

发票联

开票日期：2023/01/28

购买方	名称：珠江纸业股份有限公司 纳税人识别号：91441900MA3CCA2C89 地址、电话：广东省东莞广麻大道258号0769-8882185 开户行及账号：中国工商银行东莞市长安支行1901322412			密码区	03-0/71111627866—223*33*05+ 7->6989<8<2-3342>2755*698<0- 1>4<<2272/608287577+99-19/6*388549*37*01659503<7*—225+3		
货物或应税劳务、服务名称	规格型号	单位	数量	单价	金额	税率	税额
*运输服务*运费			0	0	82070.64	0.09	7386.36
合计					¥82070.64		¥7386.36
价税合计（大写）	⊗捌万玖仟肆佰伍拾柒元整				（小写）¥89457.00		
销售方	名称：东莞飞速运输服务有限责任公司 纳税人识别号：91441900MA451562Q 地址、电话：广东省东莞市中堂镇北王路中堂段50号076 开户行及账号：中国农业银行中堂镇分行6236720376152			备注	起运地：东莞港港口 到达地：东莞市东莞大道1218号 货物：针叶浆 车号：见运输清单		

收款人：向名 复核：王江 开票人：伍佰 销售方：（章）

第三联：发票联 购买方记账凭证

图 3-9 运费发票

通过运费发票，可以识别公司在购买引纸绳时承担了运输费用，且运费发票为增值税专用发票，进项税额可以抵扣。此时，应将运输费计入材料采购成本，2023 年 3 月 6 日，根据审核无误的单据，进行账务处理如下：

应计入“采购成本”的金额为：64,001.90+82,070.64=146,072.54（元）

应计入“应交税费——应交增值税（进项税额）”的金额为：8,320.25+7,386.36=15,706.61（元）

借：在途物资——辅料——引纸绳 146,072.54

　　应交税费——应交增值税（进项税额） 15,706.61

　　贷：应付账款——广东丰云绳网带有限公司 72,322.15

　　　　应付账款——东莞飞速运输服务有限责任公司 89,457.00

企业在采购费用分摊时，应选择合理的分摊标准，防范分摊标准选择不合理，导致的材料成本计价不准确等风险。只有材料合理计价，企业才能准确核算产品成本，进而合理计算利润。

任务2 材料入库

【教学重点】材料入库业务的账务处理。

【教学难点】材料成本差异的计算和会计处理。

材料入库是企业存货管理中的一个重要环节，是指将新购买的原材料、零部件等物品从供应商处接收、验收合格并妥善存放到企业仓库中的过程。根据存货核算方法的不同，材料入库核算可以分为计划成本法下材料入库核算和实际成本法下材料入库核算，两种方法在会计科目设置、账务处理、成本计算与分摊等方面均有所不同。

子任务1 计划成本法下材料入库

任务导入

【场景3-4】2023年2月26日公司与广东丰云绳网带有限公司签订购销合同，购入引纸绳。3月2日收到发货通知单和送货单，准备收货。3月6日，收到全部材料，通过质检并入库。公司采用计划成本对原材料进行计价。

上述场景中的原始单据包括发货通知单、送货单、质检单、验收入库单等。

业务发生时，相关科目期初数据如表3-4所示。

表3-4 计划成本法下材料入库核算相关科目期初余额表 单位：元

科目名称	期初余额	
	借方	贷方
原材料	381,298,345.51	
材料采购	64,001.90	
材料成本差异		

认知识别

主要会计科目：

1. 原材料

企业为核算库存的各种原料及主要材料、辅助材料、外购半成品（外购件）、修理用备件（备品备件）、包装材料、燃料等，应当开设“原材料”科目。该科目属于资产类科目，在计划成本法下，借方登记企业购入并已验收入库的各种材料的计划成本，贷方登记从仓库领用或发出的各种材料的计划成本，期末余额在借方，反映期末结存材料的计划成本。该科目应按原材料的保管地点、材料类别、品种和规格等进行明细核算。计划成本法下“原材料”T型账户如图3-10所示。

借方　　　　　　原材料	贷方
企业购入并已验收入库的各种材料的计划成本	领用或发出的各种材料的计划成本
结存材料的计划成本	

图3-10　计划成本法下“原材料”T型账户

2. 材料成本差异

“材料成本差异”属于资产类科目，用来核算材料计划成本与实际成本的差额，借方登记入库材料物资实际成本大于计划成本的差异额（超支差异），以及结转发出材料应负担的节约差异；贷方登记入库材料物资实际成本小于计划成本的差异额（节约差异），以及结转发出材料应负担的超支差异。期末如为借方余额，表示库存材料实际成本大于计划成本的超支差异；期末如为贷方余额，表示库存材料实际成本小于计划成本的节约差异。该科目应按不同的材料物资类别或品种进行明细核算。“材料成本差异”T型账户如图3-11所示。

借方　　　　　　材料成本差异	贷方
外购材料产生的超支差异 发出材料应负担的节约差异	外购材料产生的节约差异 发出材料应负担的超支差异
库存材料的超支差异	库存材料的节约差异

图3-11　“材料成本差异”T型账户

分析研判

1. 业务流程

该场景为业务流程中的验收入库环节，其必要的前置环节为“采购计划——招标管理——采购合同——发货通知”，“发票管理”为可能与材料入库同时发生的环节节点，“货款结算”一般在材料入库业务之后发生。采购业务流程验收入库环节如图3-12所示。

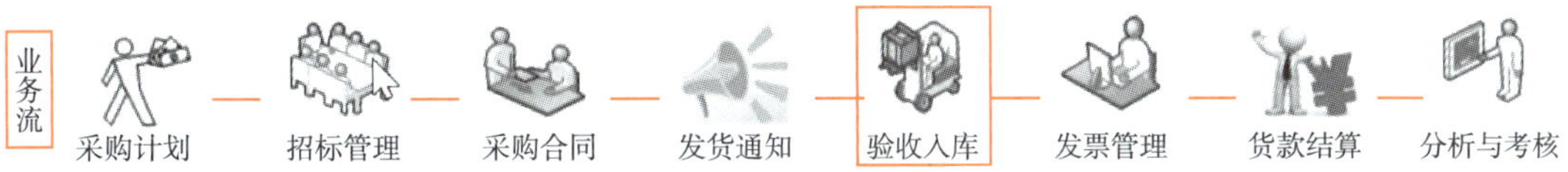

图3-12　采购业务流程

2. 场景核心单据

材料入库业务的核心单据为验收入库单，从验收入库单中可以辨析，材料的入库数量、计划单价、计划成本等，财务人员可以据此对材料入库业务进行核算。该场景的验收入库单如表3–5所示。

表3-5 验收入库单

日期：2023年3月6日　　编号：RKD20230306012

类别	材料名称	规格型号	单位	购入	入库	计划单价	计划金额
辅料	引纸绳	12mm	M	12,800.38	12,800.38	5.31	67,970.02
备注							

保管员：于小小

3. 业财分析

公司采用计划成本核算时，材料验收入库的金额等于验收入库数量乘以材料的计划单价，计算出验收入库材料的计划成本67,970.02元（12,800.38×5.31），计入“原材料”；因材料验收入库，在不存在损耗等情况下应将原计入“材料采购”的实际成本金额64,001.90元予以结转为零；计划成本与实际成本之间的差额3,968.12元通过“材料成本差异”进行核算。

风险控制 企业应当重视材料验收工作，规范验收程序，避免出现将数量、质量、规格不符的材料验收入库，给企业造成损失。涉及技术含量较高的货物，必要时可以委托具有检验资质的机构或聘请外部专家协助验收。

任务实施

1. 单据审核

账务处理的核心单据为材料验收入库单，审核要点如下：

（1）核对单据的日期、材料名称、规格等是否与合同及实物一致。单据的日期、名称、规格等原则上应与合同及实物保持一致，以确保企业及时按合同约定日期收到所需材料，如不一致及时与销售单位进行联系。

（2）核对入库材料的数量是否与合同及实物一致。如出现不一致的情况要查找原因，如为对方企业少发材料，则及时与销售单位取得联系，如为运输途中发生合理损耗，也需要及时地进行会计处理。

（3）审核质检等部门是否签章。如未通过质检等部门审核，则无法确定该批材料是否存在质量问题，应及时向上级领导汇报。

（4）检查仓库保管人员是否签章，以明确材料的保管责任。

2. 计划成本法材料入库核算的账务处理

2023年3月6日，根据审核无误的单据，进行如下账务处理：

借：原材料——辅料——引纸绳　　67,970.02

贷：材料采购——辅料——引纸绳　　64,001.90

　　材料成本差异——辅料——引纸绳　　3,968.12

3. 对会计科目的影响

本业务对于第一季度公司会计科目的影响如表3-6所示。

表3-6　计划成本法材料入库相关科目发生额及余额表　　单位：元

科目名称	期初余额		本期发生额		期末余额	
	借方	贷方	借方	贷方	借方	贷方
原材料	381,298,345.51		67,970.02		381,366,315.53	
材料采购	64,001.90			64,001.90		
材料成本差异				3,968.12		3,968.12

子任务2　实际成本法下材料入库

任务导入

【场景3-5】沿用【场景3-4】，假设公司采用实际成本对原材料进行计价。2023年3月6日，材料验收入库时原材料计价与计划成本法对原材料计价有所不同。

认知识别

在实际成本法下企业应当设置“原材料”科目，该科目的核算内容与原材料按计划成本核算时相同，但借方发生额、贷方发生额和余额均反映原材料的实际成本。实际成本法下“原材料”T型账户如图3-13所示。

借方	原材料	贷方
企业购入并已验收入库的各种材料的实际成本		领用或发出的各种材料的实际成本
结存材料的实际成本		

图3-13　实际成本法下“原材料”T型账户

分析研判

1. 业务流程

原材料按实际成本法计价的材料入库业务流程与原材料按计划成本法计价的材料入库业务流程相同。

2. 场景核心单据

原材料按实际成本法计价的材料入库核心单据与原材料按计划成本法计价的材料入库核心单据相同，也为验收入库单。详见表3-5验收入库单。

3. 业财分析

公司采用实际成本核算时，在不存在损耗等情况下应将原计入“在途物资”的金额64,001.90元转入“原材料”，表示公司原材料增加，在途物资减少，结转后余额为零。

任务实施

1. 单据审核

账务处理的核心单据为材料验收入库单，审核要点前面已作说明。

2. 实际成本法下材料入库核算的账务处理

2023年3月6日，根据审核无误的单据，进行如下账务处理：

借：原材料——辅料——引纸绳　　64,001.90

　　贷：在途物资——辅料——引纸绳　　64,001.90

任务3　采购结算

【教学重点】采购结算方式；银行存款结算业务的账务处理。

【教学难点】现金折扣业务的账务处理。

采购结算是企业根据采购合同，对收到的物料进行验收后，与供应商进行货款结算的过程。一般来说，现金结算和银行转账结算是较为常见的采购结算方式。

任务导入

【场景3-6】2023年2月26日公司与广东丰云绳网带有限公司签订购销合同，购入引纸绳。合同约定购买方在信用期内10天付款，可享受2%的现金折扣。3月6日已收到采购发票，同时材料验收入库。3月16日支付货款，享受了现金折扣。

上述场景原始单据有银行付款回单等。

该场景业务发生前，相关科目的期初数据如表3-7所示。

表3-7　采购结算业务相关科目期初余额表　单位：元

科目名称	期末余额	
	借方	贷方
银行存款	2,198,682,647.87	
应付账款		206,800,653.32
财务费用	50,000.00	

认知识别　现金折扣是为了鼓励购货方在一定时期内早日付款而给予的价格扣除。例如，现金折扣条件2/10、1/10、N/30，表示如果在10天内付款，购买者可以享有2%的折扣，如果在20天内付款，购买者可以享有1%的折扣，30天内必须按发票的金额支付全部款项。企业在购买物资或劳务时，如果形成的应付账款附有现金折扣，应付账款应按照发票上记载的扣除折扣前的应付款总额入账，因在折扣期间内付款而获得的现金折扣，冲减财务费用。

分析研判

1. 业务流程

该场景为业务流程中的货款结算环节，其必要的前置环节为“采购计划——招标管理——采购合同——发货通知——验收入库——发票管理”。采购业务流程货款结算环节如图3-14所示。

图3-14　采购业务流程

2. 场景核心单据

采购结算业务的核心单据为银行付款回单，从该单据中可以辨析支付金额、支付时间等，财务人员可以据此对采购结算业务进行核算。本业务场景的银行付款回单如图3-15所示。

ICBC 中国工商银行　业务回单付款　凭证

日期：2023年03月16日　回单编号：341772091

收款人户名：广东丰云绳网带有限公司　收款人开户行：中国建设银行车站路支行

收款人账号：6226750623882426 4175

付款人户名：珠江纸业股份有限公司　付款人开户行：中国工商银行东莞市长安支行

付款人账号：1901322412455631285

金额合计（大写）：柒万零捌佰柒拾伍元柒角壹分　小写：70875.71

业务（产品）种类：网银互联　凭证种类：6420293　凭证号码：9766373623372

摘要：货款　用途：无　币种：人民币

交易机构：0190010180　记账柜员：00132　交易代码：52139　渠道：网上银行

附言：无

支付交易序号：91387893　报文种类：小额客户发起普通贷　委托日期：2023-03-16 00:00

业务类型（种类）：普通汇兑　指令编号：HQP06566385　提交人：092010190520000 2

最终授权人：无

本回单为第一次打印，注意重复　打印日期：2023-03-16　打印柜员：10　验证码：130E3UUGKV1

图3-15　银行付款回单

3. 业财分析

公司虽2月26日签订采购合同，但实现购买发生在3月6日。公司于3月16日支付货款，付款期在采购发生的10天以内，按合同约定可享受2%的现金折扣，因此公司将实际支付的款项70,875.71元（72,322.15−72,322.15×2%），作为"银行存款"的减少，同时将原计入"应付账款"的金额72,322.15元冲减至零，两者之间的差额1,446.44元（72,322.15×2%）就是公司实际享受的现金折扣，冲减"财务费用"。

风险控制 企业应建立完善的内部控制制度，在进行采购结算时，确保交易的准确性和真实性。同时，应当注意合同约定的付款时间，避免出现延迟支付导致的损失。对于存在现金折扣的情况，可以根据企业当时实际可使用的货币资金及计算放弃折扣的成本来进行测算是否享受该折扣，以及何时享受折扣。对于跨国采购业务，还应当注意防范汇率变动等风险。

三 任务实施

1. 单据审核

账务处理的核心单据为银行付款回单，审核要点前面已作说明。

2. 材料款结算的账务处理

2023年3月16日，根据审核无误的单据，进行如下账务处理：

借：应付账款——广东丰云绳网带有限公司　　72,322.15

　　贷：银行存款　　70,875.71

　　　　财务费用　　1,446.44

3. 对会计科目的影响

本业务对于第一季度公司会计科目的影响如表3-8所示。

表3-8　采购结算相关科目发生额及余额表　　单位：元

科目名称	期初余额		本期发生额		期末余额	
	借方	贷方	借方	贷方	借方	贷方
银行存款	2,198,682,647.87			70,875.71	2,198,611,772.16	
应付账款		206,800,653.32	72,322.15			206,728,331.17
财务费用	50,000.00			1,446.44	48,553.56	

知识拓展

1. 商业汇票

商业汇票是收款人或付款人（或承兑申请人）签发，由承兑人承兑，并于到期日无条件向收款人或被背书人支付确定金额的票据。

商业汇票根据承兑人的不同，分为商业承兑汇票和银行承兑汇票；按是否带息来划分，分为带息商业汇票（简称带息票据）和不带息商业汇票（简称不带息票据）。商业承兑汇票是指由收款人或付款人签发，经付款人承兑的票据；银行承兑汇票是指由在承兑银行开立存款账户的存款人签发，并由承兑申请人向开户银行申请，经银行审查同意承兑的票据。

企业为进行商业汇票有关业务的核算应当开设“应付票据”科目。该科目属于负债类科目，贷方登记开出并承兑汇票的面值及预提的带息票据利息，借方登记支付票据的金额，余额在贷方，表示企业尚未到期的商业汇票的票面金额及预提的利息。该科目可按债权人设置明细科目。“应付票据”T型账户如图3-16所示。

借方	应付票据 贷方
支付票据减少的金额	开出并承兑汇票的面值 带息票据预提的利息费用
	尚未到期的商业汇票的票面金额及预提的利息

图3-16 “应付票据”T型账户

假设在【场景3-6】中，企业变更结算方式为使用银行承兑汇票进行结算。4月6日开出汇票进行结算，未享受折扣。

2023年4月6日，根据审核无误的单据，做如下账务处理：

借：应付账款——广东丰云绳网带有限公司 72,322.15

　　贷：应付票据 72,322.15

2. 预付账款

预付账款是指企业按照合同规定预付给供应单位的款项。

为了核算和监督预付账款的增减变动情况，企业应设置“预付账款”科目。该科目属于资产类科目，借方登记预付的款项和补付的款项，贷方登记收到采购货物时按发票金额冲销的预付账款数和因多预付而退回的款项，期末借方余额，反映企业预付的款项；期末如为贷方余额，反映企业应补付的款项。该科目可按供应单位进行明细核算。预付账款情况不多的企业，也可以不设置“预付账款”科目，而将预付账款业务在“应付账款”科目核算。“预付账款”T型账户如图3-17所示。

借方	预付账款 贷方
预付的款项 补付的款项	冲销的预付账款 因多预付而退回的款项
企业预付的款项	企业应补付的款项

图3-17 “预付账款”T型账户

假设在【场景3-6】中，为购买引纸绳，公司2月26日与广东丰云签订合同时，预付10%货款。3月6日收到采购发票，同时材料验收入库。4月6日支付剩余款项。则企业账务处理如下：

2023年2月26日，预付货款时：

借：预付账款——广东丰云绳网带有限公司 7,232.22

贷：银行存款 7,232.22

2023年3月6日，收到货物和发票时：

借：原材料——辅料——引纸绳 67,970.02

应交税费——应交增值税（进项税额） 8,320.25

贷：预付账款——广东丰云绳网带有限公司 72,322.15

2023年4月6日，支付剩余款项时：

借：预付账款——广东丰云绳网带有限公司 65,089.93

贷：银行存款 65,089.93

项目总结

1. 对企业会计科目影响汇总

本项目场景对企业会计科目的影响汇总如表3-9所示。

表3-9 采购业务相关科目发生额及余额表 单位：元

科目名称	期初余额		本期发生额		期末余额	
	借方	贷方	借方	贷方	借方	贷方
银行存款	2,198,682,647.87			70,875.71	2,198,611,772.16	
原材料	381,298,345.51		67,970.02		381,366,315.53	
材料采购			64,001.90	64,001.90		
材料成本差异				3,968.12		3,968.12
应付账款		206,728,331.17	72,322.15	72,322.15		206,728,331.17
应交税费		41,494,039.18	8,320.25			41,485,718.93
财务费用	50,000.00			1,446.44	48,553.56	

2. 对企业报表项目影响汇总

本项目对一季度企业会计报表项目影响如表3-10、表3-11所示。

表3-10 资产负债表（受采购业务影响部分） 单位：元

资产	期末余额	负债和所有者权益	期末余额
货币资金	-70,875.71	应付账款	—
存货	+64,001.90	应交税费	-8,320.25
		盈余公积	+144.64（1,446.44 × 10%）
		未分配利润	+1,301.80（1,446.44 × 90%）
合计	-6,873.81	合计	-6,873.81

表 3-11　利润表（受采购业务影响部分）　单位：元

报表项目	本期金额
财务费用	-1,446.44

3. 采购业务账务处理汇总

材料采购、材料入库、采购结算等采购业务的核算，账务处理如表 3-12 所示。

表 3-12　采购业务相关账务处理

项目	业务类型	计划成本法	实际成本法
采购业务	材料采购	借：材料采购（实际成本） 应交税费——应交增值税（进项税额） 贷：应付账款等	借：在途物资 应交税费——应交增值税（进项税额） 贷：应付账款
	材料入库	借：原材料或周转材料（计划成本） 材料成本差异（超支差） 贷：材料采购（实际成本） 材料成本差异（节约差）	借：原材料 贷：在途物资
	采购结算 结算	借：应付账款 贷：银行存款等 财务费用（现金折扣）	借：应付账款 贷：银行存款等 财务费用（现金折扣）

项目 4　生产业务核算

学习目标

知识目标

1. 了解生产业务流程及其资金运动；
2. 熟悉生产业务内容，掌握产品成本构成；
3. 掌握直接材料、直接人工、制造费用业务的核算方法；
4. 掌握完工产品成本的计算和核算方法。

技能目标

1. 能认知生产活动的业务流和数据流；
2. 能对生产活动各要素费用进行归集和分配并进行相应的账务处理。

素质目标

1. 树立以生产业务为核心，发展实体经济的意识；
2. 坚持诚信原则，注重数据的准确性和计算的精确性，确保成本数据的真实完整；
3. 具备精益生产，铸造品质的工匠精神；
4. 树立成本管控、价值创造的职业意识；
5. 具备环保意识和可持续发展观念，树立绿色生产理念。

生产是制造企业生产经营活动的核心环节，生产过程既是产品的制造过程，又是资产的耗费过程，在生产过程中，企业投入原材料、支付职工薪酬、计提折旧等。从资金运动的角度来看，先是储备资金转化为生产资金，完工验收入库，又把生产资金转化为成品资金。

【场景4–1】生产是将投入材料变成产出产品的过程，生产业务按生产计划的来源不同可分为订货生产方式和存货生产方式，以订货生产方式为例，按生产流程的先后顺序，财税流表现为：第一步，生产部门根据生产计划填写领料单进行领料。第二步，根据生产计划将领用的原材料投入生产。第三步，进行直接材料、直接人工、制造费用等各项生产费用的归集和分配等。第四步，计算各产品完工成本和月末在产品成本。第五步，进行完工产品入库。生产业务的业务流、数据流、财税流、知识流的融合如图4–1所示。

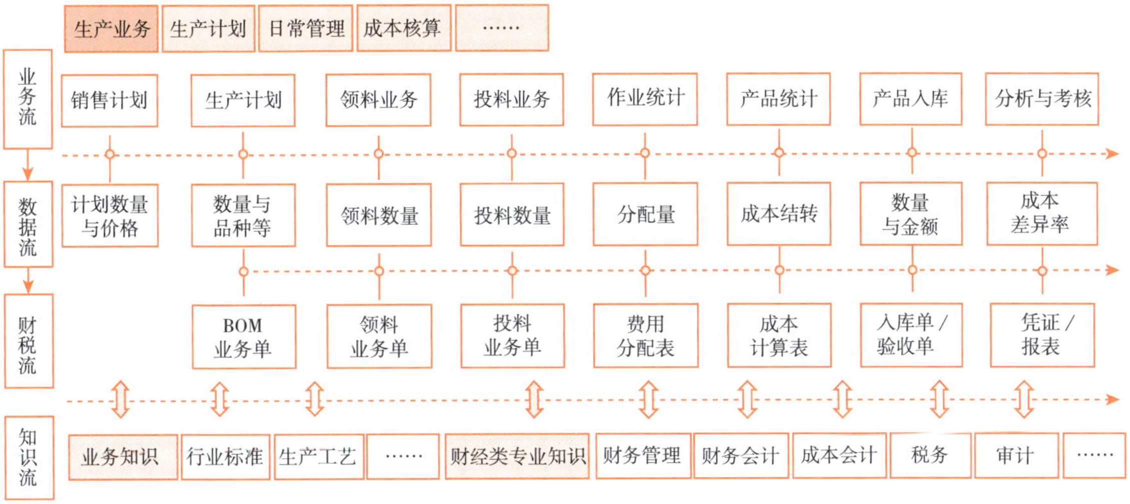

图4-1 四流融合——生产

认知识别

1. 生产方式

根据产品的生产特点、工艺流程不同，生产方式有小批单件生产、大量大批单步骤生产、连续大量多步骤生产等。按生产计划来源不同，生产方式有订单生产、存货生产等。

2. 生产内容

生产内容通常指的是在生产过程中涉及的所有要素和活动，它们共同构成了生产系统的基础。主要的生产内容有：产品设计、原材料采购、生产计划、工艺流程设计、设备和工具、人力资源、质量控制、生产技术、生产方法、生产效率、成本管理、库存控制、供应链管理、生产安全、环境管理、法规遵从、客户反馈、持续改进、技术升级、市场适应性等。

3. 生产流程

生产流程是指从原材料的采购到最终产品交付给客户的一系列有序的生产活动。一个典型的生产流程包括以下几个主要阶段：市场调研、产品设计、原材料采购、生产计划、工艺流程设计、生产准备、生产执行、质量控制、库存管理、生产监控、设备维护、成本控制、生产调度、产品测试、产品检验、成品入库、物流配送、客户服务、生产反馈、持续改进等。生产流程的设计和管理对于提高生产效率、降低成本、保证产品质量和满足客户需求至关重要。不同的生产方式和产品类型可能需要不同的生产流程。企业需要根据自身的实际情况，设计和优化生产流程。

分析研判 企业发生生产业务，会引起资产和负债发生变化。生产业务涉及会计报表项目及会计科目如表4-1所示。

表 4-1　　与生产业务相关的主要会计报表项目及会计科目

财务报表	会计要素	报表项目	会计科目
资产负债表	资产	货币资金	银行存款
		存货	原材料
			材料成本差异
			生产成本
			制造费用
			库存商品
	负债	应付职工薪酬	应付职工薪酬

任务 1　直接材料

【教学重点】发出材料的计价方法；计划成本法下发出材料的账务处理；实际成本法下发出材料的账务处理。

【教学难点】计划成本法下发出材料实际成本的计算；实际成本法下发出材料成本的计算。

直接材料是生产过程中用于制造产品的、可以直接计入特定产品生产成本的各项材料。直接材料可以明确地追溯到特定的产品或产品批次，其成本是产品总成本的重要组成部分。发出材料的计价方法直接影响发出材料的成本、结存材料的成本和产品生产成本的计算。企业发出材料的计价方法，与材料采购的核算方法相同，分别是计划成本法和实际成本法。

1. 产品成本

产品成本，是指企业在生产产品过程中所发生的，能归集到成本对象的各种耗费总和，包括直接材料、直接人工以及不能直接计入而按一定标准分配计入的各种间接生产费用。

2. 产品成本核算的一般程序

产品生产成本的计算和生产费用的核算是同时进行的，产品生产成本的计算过程，也就是生产费用的归集和分配过程，这一过程，一般按以下程序进行：

（1）确定成本计算对象。

成本计算对象是生产费用的承担者，即归集和分配生产费用的对象。产品成本计算对象，包括产品的品种、产品的批别和产品的生产步骤等，企业应根据自身的生产特点和管理要求，选择合适的产品成本计算对象。

（2）确定成本项目。

成本项目是生产费用按经济用途划分的项目。通过成本项目，可以反映成本的经济构成以及产品生产过程中不同的资产耗费情况。常见的产品成本项目包括以下内容：

①直接材料。直接材料是指企业在产品生产过程中，直接用于产品生产、构成产品实体的材料，包括原料、主要材料以及有助于产品形成的辅助材料等。

②直接人工。直接人工是指直接从事产品生产的工人工资、职工福利费、社会保险费、住房公积金、工会经费等职工薪酬。

③制造费用。制造费用是指企业各个生产单位（分厂、车间）为组织和管理生产所发生的各项费用，包括生产单位管理人员工资、福利费、生产单位房屋建筑物与机器设备等计提的折旧费、机物料消耗、低值易耗品摊销、水电费、办公费、差旅费、劳动保护费等。

④燃料及动力。燃料及动力是指直接用于产品生产的外购和自制的燃料和动力。

（3）确定成本计算期。

成本计算期是指成本计算的起止日期。成本计算期可以与会计报告期相同，也可以与产品生产周期相同。

（4）归集和分配各种生产费用。

生产费用的归集和分配就是将应计入产品成本的各种费用在各有关产品之间，按照成本项目进行归集和分配。对直接费用直接计入成本计算对象，对间接费用先在“制造费用”账户归集，期末再按一定的标准和方法在有关产品之间进行分配。

（5）计算完工产品和月末在产品的成本。

对既有完工产品又有月末在产品的产品，应将计入该产品的各项生产费用，在其完工产品和月末在产品之间采用适当的方法进行分配，求得完工产品和月末在产品成本。

子任务 1　计划成本法下发出材料

任务导入

【场景4-2】2023年1月，公司造纸事业六部为生产轻涂纸，填写领料单并通过审批，领用了阔叶浆、针叶浆等27种原材料和辅料。以领用原材料阔叶浆和针叶浆为例，1月1日，第一次领料，领用阔叶浆936.70吨，计划单价6,590元/吨，金额6,172,853元；领用针叶浆468.18吨，计划单价7,330元/吨，金额3,431,759.40元，领用全部原材料合计10,561,078.65元；1月9日，第二次领料，领用阔叶浆12,347,287.60元，领用针叶浆6,864,471.70元，领用全部原材料合计21,126,278.88元。

【场景4-3】2023年1月31日，造纸事业六部计算发出材料的实际成本并结转出库材料成本差异，本月领用阔叶浆计划成本合计18,520,140.60元（两次领料），阔叶浆材料成本差异率计算资料如下：本月采购阔叶浆计划成本为117,842,314.10元，材料成本差异贷方差2,575,006.56元，期初阔叶浆计划成本为209,749,287.80元，期初材料成本差异率为0。本月领用针叶浆计划成本合计为10,296,231.10元（两次领料），针叶浆材料成本差异率计算资料如下：本月采购针叶浆计划成本为65,516,419.60元，材料成本差异借方差89,381.20元，期初针叶浆计划成本为116,609,011.80

元，期初材料成本差异为0。

上述场景原始单据有领料单、发出材料实际成本计算表。

业务发生时，相关科目期初余额如表4-2所示。

表4-2 相关科目期初余额表 单位：元

科目名称	期初余额	
	借方	贷方
生产成本	95,427,981.77	
原材料	381,366,315.53	
材料成本差异		3,968.12

认知识别

1. 领用原材料核算方法

领用原材料根据领料部门和用途进行费用归集。基本生产车间发生的用于产品生产的材料费用，计入该种产品成本；生产车间为组织和管理生产活动领用的各种材料费用，计入制造费用；用于产品销售以及企业行政部门组织和管理生产的材料费用，分别计入销售费用和管理费用。

2. 主要会计科目

（1）生产成本。

企业为了归集和反映产品生产过程中所发生的各项生产成本，应设置"生产成本"科目。该科目属于成本类科目，借方登记产品生产过程中所发生的各项生产费用，包括直接计入产品成本的直接费用（直接材料与直接人工），以及期末分配转入产品生产成本的制造费用；贷方登记生产完工入库产品的生产成本。该科目应按产品品种等成本核算对象（产品的品种、类别、订单批别、生产阶段等）进行明细分类核算，也可基于成本的关联性，按照基本生产车间和成本核算对象设置多级明细科目。例如：公司生产成本科目下设"基本生产成本"和"辅助生产成本"两个二级明细科目，在"基本生产成本"和"辅助生产成本"下又设"直接材料""燃料及动力""直接人工""制造费用"等三级明细科目。"生产成本"科目的T型账户如图4-2所示。

借方 生产成本	贷方
直接计入产品成本的直接材料 直接计入产品成本的直接人工 期末分配转入产品生产成本的制造费用 材料计划成本与实际成本之间超支差异	生产完工入库产品的生产成本 材料计划成本与实际成本之间节约差异
尚未加工完成的在产品的实际成本	

图4-2 "生产成本"T型账户

（2）制造费用。

企业为了归集和分配产品生产过程中所发生的各项间接生产费用，应当设置"制造费用"科目。该科目属于成本类科目，借方登记产品生产过程中所发生的各项间接生产费用；贷方登记期末分配转入产品生产成本的制造费用。该科目根据需要，可按车间、部门进行明细分类核算，也可按照费用项目的内容设置明细科目。“制造费用”科目的T型账户如图4–3所示。

借方　　　　制造费用	贷方
实际发生的各项制造费用	分配转入生产成本的制造费用

图 4–3　“制造费用”T型账户

3. 材料成本差异率

材料成本差异率＝（月初结存材料成本差异额＋本月收入材料成本差异额）÷（月初结存材料计划成本＋本月收入材料计划成本）×100%

计算时，如果材料成本差异额是借方差异用正数，如果是贷方差异用负数，这样计算出来的材料成本差异率，如果为正数，表示超支差异，如果为负数，表示节约差异。

该场景材料成本差异率计算如下：

阔叶浆材料成本差异率＝（0–2,575,006.56）÷（209,749,287.80+117,842,314.10）×100%=–0.786041689%

针叶浆材料成本差异率＝（0+89,381.20）÷（116,609,011.80+65,516,419.60）×100%=0.0490767%

4. 发出材料应分摊材料成本差异

发出材料应分摊的成本差异＝发出材料的计划成本 × 材料成本差异率

发出材料的实际成本＝发出材料计划成本 ± 发出材料应分摊的成本差异

该场景发出材料应分摊材料成本差异计算如下：

阔叶浆应分摊的材料成本差异=18,520,140.60×（–0.786041689%）=–145,576.03

针叶浆应分摊的材料成本差异=10,296,231.10×0.0490767%=5,053.05

分析研判

1. 业务流程

该场景为业务流程中的领料业务环节，前期经过“销售计划——生产计划”等环节，根据生产计划，确定需要领用材料的品种和数量，领用材料的成本则取决于发出材料的计价方法。此业务对应业务流程如图4–4所示。

图 4–4　生产业务流程

2. 场景核心单据

在计划成本法下核算生产领料业务的核心单据为“领料单”和“发出材料实际成本计算表”。领料单记载了企业领用材料的数量、计划成本等，财务人员根据原材料的计划成本进行生产领用原材料的计价核算，领料单如表4–3所示。发出材料实际成本计算表记载了企业发出材料计划成本与实际成本之间的差异率、差异额等。财务人员据此进行结转材料成本差异的核算，发出材料实际成本计算表如表4–4所示。

表4–3　　领料单

部门：造纸事业六部

用途：因生产轻涂纸，需领用材料　　日期：2023年1月1日　　编号：LLD–20230100012

存货类别	材料名称	规格	单位	申请数量	实发数量	单价	金额	备注
原料	阔叶浆	800 × 800	吨	936.70	936.70	6,590.00	6,172,853.00	第一次领料
原料	针叶浆	800 × 800	吨	468.18	468.18	7,330.00	3,431,759.40	第一次领料
……	……	……	……	……	……	……	……	……
合计				49,086.67	49,086.67		10,561,078.65	

注：详细资料扫码获取。

表4–4　　发出材料实际成本计算表（两次领料）

部门：造纸事业六部　　产品名称：轻涂纸　　日期：2023年1月31日　　编号：FCSJCB–20230100012

存货类别	材料名称	规格	发出材料计划成本	期初材料计划成本	期初材料成本差异	本月入库材料计划成本	本月入库材料实际成本	本月入库材料成本差异	差异率（%）	差异额	实际成本
原料	阔叶浆	800 × 800	18,520,140.60	209,749,287.80	0	117,842,314.10	115,267,307.54	–2,575,006.56	–0.79	–145,576.03	18,374,564.57
原料	针叶浆	800 × 800	10,296,231.10	116,609,011.80	0	65,516,419.60	65,605,800.80	89,381.20	0.05	5,053.05	10,301,284.15
……	……	……	……	……	……	……	……	……	……	……	……
合计			31,687,357.53	334,562,278.10	0	202,774,853.20	200,070,518.90	–2,704,334.26		–164,877.77	31,522,479.76

注：计算差异额时使用完整差异率的值进行计算，填写差异率时只需要填写至百分比2位小数，如0.01%。详细资料扫码获取。

3. 业财分析

公司生产轻涂纸第一次领用阔叶浆和针叶浆，其计划成本分别为6,172,853.00元和3,431,759.40元；第二次领用阔叶浆和针叶浆，计划成本分别为12,347,287.60元和6,864,471.70元，均计入“生产成本”，相应减少“原材料”。

月末，结转材料成本差异，首先计算发出材料的实际成本，全月领用材料阔叶浆的计划成本与实际成本的差异额为–145,576.03元，表示节约差异，结转“材料成本差异”节约差异，并冲减相应的“生产成本”；全月领用材料针叶浆计划成本与实际成本的差异额为5,053.05元，表示超支差异，结转“材料成本差异”超支差异，并增加相应的“生产成本”。

风险控制　领料是生产过程的重要环节，对于企业的生产效率和物资成本有着直接的影响。

企业在领料环节应当防范领料错误、材料滥用、盗窃等问题。这些风险可能增加企业成本，降低企业利润，从而给企业带来一定的损失，影响财务报表使用者的判断和决策。

任务实施

1. 单据审核

账务处理的核心单据为领料单和发出材料实际成本计算表，审核要点如下：

（1）领料手续是否齐全，是否有相关人员的签章。

（2）领料单填写是否规范，领用材料的日期、领用部门、用途、类别、名称、单位、申请数量、实发数量、单价、金额等内容的填写是否正确、齐全。

（3）发出材料期初计划成本、期初材料成本差异、本月入库材料计划成本和实际成本、入库材料成本差异的填写是否齐全，材料成本差异率、差异额和实际成本的计算是否正确。

2. 生产领用原材料的账务处理

根据审核无误的单据，进行如下账务处理：

（1）1月1日，生产轻涂纸，第一次领用材料：

借：生产成本——基本生产成本——直接材料——轻涂纸　　9,604,612.40
　　贷：原材料——原料——阔叶浆　　6,172,853.00
　　　　　　　　　　——针叶浆　　3,431,759.40

1月1日共领用原材料10,561,078.65元，领用其他材料的账务处理同上。

（2）1月9日，第二次领用原材料：

借：生产成本——基本生产成本——直接材料——轻涂纸　　19,211,759.30
　　贷：原材料——原料——阔叶浆　　12,347,287.60
　　　　　　　　　　——针叶浆　　6,864,471.70

1月9日共领用原材料21,126,278.88元，领用其他材料的账务处理同上。

本月两次领料合计领用31,687,357.53元。

（3）1月31日，计算发出材料的实际成本：

结转本月发出阔叶浆的节约差异：

借：材料成本差异——原料——阔叶浆　　145,576.03
　　贷：生产成本——基本生产成本——直接材料——轻涂纸　　145,576.03

结转本月发出针叶浆的超支差异：

借：生产成本——基本生产成本——直接材料——轻涂纸　　5,053.05
　　贷：材料成本差异——原料——针叶浆　　5,053.05

本月结转发出材料节约差异合计169,930.82元［金额来源于完整表4-4中“差异额”节约差（负数）的合计数］，结转发出材料超支差异合计5,053.05元，财务处理同上。

3. 对会计科目的影响

本业务对于第一季度企业会计科目的影响如表4-5所示。

表4-5 计划成本法下发出材料业务科目发生额及余额表 单位：元

科目名称	期初余额		本期发生额		期末余额	
	借方	贷方	借方	贷方	借方	贷方
生产成本	95,427,981.77		31,692,410.58	169,930.82	126,950,461.53	
原材料	381,366,315.53			31,687,357.53	349,678,958.00	
材料成本差异		3,968.12	169,930.82	5,053.05	160,909.65	

子任务2 实际成本法下发出材料

假设公司采用实际成本法进行材料核算，发出原材料实际成本的计价方法有个别计价法、先进先出法、月末一次加权平均法和移动加权平均法。

任务导入

【场景4-4】2023年1月1日，公司混合碳酸钙期初库存数量为2,258.73吨，单价619.88元/吨，金额1,400,141.55元，造纸事业六部领用混合碳酸钙311.74吨；1月2日，购入混合碳酸钙5,346.32吨，单价604.38元/吨，金额3,231,208.88元。1月19日，造纸事业六部领用混合碳酸钙623.56吨，需确定本月领用混合碳酸钙的实际成本。

上述场景原始单据有领料单、原材料明细账。

认知识别

1. 个别计价法

个别计价法是假设具体存货的实物流转与成本流转相一致，当存货被领用或出售时，根据每件存货的具体成本来计算成本，即每件存货的发出成本都是基于其实际的采购或生产成本，而不是通过平均或其他估算方法来计算的。

个别计价法的成本计算准确，有助于更精确地计算销售成本和期末存货价值，因此，这种方法通常适用于存货单位价值较高、数量较少，每件存货都有独特标识，且能够被单独识别和追踪的情况，如艺术品、珠宝、房地产等贵重物品。但该方法实施成本较高，需要复杂的记录和追踪系统，在存货收发频繁的情况下，其发出成本分辨的工作量较大，因此对于大量、价值较低的存货并不适用。

2. 先进先出法

先进先出法是指以先购入的存货应先发出（销售或耗用）这样一种存货实物流动假设为前提，对发出存货进行计价的一种方法。采用这种方法，先购入的存货成本在后购入存货成本之前转出，即先购入的材料先发出去，据此确定发出存货和期末存货的成本。具体方法是：收到存货时，逐笔登记收入存货的数量、单价和金额；发出存货时，按照先进先出的原则逐笔登记存货的发出成本和结存金额。

先进先出法可以随时结转存货发出成本，但较烦琐。如果存货收发业务较多，且存货单价不稳定时，其工作量较大。在物价持续上升时，期末存货成本接近于市价，而发出成本偏低，会高估企业当期利润和库存存货价值；反之，在物价持续下降时，会低估企业存货价值和当期利润。

3. 月末一次加权平均法

月末一次加权平均法是指以本月全部进货成本加上月初存货成本，除以本月全部进货数量加上月初存货数量的合计数，计算出存货的加权平均单位成本，以此为基础，计算本月发出存货的成本和期末结存存货成本的一种方法。计算公式如下：

加权平均单位成本＝［月初结存存货成本＋∑（本月各批进货的实际单位成本×本月各批进货的数量）］÷（月初结存存货的数量＋本月各批进货数量之和）

本月月末结存存货成本＝月末结存存货的数量×加权平均单位成本

本月发出存货的成本一般采用倒挤法，即

本月发出存货的成本＝［月初结存存货成本＋∑（本月各批进货的实际单位成本×本月各批进货的数量）］－本月月末结存存货成本

采用月末一次加权平均法只在月末一次计算加权平均单价，可以简化成本计算工作。但由于月末一次计算加权平均单价和发出存货成本，不便于存货成本的日常管理与控制。

4. 移动加权平均法

移动加权平均法是指以每次进货的成本加上原有结存存货的成本合计数，除以每次进货数量加上原有结存存货的数量的合计数，据以计算加权平均单位成本，作为在下次进货前计算各次发出存货成本依据的一种方法。计算公式如下：

移动加权平均单位成本＝（原有结存存货成本＋本次进货的成本）÷（原有结存存货数量＋本次进货数量）

本次发出存货成本＝本次发出存货数量×本次发货前存货的移动加权平均单位成本

本月月末结存存货成本＝月末结存存货的数量×本月月末存货的移动加权平均单位成本

采用移动加权平均法能够使企业管理层及时了解存货的结存情况，计算的平均单位成本以及发出和结存的存货成本比较客观。但由于每次收货都要计算一次平均单位成本，计算工作量较大，对收发货较频繁的企业不太适用。

分析研判

1. 业务流程

原材料按实际成本法计价的生产领料业务流程与原材料按计划成本法计价的生产领料业务流程相同。

2. 场景核心单据

在实际成本法下核算生产领料业务的核心单据为领料单和原材料明细账，企业财务人员会根据领料单按照材料的品类编制原材料明细账，从原材料明细账中可以辨析原材料每次购入和发出的数量、单价、金额等，财务人员据此对生产领用材料的业务进行核算。企业发出材料采用先进先出法、月末一次加权平均法、移动加权平均法，原材料明细账分别如表4–6、表4–7、表4–8所示。

表 4–6　原材料明细账（先进先出法）

编号：FL0001　规格：50kg/桶　单位：吨　名称：混合碳酸钙

日期		摘要	收入			发出			结存		
月	日		数量（吨）	单价（元）	金额（元）	数量（吨）	单价（元）	金额（元）	数量（吨）	单价（元）	金额（元）
1	1	期初余额							2,258.73	619.88	1,400,141.55
	1	发出				311.74	619.88	193,241.39	1,946.99	619.88	1,206,900.16
	2	购入	5,346.32	604.38	3,231,208.88				1,946.99	619.88	1,206,900.16
									5,346.32	604.38	3,231,208.88
	19	发出				623.56	619.88	386,532.37	1,323.43	619.88	820,367.79
									5,346.32	604.38	3,231,208.88
	31	本期合计	5,346.32	—	3,231,208.88	935.30	—	579,773.76	1,323.43	619.88	820,367.79
									5,346.32	604.38	3,231,208.88

表 4–7　原材料明细账（月末一次加权平均法）

编号：FL0001　规格：50kg/桶　单位：吨　名称：混合碳酸钙

日期		摘要	收入			发出			结存		
月	日		数量（吨）	单价（元）	金额（元）	数量（吨）	单价（元）	金额（元）	数量（吨）	单价（元）	金额（元）
1	1	期初余额							2,258.73	619.88	1,400,141.55
	1	发出				311.74			1,946.99		
	2	购入	5,346.32	604.38	3,231,208.88				7,293.31		
	9	发出				623.56			6,669.75		
	31	本期合计	5,346.32	—	3,231,208.88	935.30	608.98	569,578.99	6,669.75	608.98	4,061,771.44

表 4–8　原材料明细账（移动加权平均法）

编号：FL0001　规格：50kg/桶　单位：吨　名称：混合碳酸钙

日期		摘要	收入			发出			结存		
月	日		数量（吨）	单价（元）	金额（元）	数量（吨）	单价（元）	金额（元）	数量（吨）	单价（元）	金额（元）
1	1	期初余额							2,258.73	619.88	1,400,141.55
	1	发出				311.74	619.88	193,241.39	1,946.99	619.88	1,206,900.16

续表

日期		摘要	收入			发出			结存		
月	日		数量（吨）	单价（元）	金额（元）	数量（吨）	单价（元）	金额（元）	数量（吨）	单价（元）	金额（元）
	2	购入	5,346.32	604.38	3,231,208.88				7,293.31	608.52	4,438,109.04
	19	发出				623.56	608.52	379,448.73	6,669.75	608.52	4,058,660.31
	31	本期合计	5,346.32	—	3,231,208.88	935.30	—	572,690.12	6,669.75	608.52	4,058,660.31

3. 业财分析

在实际成本法下，发出材料账务处理使用的会计科目与计划成本法相同，只是发出材料的成本计算结果不同，且采用实际成本计价，月末无成本差异，故不需要结转。企业发出原材料按实际成本计价，采用不同计价方法计算出领用原材料的实际成本，使得“生产成本”增加，同时减少“原材料”。

风险控制 在实际成本法下，发出材料采用不同的计价方法，会产生不同的经济后果。在企业进货单价不断上升的情况下，不考虑其他影响利润的因素，采用先进先出法计算的利润额最高，采用月末一次加权平均法计算的利润额最低，这对准确评价企业盈利能力产生一定影响；发出存货成本高则期末存货成本低，对存货周转率、资产负债率等财务指标形成一定影响，进而对评价企业营运能力和偿债能力产生一定的影响；可见，不同存货计价方法的经济后果可能存在差异。因此，企业应在国家统一会计制度规定范围内尽可能选择发出存货成本偏高的计价方法，以使企业利益相关者特别是股东作出谨慎的经济决策。

任务2 直接人工

【教学重点】职工薪酬的内容和分类；职工薪酬计提和分配业务的账务处理。

【教学难点】职工薪酬计提和分配业务的账务处理。

直接人工是生产过程中直接参与产品生产的员工的劳动成本，直接人工成本与所生产的产品有直接的关联，可以明确地追溯到特定的产品或产品批次，是产品生产成本的重要组成部分。直接人工成本包括员工的工资、福利费和社会保险费用等。

任务导入

【场景4-5】2023年1月31日，公司造纸事业六部按生产各产品的实际生产人工工时比例分配工资总额。1月应付工资总额为695,517.35元。职工薪酬按生产各产品的实际生产人工工时比例分配，本月实际生产人工工时合计18,480小时，其中生产轻涂纸实际耗费人工工时17,170小时，生产热敏原纸实际耗费人工工时1,310小时。

上述场景原始单据有工资计提汇总表、工资分配表。

业务发生时，相关科目期初余额如表4-9所示。

表4-9 相关科目期初发生额及余额表 单位：元

科目名称	期初余额	
	借方	贷方
制造费用		
生产成本	126,950,461.53	
应付职工薪酬		24,641,480.10

认知识别

1. 职工薪酬的内容

职工薪酬，即企业发生的人工费，是指企业为获得职工提供的服务或解除劳动关系而给予的各种形式的报酬或补偿。

《企业会计准则——基本准则》为了规范职工薪酬的确认、计量和相关信息的披露，将职工薪酬分为短期薪酬、离职后福利、辞退福利和其他长期职工福利。企业提供给职工配偶、子女、受赡养人、已故员工遗属及其他受益人等的福利，也属于职工薪酬。

2. 职工薪酬的计算

职工薪酬的计算，必须有一定的原始记录作为依据：计时工资，以考勤记录中的工作时间记录为依据；计件工资，以产量记录中的产品数量和质量记录为依据；计时工资和计件工资以外的各种奖金、津贴、补贴等，按照国家和企业的有关规定计算。

应付工资=应付计时工资（或应付计件工资）+奖金、津贴和补贴+加班加点工资+其他工资

实发工资=应付工资-各种代扣、代垫款项

3. 职工薪酬的分配

对于职工薪酬的分配，应根据职工薪酬结算单和有关的分配标准等资料编制职工薪酬分配表。职工薪酬分配一般按照员工类别进行分配，其中：直接从事产品生产的工人工资直接计入“生产成本”，间接为产品生产提供服务的车间管理人员工资计入“制造费用”，企业经营履行管理职能的管理人员工资计入“管理费用”，企业销售人员工资计入“销售费用”，在建工程人员工资计入“在建工程”。

4. 主要会计科目

为了核算职工薪酬，设置“应付职工薪酬”科目进行核算。该科目为负债类科目，贷方登记实际已分配计入有关成本费用项目的职工薪酬，借方登记实际发放的职工薪酬，包括从应付职工薪酬中扣还的各种款项（代垫的职工家属医药费、个人所得税等）等，贷方余额反映应付未

付的职工薪酬。该科目可按职工薪酬的种类进行明细分类核算，如可以设置“工资”“职工福利费”“社会保险”“住房公积金”“工会经费”“职工教育经费”“非货币性福利”等明细科目。“应付职工薪酬”科目的T型账户如图4-5所示。

应付职工薪酬

借方	贷方
实际发放或扣还的职工薪酬	已分配计入有关成本费用项目的职工薪酬
	应付未付的职工薪酬

图4-5　“应付职工薪酬”T型账户

分析研判

1. 业务流程

该场景属于业务流程中作业统计环节的直接人工统计环节，前期经过“销售计划——生产计划——投料业务”等环节，生产工人为生产产品投入劳动，此业务为对生产工人职工薪酬的作业统计工作，对应业务流程如图4-6所示。

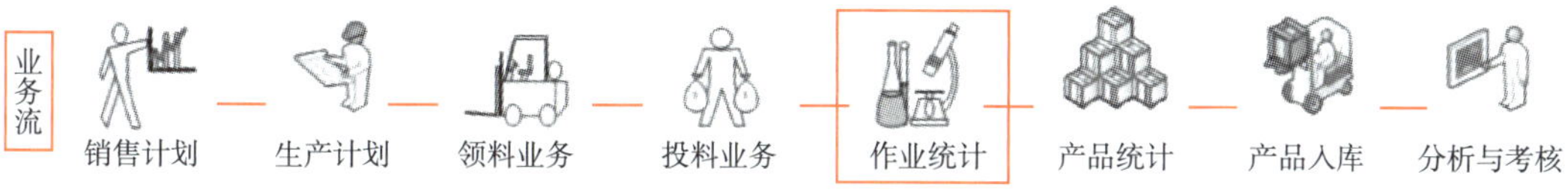

图4-6　生产业务流程

2. 场景核心单据

职工薪酬统计环节的核心单据为“工资计提汇总表”和“人工成本分配表”。工资计提汇总表记载了应付各部门，不同岗位人员的工资薪酬金额，如表4-10所示；人工成本分配表——工资记录了分配给各类产品的直接人工成本，如表4-11所示。财务人员据此对职工薪酬的计提和分配业务进行核算。

表4-10　工资计提汇总表

期间：2023年1月　　单位：元

一级部门	二级部门	职务	基本工资	职位工资	绩效工资	加班工资	倒班津贴	其他扣款	应发工资
生产中心	造纸事业六部	经理、副经理	22,000.00	2,000.00	3,400.00	0	960.00	0	28,360.00
生产中心	造纸事业六部	辅助人员	60,000.00	0	0	0	6,400.00	0	66,400.00
生产中心	造纸事业六部	一般员工	530,467.35	0	3,090.00	0	67,200.00	0	600,757.35
合计			612,467.35	2,000.00	6,490.00	0	74,560.00	0	695,517.35

表 4-11　人工成本分配表——工资

部门：造纸事业六部　　日期：2023年1月31日　　编号：FP-GZ-20230100003

应借账户	应借项目	成本或费用项目	分配数量	分配率	分配金额
基本生产成本	轻涂纸	直接人工	17,170	0	558,171.20
基本生产成本	热敏原纸	直接人工	1,310	0	42,586.15
合计			18,480	32.508515	600,757.35

注：分配率四舍五入保留6位小数。

生产中心造纸事业六部一般员工工资分配计算过程如下：

工资分配率=600,757.35÷18,480=32.508515（元/小时）

生产轻涂纸应分配工资=17,170×32.508515=558,171.20（元）

生产热敏原纸应分配工资=600,757.35−558,171.20=42,586.15（元）

3. 业财分析

工资计提汇总表中记录的生产中心造纸事业六部经理、副经理计提的应发工资总额28,360.00元，辅助人员应发工资总额66,400.00元，属于为管理生产而发生的间接人工费，使“制造费用”增加；工资分配表中记录的生产轻涂纸分配直接人工558,171.20元，生产热敏原纸分配直接人工42,586.15元，直接计入两种产品的“生产成本”，按其合计数相应增加“应付职工薪酬”。

风险控制 归集和分配直接人工成本时应注意和防范工资计提和分配的数据计算错误、数据汇总不及时、违规分配等风险。这些风险都会影响企业产品成本核算的准确性，影响企业的经济效益和市场竞争力，而如果在工资计提和分配的过程中，未按照规定缴纳个人所得税、未按规定缴纳社会保险，还会引发税务风险和合规性风险，会导致税务机关的处罚。

任务实施

1. 单据审核

账务处理的核心单据为工资计提汇总表和人工成本——工资分配表。为确保职工薪酬计提汇总表和人工成本分配表的合规性和准确性，降低企业财务风险，会计人员应熟悉二者的内容和审核要点。

（1）职工薪酬计提汇总表。

职工薪酬计提汇总表是企业用于汇总和记录在一个特定会计期间内，为职工支付或计提的薪酬总额及其构成的财务报表。其审核要点如下：

A.数据准确性。核对各项薪酬基础数据，如基本工资、奖金、津贴、补贴等是否与原始记录一致，并对薪酬计提金额进行复核，确保计算公式和计提比例正确无误，检查社会保险费、住房公积金等计提金额是否按照国家规定和企业政策进行计算。汇总数据核对，核对各部门、岗位的薪酬数据汇总是否准确，确保无遗漏或重复计算。

B.分类正确性。审核薪酬费用是否按照正确的会计科目进行分类和核算。检查是否存在将不属于薪酬费用的项目错误计入薪酬计提汇总表的情况。

（2）人工成本分配表。

人工成本分配表是企业用于将人工成本按照一定规则或标准分配到各个成本对象（如产品、服务、部门、项目等）上的单据。该表的编写一般需要明确分配标准、收集相关数据进行计算分配，其中明确分配标准是核心。其审核要点如下：

A.数据准确性。核对各项费用数据的准确性和完整性，确保没有遗漏或错误。

B.分配标准合理性。审核采用的分配标准是否合理、科学，是否符合企业的实际情况。

C.分配方法正确性。检查采用的分配方法是否符合规定要求，是否有随意变更分配方法的情况。

D.分摊结果合理性。评估分摊到各产品或服务的人工成本是否合理、公正，能否真实反映各产品或服务的成本负担情况。

2. 工资分配的账务处理

根据审核无误的单据，进行如下账务处理：

借：制造费用——工资　　94,760.00

　　生产成本——基本生产成本——直接人工——工资——轻涂纸　　558,171.20

　　　　——热敏原纸　　42,586.15

　　贷：应付职工薪酬——工资　　695,517.35

注：制造费用本月发生额总计3,281,320.91元，此处只归集了造纸事业六部的工资费用。

3. 对于企业会计科目的影响

本业务对于第一季度企业会计科目的影响如表4-12所示。

表4-12　工资的计提和分配业务科目发生额及余额表　单位：元

科目名称	期初余额		本期发生额		期末余额	
	借方	贷方	借方	贷方	借方	贷方
制造费用			94,760.00		94,760.00	
生产成本	126,950,461.53		600,757.35		127,551,218.88	
应付职工薪酬		24,641,480.10		695,517.35		25,336,997.45

任务3　制造费用

【教学重点】制造费用的归集；制造费用的分配；分配制造费用的账务处理。

【教学难点】制造费用分配的计算方法。

制造费用是企业在生产过程中发生的，除了直接材料和直接人工之外间接成本，是企业各个生产车间为组织和管理生产所发生的各项间接费用，内容比较复杂，通常包括车间管理人员薪酬、车间管理用房屋建筑物与机器设备计提的折旧费、租赁费和保险费、机物料消耗，车间管理用的照明费、水费、取暖费、劳动保护费、设计制图费、差旅费、办公费以及季节性及修理期间停工损失等。为了使各期成本、费用资料可比，制造费用项目一经确定，不应任意变更。

任务导入

【场景4-6】2023年1月31日，公司造纸事业六部汇总本月发生的制造费用总额为3,308,625.54元，根据实际情况填写制造费用汇总表。当月生产轻涂纸、热敏原纸两种产品分别耗用机器工时669.04小时和48.62小时，公司采用机器工时分配制造费用。

上述场景原始单据有制造费用汇总表和制造费用分配表。

业务发生时，相关科目期初余额如表4-13所示。

表4-13　相关科目期初余额表　单位：元

科目名称	期初余额	
	借方	贷方
制造费用	94,760.00	
生产成本	127,551,218.88	

认知识别

1. 制造费用归集

制造费用应当根据有关付款凭证、转账凭证和各种成本分配表进行汇总登记，此外，还应按生产车间设置明细账，按照成本项目设立专栏，分别反映各生产车间各项制造费用的发生情况和分配转出情况。月末，应根据“制造费用”总账和所属明细账借方归集的制造费用，计算出待分配的制造费用总额。

2. 制造费用的分配

在企业只生产一种产品的生产车间中，制造费用无需经过分配便可直接计入该产品的成本。在企业生产多种产品的情况下，制造费用应采用适当的分配方法计入各种产品的成本。公司的部分生产车间，只生产一种产品，制造费用可直接计入所生产产品的成本，而对于生产两种及两种以上产品的生产车间，需要对制造费用按照一定的标准进行分配。

分配制造费用常采用的方法：生产工人工时比例法、生产工人工资比例法、机器工时比例法和按年度计划分配率分配法等。企业应该根据实际情况，进行选择，分配方法一经确定，不得随意变更，如需变更，应当在报表附注中予以说明。

制造费用分配计算公式为：

制造费用分配率=制造费用总额 ÷ 各产品分配标准之和（产品生产工时总数或生产工人定额工时总数、生产工人工资总和、机器工时总数、产品计划产量的定额工时总数）

某种产品应分配的制造费用=该种产品分配标准 × 制造费用分配率

分析研判

1. 业务流程

该场景属于业务流程中作业统计环节的制造费用统计环节，前期经过“销售计划——生产计划——投料业务”等环节，生产过程中除了投入直接材料和直接人工外，还会发生不能直接计入特定产品的车间管理人员职工薪酬、车间管理用设备折旧等间接费用，此业务为对各项间接费用的作业统计工作，对应业务流程如图4–7所示。

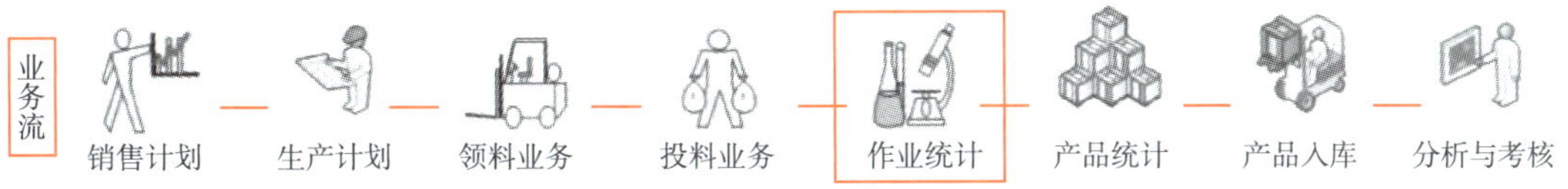

图4–7　生产业务流程

2. 场景核心单据

制造费用统计环节的核心单据为制造费用汇总表和制造费用分配表。制造费用汇总表记录了制造费用下各明细科目的本期发生额及合计金额，如表4–14所示；制造费用分配表记录了各成本计算对象的分配标准、分配率以及分配金额，如表4–15所示。

表4–14　制造费用汇总表

部门：造纸事业六部　　日期：2023年1月31日　　编号：ZZFYHZ–20230100010

项目	明细项目	金额
制造费用	工资	94,760.00
制造费用	福利费	9,230.00
制造费用	社会保险费	16,834.06
制造费用	住房公积金	10,802.64
制造费用	工会经费	1,895.20
制造费用	职工教育经费	1,421.40
制造费用	折旧及摊销	3,078,184.32
制造费用	修理费	56,594.49
制造费用	力资	0
制造费用	备品备件	5,964.51
制造费用	劳动保护费	0
制造费用	保险费	32,938.92
制造费用	办公费	0
制造费用	差旅费	0
总计		3,308,625.54

表4-15 费用分配表——制造费用

部门：造纸事业六部 日期：2023年1月31日 编号：FP-ZZFY-20230100003

应借账户	应借项目	成本或费用项目	分配数量	分配率	分配金额
制造费用	轻涂纸	制造费用	669.04	0	3,084,472.91
制造费用	热敏原纸	制造费用	48.62	0	224,152.63
合计			717.66	4,610.296714	3,308,625.54

注：分配率四舍五入保留6位小数。 制表：章江昕

3. 业财分析

公司造纸事业六部归集的制造费用总额为3,308,625.54元，包括车间管理人员的薪酬134,943.30元、折旧及摊销3,078,184.32元、修理费56,594.49元、备品备件5,964.51元和保险费32,938.92元。车间管理人员的薪酬包括工资94,760.00元、福利费9,230.00元、社会保险费16,834.06元、住房公积金10,802.64元、工会经费1,895.20元和职工教育经费1,421.40元，在结转“制造费用”时，先将“制造费用”各明细科目下的合计金额结转计入“生产成本”。其计算过程如下：

第一步：计算制造费用的分配率。

制造费用分配率=3,308,625.54 ÷ 717.66=4,610.296714

第二步：计算轻涂纸、热敏原纸应负担的制造费用。

轻涂纸应负担的制造费用=669.04 × 4,610.296714=3,084,472.91（元）

热敏原纸应负担的制造费用=3,308,625.54−3,084,472.91=224,152.63（元）

特别说明：制造费用在分配后，月末无余额，因此，在计算最后一种产品应负担的制造费用时，往往采用倒挤法，以避免因为计算分配率保留小数造成的尾差。

计算得出轻涂纸应分配的制造费用3,084,472.91元，热敏原纸应分配的制造费用224,152.63元，分别计入两种产品的“生产成本”，同时将“制造费用”各明细科目余额结转至零。

风险控制 制造费用的分配涉及将间接成本合理地分摊到不同产品的成本中，如果分配过程中使用的数据出现错误或制造费用的归集不完整，会导致分配结果不准确，进而影响产品成本的准确性和可靠性；而不同的分配方法，可能会导致不同的分配结果，进而影响成本计算和决策。因此，企业应选择合理的分配方法，加强内部控制，确保分配过程中基础数据的准确性和完整性。

任务实施

1. 单据审核

账务处理的核心单据为制造费用汇总表和制造费用分配表。为确保制造费用汇总表和制造费用分配表的合规性和准确性，降低企业财务风险，会计人员应熟悉二者的内容和审核要点。

（1）制造费用汇总表。

制造费用汇总表是一种用于汇总和展示企业在生产过程中发生的各种间接费用的单据。这些间接费用通常不直接归属于某一特定产品或服务，而是需要在多个产品或服务之间进行分摊。其审核要点如下：

A.数据准确性。核对基础数据，验证制造费用汇总表中各项费用的原始数据是否准确无误，如折旧摊销费、间接材料费用、间接人工费用等。核对这些费用是否与实际发生的费用相符，确保没有遗漏或重复计算。

B.分类正确性。审核制造费用汇总表中的费用项目是否按照正确的会计科目进行分类和核算。检查是否存在将不属于制造费用的项目错误计入制造费用汇总表的情况。

（2）制造费用分配表。

制造费用分配表是指将制造费用总额按照一定的标准分配到各个产品成本中。制造费用分配表通常包括费用项目、分配标准、分配率、分配金额等。其审核要点如下：

A.分配标准的合理性。审核采用的分配标准是否合理、科学，是否符合企业的实际情况。

B.分配方法正确性。检查采用的分配方法是否符合规定要求，是否有随意变更分配方法的情况。

C.分摊结果准确性。评估分摊到各产品或服务的制造费用是否合理、公正，能否真实反映各产品或服务的成本负担情况，确保没有遗漏或错误。

2.分配制造费用的账务处理

根据审核无误的单据，进行如下账务处理：

借：生产成本——基本生产成本——制造费用——轻涂纸　3,084,472.91
　　　　　　　　　　　　　　　　　　　　——热敏原纸　224,152.63
　贷：制造费用——工资——造纸事业六部　94,760.00
　　　　　　——福利费——造纸事业六部　9,230.00
　　　　　　——社会保险费——造纸事业六部　16,834.66
　　　　　　——住房公积金——造纸事业六部　10,802.64
　　　　　　——工会经费——造纸事业六部　1,895.20
　　　　　　——职工教育经费——造纸事业六部　1,421.40
　　　　　　——折旧及摊销——造纸事业六部　3,078,184.32
　　　　　　——修理费——造纸事业六部　56,594.49
　　　　　　——备品备件——造纸事业六部　5,964.51
　　　　　　——保险费——造纸事业六部　32,938.92

3.对会计科目的影响

本业务对于第一季度企业会计科目的影响如表4-16所示。

表 4-16　制造费用的归集和分配业务科目发生额及余额表　单位：元

科目名称	期初余额		本期发生额		期末余额	
	借方	贷方	借方	贷方	借方	贷方
制造费用	94,760.00			3,308,625.54		3,213,865.54*
生产成本	127,551,218.88		3,308,625.54		130,859,844.42	

注：月末，制造费用在分配转入生产成本后，其余额应为0。本教材受篇幅限制，案例只列举了将工资94,760元登记在制造费用借方，其他登记制造费用借方的业务，如固定资产提取折旧、无形资产摊销、支付修理费、支付保险费、车间一般耗用备品备件等业务在此处未举例进行账务处理。

任务4　完工产品成本

【教学重点】品种法的成本计算程序；采用约当产量法分配完工产品和在产品的成本；完工产品入库的账务处理。

【教学难点】采用约当产量法分配完工产品和在产品的成本。

企业在进行完工产品成本计算前，通常会根据产品的生产特点、生产的类型和成本管理要求选择成本计算方法，并且会根据产品生产工序和完工程度选择生产费用分配方法。常用的成本计算方法有品种法、分步法、分批法等。生产费用在完工产品和在产品之间进行分配的方法有约当产量法、定额比例分配法、在产品按完工产品成本计算法、不计算在产品成本法等。

子任务1　运用品种法核算产品成本

任务导入

【场景4-7】2023年1月，公司造纸事业六部的轻涂纸期初在产品3,341吨，产品成本14,587,257.61元，其中，“直接材料——化机浆”月初在产品数量1,228.72吨，成本3,686,160元，“直接人工——工资”月初在产品成本81,735.79元。当月，该部门轻涂纸新增投产11,461吨，生产成本55,398,341.67元，其中，“直接材料——化机浆”投入4,215.01吨，成本12,658,265.13元，“直接人工——工资”成本558,171.2元。1月31日，轻涂纸生产完工入库11,564吨，月末在产品3,238吨。公司采用品种法计算产品成本，生产费用分配方法采用约当产量法。

上述场景原始单据有产品成本计算单。

业务发生时，相关科目期初余额如表4-17所示。

表 4-17 相关科目期初余额表 单位：元

科目名称	期初余额	
	借方	贷方
库存商品	309,725,944.68	
生产成本	130,859,844.42	

认知识别

1. 品种法

品种法，也称“产品成本计算品种法”，是企业计算产品成本的基本方法之一。它是以产品品种为成本计算对象，来归集生产费用并计算产品成本的方法。企业一般根据产品生产工艺特点与管理要求确定产品成本计算方法，品种法适用于大量大批单步骤生产的企业，如产品品种单一的发电、供水、采掘等企业；也适用于管理上不要求按照生产步骤计算产品成本的多步骤生产，如大量大批多步骤生产，但又不要求提供各步骤成本资料的小规模企业。

企业常见的几种产品成本计算方法的区别主要在于成本计算对象与成本计算期的不同。品种法以产品品种作为成本计算对象，并据此设置产品成本明细账，归集生产费用和计算产品成本；品种法定期按月计算产品成本，与会计核算报告期一致。例如，公司按月归集产品成本并分配，设置“生产成本——基本生产成本——轻涂纸”明细账，按产品品种计算完工产品成本。

2. 归集生产费用

根据投入产出原理，当月发生生产费用、当月完工产品成本、月初在产品成本和月末在产品成本四因素之间存在的基本关系是：

月初在产品成本+当月发生生产费用=当月完工产品成本+月末在产品成本

此公式中“月初在产品成本”是由上月月末“基本生产成本”账户余额结转而来；“当月发生生产费用”则是在本月生产过程中，经过前面一系列任务，对各项费用进行归集与分配后，确定应由成本计算对象所承担的费用。等式左边合计也称为“生产费用总额”，等式右边则意味着生产费用总额需要在完工产品与在产品之间进行分配。

根据上述等式，企业完工产品成本计算主要包括归集生产费用和分配生产费用两个阶段。在执行这两个步骤时，企业需要遵循会计准则，确保成本计算的准确性和合规性。同时，还需要根据自身的生产特点和管理需求，选择合适的成本计算方法和分配标准，以确保成本计算的合理性和有效性。

归集生产费用是成本计算的基础，要求企业全面、准确地收集和记录所有与产品生产过程相关的费用，包括但不限于直接材料费用、直接人工费用和制造费用等。公司的生产费用主要包括原料（化机浆等）、辅料（轻钙等）、包装材料、燃料和动力（水、电等）、直接人工（工资、福利费、社保、公积金等）、制造费用。通过归集这些费用，企业可以形成一个完整的生产成本数据库，为后续的成本分配和计算提供基础数据。

3. 分配生产费用

将生产费用在完工产品和在产品间进行分配是成本计算的核心，要求企业根据一定的方法和标准，将归集的生产费用合理地分配到完工产品和在产品上。这一步的目的是确定完工产品的成本，以便企业能够准确地核算生产成本，制定合理的销售价格，并为后续的财务分析和决策提供支持。

企业常见的分配完工产品成本和在产品成本的方法有以下七种：

（1）约当产量法。

约当产量法，又称为约当产量比例法，是将月末在产品数量按照其完工程度折算为相当于完工产品的产量（即约当产量），然后将产品应负担的全部成本按照完工产品产量和月末在产品约当产量的比例分配，以计算完工产品成本和月末在产品成本。

计算公式：

期末在产品约当产量=期末在产品实际产量×期末在产品完工程度

分配率=（期初在产品成本+本月发生生产成本）÷（本期完工产品实际产量+期末在产品约当产量）

本期完工产品成本=分配率×本期完工产品实际产量

期末在产品成本=分配率×期末在产品约当产量

或：

期末在产品成本=期初在产品成本+本月发生的生产成本−本期完工产品成本

该方法适用于月末在产品数量较多、各月在产品数量变化较大且生产成本中直接材料成本和直接人工等加工成本的比重相差不大的产品。公司完工产品与在产品的成本分配采用约当产量法计算。

（2）定额比例分配法。

定额比例分配法是将生产费用合计数按照完工产品和月末在产品的定额耗用量或定额费用的比例分别计算完工产品和在产品成本。其中，原材料费用按照原材料定额消耗量或原材料定额费用比例分配；工资和福利费、制造费用等各项加工费，可以按定额工时的比例分配，也可以按定额费用比例分配。

计算公式：

消耗量分配率=（月初在产品实际消耗量+本月实际消耗量）÷（完工产品定额消耗量+月末在产品定额消耗量）

完工产品实际消耗量=完工产品定额消耗量×消耗量分配率

完工产品费用=完工产品实际消耗量×原材料单价（或单位工时的工资、费用）

月末在产品实际消耗量=月末在产品定额消耗量×消耗量分配率

月末在产品费用=月末在产品实际消耗量×原材料单价（或单位工时的工资费用）

该方法适用于月末定额管理基础较好、各项消耗定额或成本定额比较准确稳定或生产过程较为固定、重复性较强的常规生产企业。

（3）在产品按完工产品成本计算法。

在产品按完工产品成本计算法是将在产品视同已经完工的产品，按照月末在产品数量与完工产品数量的比例来分配生产费用，以确定月末在产品成本和完工产品成本的方法。

计算公式：

分配率=生产成本总额÷（完工产品数量+在产品数量）

完工产品成本=完工产品数量×分配率

在产品成本=在产品数量×分配率

该方法适用于月末在产品已经接近完工的情况，因此可以为了简化产品成本计算工作，将在产品视同完工产品，按两者的数量比例分配各项生产费用。但这种方法也可能导致在产品成本计算存在一定的误差，因此，在使用该方法时，需要权衡其简便性和准确性之间的平衡。

（4）不计算在产品成本法。

不计算在产品成本法是指对月末在产品成本忽略不计的一种分配方法。这种方法根据重要性原则，不计算月末在产品成本，而是将生产费用全部视为完工产品成本，从而简化产品成本的计算工作。

计算公式：

当月发生生产费用=当月完工产品成本

该方法主要适用于月末在产品数量很少、价值很低，而且各月在产品数量比较稳定的情况。由于不计算在产品成本，因此能够有效地简化产品成本计算工作，提高核算效率。

（5）在产品按年初数固定计算法。

在产品按年初数固定计算法是指对各月在产品按年初在产品成本计价的一种方法。它假设每月在产品的成本都是年初时的固定数值，不考虑每月实际在产品数量的变化。

计算公式：

月末在产品成本=年初在产品成本

本月完工产品成本=本月发生的生产费用

该方法适用于各月月末在产品结存数量较少，或者虽然在产品结存数量较多但各月月末在产品数量稳定、起伏不大的产品。由于每月在产品成本都是固定的，因此简化了成本计算的过程。

（6）在产品按所耗原材料费用计价法。

在产品按所耗原材料费用计价法是指月末在产品只计算其耗用的直接材料费用，不计算其他加工费用的成本计算方法。

计算公式：

原材料费用分配率=（月初原材料费用+本月原材料费用）÷（完工产品产量+在产品产量）

完工产品原材料成本=完工产品产量×原材料费用分配率

在产品原材料成本=在产品产量×原材料费用分配率

月末在产品成本=月末在产品应负担的原材料成本

完工产品成本=完工产品原材料成本+直接人工+制造费用

该方法适用于各月月末在产品数量很大、各月月末在产品数量变化很大或者原材料费用在产品成本中所占比重较大的产品成本计算。

（7）在产品按定额成本计算法。

在产品按定额成本计算法是指将月末在产品的各项费用按各费用定额计算，即月末在产品成本按其数量和单位定额成本计算。这种方法的核心是将实际的生产费用与定额费用的差异均计入当月完工产品成本。

计算公式：

月末在产品成本=月末在产品数量×在产品单位定额成本

完工产品总成本=该产品本月生产费用合计-该产品月末在产品定额成本

该方法适用于月末定额管理基础较好，各项消耗定额或成本定额比较准确、稳定，各月在产品数量变动较大的企业。采用这一方法，不仅可以使分配结果比较合理，而且还便于将实际成本与定额成本相比较，考核和分析定额的执行情况。

4. 完工产品入库

完工产品入库是指企业生产完工的产品正式进入仓库存储的过程，这一步骤标志着产品从生产过程转入库存状态，等待销售或进一步处理。

5. 主要会计科目

企业为了核算企业库存商品的实际成本，需要设置“库存商品”科目。该科目属于资产类科目，借方登记企业从外部购入或生产完成并验收入库的商品的实际成本，贷方登记已售出的商品的实际成本，以及因退货、损坏等原因而减少的库存商品成本，期末余额在借方，反映企业期末库存商品的实际成本。该科目一般应按库存商品的种类、品种和规格进行明细分类核算。“库存商品”科目的T型账户如图4-8所示。

借方　　　　库存商品	贷方
生产完工验收入库或外购商品的实际成本	结转售出商品实际成本
期末库存商品的实际成本	

图4-8　“库存商品”T型账户

分析研判

1. 业务流程

该场景为业务流程中的产品统计环节，前期经过“销售计划——生产计划——领料业务——投料业务——作业统计”等环节，统计生产完工的产品，并验收入库，“产品入库”是与“产品统计”同步发生的环节节点。此业务对应业务流程如图4-9所示。

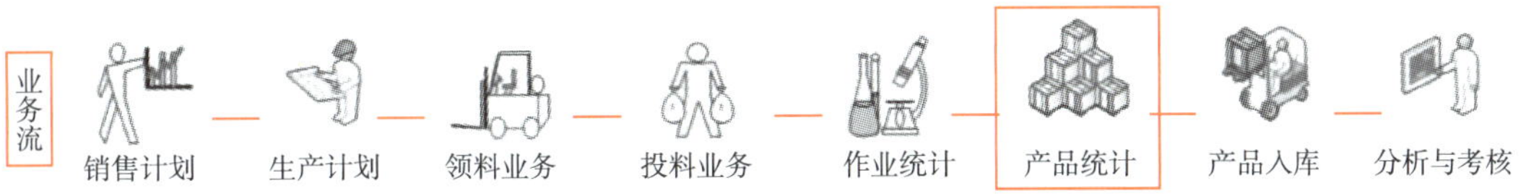

图4-9 生产业务流程

2. 场景核心单据

完工产品成本核算业务的核心单据为产品“成本计算表”。产品“成本计算表”记载了产品生产过程中发生的全部成本和费用，并根据约当产量比例法将产品的成本和费用在完工产品和在产品间进行分配，明确完工产品成本。2023年1月轻涂纸产品“成本计算表”如表4-18所示。

表4-18 成本计算表（节选）

部门：造纸事业六部 产品名称：轻涂纸 日期：2023年1月31日 编号：CBJSB-20230100010

成本项目明细			期初在产品		本期投产		生产成本累计		分配率		完工产品		月末在产品	
成本项目	材料名称	单位	数量	金额	数量	金额	数量	金额	数量	金额	数量	金额	数量	金额
原料	化机浆	吨	1,228.72	3,686,160.00	4,215.01	12,658,265.13	5,443.73	16,344,425.13	0.37	1104.203833	4,252.89	12,769,013.12	1,190.84	3,575,412.01
原料	阔叶浆	吨	819.24	5,398,791.60	2,810.34	18,374,564.57	3,629.58	23,773,356.17	0.25	1,606.09081	2,835.60	18,572,834.13	793.98	5,200,522.04
原料	针叶浆	吨	409.48	3,001,488.40	1,404.67	10,301,284.15	1,814.15	13,302,772.55	0.12	898.714535	1,417.30	10,392,734.88	396.85	2,910,037.67
原料	浆成本小计	吨	0	12,086,440.00	0	41,334,113.85	0	53,420,553.85	0	0	0	41,734,582.13	0	11,685,971.72
辅料	清水	吨	53,765.45	135,488.93	184,437.53	464,913.05	238,202.98	600,401.98	16.09	40.56222	186,095.07	469,061.51	52,107.91	131,340.47
……	……	……	……	……	……	……	……	……	……	……	……	……	……	……
辅料	辅料小计		0	1,091,824.53	0	3,727,742.51	0	4,819,567.04	0	0	0	3,765,266.39	0	1,054,300.65
辅料	纸筒芯	元	0	0	15,398.34	69,754.48	15,398.34	69,754.48	1.33	6.032037	15,398.34	69,754.48	0	0
……	……	……	……	……	……	……	……	……	……	……	……	……	……	……
辅料	包装材料小计		0	0	0	596,668.81	0	596,668.81	0	0	0	596,668.81	0	0
燃料和动力	电	KWN	836,528.35	451,725.31	5,765,059.96	3,113,037.83	6,601,588.31	3,564,763.14	500.77	270.406064	5,790,849.36	3,126,975.72	810,738.95	437,787.42
燃料和动力	汽	百万千焦	6,398.14	301,800.26	44,093.75	2,079,858.12	50,491.89	2,381,658.38	3.83	180.661335	44,291.00	2,089,167.68	6,200.89	292,490.70
燃料和动力	动力小计	元	0	753,525.57	0	5,192,895.95	6,652,080.20	5,946,421.52	0	0	0	5,216,143.40	0	730,278.12
直接人工	工资	元	0	81,735.79	0	558,171.20	0	639,906.99	0	48.540316	0	561,320.21	0	78,586.78
……	……	……	……	……	……	……	……	……	……	……	……	……	……	……
直接人工	直接人工小计		0	118,455.16	0	808,926.61	0	927,381.77	0	0	0	813,490.30	0	113,891.47
制造费用		元	0	537,012.35	0	3,737,993.94	0	4,275,006.29	0	324.281748	0	3,749,994.14	0	525,012.15
制造成本		元	0	14,587,257.61	0	55,398,341.67	0	69,985,599.28	0	0	0	55,876,145.17	0	14,109,454.11

注：①分配率四舍五入保留6位小数，尾差计入月末在产品。

②完整表格扫码获取。

3. 业财分析

公司造纸事业六部生产轻涂纸的成本明细项目包括原料、辅料、包装材料等，以原料中的化机浆和直接人工中的工资为例，说明其生产费用归集和分配的计算过程。

（1）1月31日，归集生产费用。

“化机浆”本月生产费用累计=3,686,160.00+12,658,265.13=16,344,425.13（元）

"工资"本月生产费用累计=81,735.79+558,171.20=639,906.99（元）

其他生产费用的归集与"化机浆""工资"费用的归集方法一致，在此不再赘述。

（2）1月31日，分配生产费用。

公司原材料在第一道工序开始时一次投入，燃料和动力、直接人工费用和制造费用的完工程度均为本工序的50%。

第一步：计算分配率。

原料、辅料、包装材料的约当产量为100%：

原料、辅料、包装材料的分配率=生产成本累计金额÷（完工产品数量+期末在产品数量）

"化机浆"分配率=16,344,425.13÷（11,564+3,238）=1,104.203833

燃料和动力、直接人工费用、制造费用的约当产量为50%：

燃料和动力、直接人工费用、制造费用的分配率=生产成本累计金额÷（完工产品数量+期末在产品数量×50%）

"工资"分配率=639,906.99÷（11,564+3,238×50%）=48.540316

需要注意的是，在成本计算表中，各类分配率不能合计。其他费用分配率的计算与"化机浆""工资"费用的计算方法一致，在此不再赘述。

第二步：计算完工产品成本。

完工产品应分配"化机浆"金额=11,564×1,104.203833=12,769,013.12（元）

完工产品应分配"工资"金额=11,564×48.540316=561,320.21（元）

其他费用分配金额的计算与"化机浆""工资"费用的计算方法一致，在此不再赘述。

完工产品成本=46,096,517.33+5,216,143.4+813,490.30+3,749,994.14=55,876,145.17（元）

单位产品成本=55,876,145.17÷11,564=4,831.90（元）

第三步：计算在产品成本。

月末在产品应负担的"化机浆"金额=16,344,425.13−12,769,013.12=3,575,412.01（元）

月末在产品应负担的"工资"金额=639,906.99−561,320.21=78,586.78（元）

月末在产品应负担的其他费用金额的计算与"化机浆""工资"费用的计算方法一致，在此不再赘述。

轻涂纸在产品成本为14,587,257.61元，归集本月发生生产费用为55,398,341.67元，汇总得出当期生产成本累计为69,985,599.28元，计算分配计入完工产品的成本为55,876,145.17元，月末在产品成本为14,109,454.11元。将轻涂纸完工产品的成本55,876,145.17元，从"生产成本"各明细科目结转至"库存商品"，需结转的"生产成本"各明细科目具体包括原料、辅料、包装材料的完工产品金额合计46,096,517.33元、完工产品动力小计5,216,143.40元、直接人工小计813,490.30元、完工产品制造费用3,749,994.14元。

风险控制 完工产品成本的核算是生产业务的最后环节，涉及产品成本的准确性和完整性。对于生产涉及多个成本明细项目的产品，生产费用的归集不完整、数据不准确、月末完工产品成本和在产品成本分配方法不适合企业具体情况或计算不正确，都会影响到产品成本信息的准确性，进而影响到企业的财务报表数据、产品定价决策，进而影响企业的市场竞争力。因此，在计算完工产品成本时，应选择合理的分配方法，确保数据的完整性和分配计算的准确性。

二 任务实施

1. 单据审核

账务处理的核心单据为成本计算表，会计人员应熟悉成本计算表的内容和审核要点。

成本计算表是一种用于记录和计算企业生产成本的重要工具，它通常包括直接材料成本、直接人工成本和制造费用等方面的内容。成本计算表的编制一般要经过确定成本要素、收集数据、分配成本、计算总成本和单位成本等过程。其审核要点如下：

（1）数据准确性。

核对成本计算表中的数据是否准确无误，包括各项成本明细的名称、数量、金额等各项数据。

（2）分配方法合理性。

审核采用的分配方法是否合理、科学，是否符合企业的实际情况和会计准则的要求。

（3）成本结构合理性。

分析成本计算表中各项成本的比例关系是否合理，是否存在异常波动或不合理现象。

2. 完工产品验收入库业务的账务处理

根据审核无误的单据，进行如下账务处理：

借：库存商品——轻涂纸　　55,876,145.17

　贷：生产成本——基本生产成本——轻涂纸——直接材料　　46,096,517.33

　　——燃料和动力　　5,216,143.40

　　——直接人工　　813,490.30

　　——制造费用　　3,749,994.14

3. 对会计科目的影响

本业务对于第一季度企业会计科目的影响如表4-19所示。

表 4-19　完工产品成本核算业务科目发生额及余额表　单位：元

科目名称	期初余额		本期发生额		期末余额	
	借方	贷方	借方	贷方	借方	贷方
库存商品	309,725,944.68		55,876,145.17		365,602,089.85	
生产成本	130,859,844.42			55,876,145.17	74,983,699.25	

子任务2　运用分批法核算产品成本

【场景4-8】假设公司造纸事业六部，根据客户的订单要求组织小批量胶版纸的生产，2023年2月接到2笔订单，订单编号分别为202301号和202302号。

202301号订单期初在产品150吨，期初在产品成本合计607,521.42元，本月发生生产费用合计61,292.17元，该订单共发生生产费用合计668,813.59元，包括原料费492,064.31元、辅料费47,075.62元、包装材料费7,797.63元、燃料和动力费62,497.33元、直接人工费5,968.93元、制造费用53,409.77元，该订单本月全部完工。

202302号订单期初在产品100吨，期初在产品成本合计222,757.85元，本月发生生产费用合计250,602.59元，该订单共发生生产费用合计473,360.44元，包括原料费348,264.13元、辅料费33,318.3元、包装材料费5,518.86元、燃料和动力费44,233.19元、直接人工费4,224.59元、制造费用37,801.37元，本月完工90吨，在产品10吨。

上述场景原始单据有月份生产情况表、产品成本计算单。

认知识别

1. 分批法

分批法，又称订单法，是以产品的批别或订单作为成本计算对象，归集和分配生产费用，计算产品成本的一种方法。分批法一般适用于单件、小批量生产的企业或车间。采用分批法核算的产品或服务往往有很大的差异，如在单件、小批生产的企业，一般是按照事先要求的规格和数量，或购买单位的订货单（订单）组织生产的，企业生产计划部要根据生产任务的要求和内容等，签发生产任务通知单下达生产车间据以组织生产。

公司如果接到的销售订单客户对产品的质量要求不一致，且每月末常有大量未完工的产品批数，如客户要求纸张厚度为标准的120%，因每一特定客户的个性化要求而组织小批生产，利用分批法能够更精确地追踪和分配与特定批次产品相关的直接成本和间接成本，为企业提供关于每个批次产品成本的准确信息，更精确地控制成本和优化决策，因此对于公司承接的两笔生产小批量胶版纸的订单可以采用分批法计算产品成本。

2. 分批法成本计算的基本特点

分批法成本计算以产品的生产批别为对象，通常与订单或生产任务通知单相匹配，成本计算期与产品生产周期一致，非定期且可能与会计报告期不同。在单件小批量生产中，一般不需在完工产品与在产品间分配费用，本业务两笔订单产品，在1月投产，且全部未完工，则1月末无需计算完工产品成本。但若批内产品跨月陆续完工，则需采用适当的方法（如定额成本法或约当产量法）分配费用，以确定完工产品和月末在产品成本。本业务公司202302号订单100吨胶装纸，在2月末完工并交货90吨，尚有10吨在产品，属于批内产品跨月陆续完工并交货的情况，应分配完工产品和月末在产品成本。为减少此类分配工作，应合理组织生产，尽量将生产周期相近的产品归为一批。

3. 分批法成本计算的基本程序

第一步：设置生产成本明细账

根据产品批别独立开设生产成本明细账，详细记录每批产品的生产费用，确保费用按成本项目清晰归集，为后续成本计算奠定基础。

第二步：归集与分配生产费用

通过编制费用分配表，将直接费用直接计入各批产品成本，而间接费用则按一定标准分摊至各批产品。对于辅助生产费用和制造费用，也需编制分配表，确保这些费用能准确、合理地分配至各批产品的生产成本中。

第三步：计算完工产品成本

在分批法下，根据产品完工情况灵活处理费用分配。对于单件或小批同时完工的产品，直接以生产成本明细账的记录作为完工产品成本。若批内产品跨月陆续完工，则需采用简化方法（如计划成本、定额成本）或分配方法（如约当产量法），在完工产品与在产品间合理分配费用，确保成本计算的准确性和合理性。

分析研判

1. 业务流程

运用分批法核算产品成本业务流程与运用品种法核算产品成本业务流程相同。

2. 场景核心单据

运用分批法核算产品成本的核心单据与品种法下核算产品成本业务的核心单据相同，也为产品成本计算单。202301号订单和202302号订单生产和成本情况见表4–20至表4–22。

表4–20　造纸事业六部2023年2月生产情况表　单位：吨

项目	202301订单	202302订单
期初在产品	150	100
本月投产	0	0
本月完工	150	90
月末在产品	0	10

表4–21　202301号产品成本计算单

产品批号：202301　产品名称：胶装纸　投产日期：1月1日

订货单位：×××公司　产品批量：150吨　完工日期：2月28日

项目	原料	辅料	包装材料	燃料和动力	直接人工费用	制造费用	合计
期初在产品成本	446,970.00	42,761.46	7,083.03	56,769.88	5,421.92	48,515.13	607,521.42
本月生产费用	45,094.31	4,314.16	714.60	5,727.45	547.01	4,894.64	61,292.17
合计	492,064.31	47,075.62	7,797.63	62,497.33	5,968.93	53,409.77	668,813.59
分配率	—	—	—	—	—	—	—

续表

项目	原料	辅料	包装材料	燃料和动力	直接人工费用	制造费用	合计
完工产品成本	492,064.31	47,075.62	7,797.63	62,497.33	5,968.93	53,409.77	668,813.59
单位成本	—	—	—	—	—	—	4,458.76

表 4-22　　202302 号产品成本计算单

产品批号：202302　　产品名称：胶装纸　　投产日期：1月1日
订货单位：×××公司　　产品批量：100吨　　完工日期：

项目	原料	辅料	包装材料	燃料和动力	直接人工费用	制造费用	合计
期初在产品成本	163,889.00	15,679.20	2,597.11	20,815.62	1,988.04	17,788.88	222,757.85
本月生产费用	184,375.13	17,639.10	2,921.75	23,417.57	2,236.55	20,012.49	250,602.59
合计	348,264.13	33,318.3	5,518.86	44,233.19	4,224.59	37,801.37	473,360.44
分配率	3,482.6413	333.183	55.1886	465.612526	44.469368	397.909158	4,779.003952
完工产品成本	313,437.72	29,986.47	4,966.97	41,905.13	4,002.24	35,811.82	430,110.35
月末在产品成本	34,826.41	3,331.83	551.89	2,328.06	222.35	1,989.55	43,250.09

3. 业财分析

在分批法下，完工产品入库的业财分析处理与品种法下相同，只是计算出的完工产品成本结果不同，此处不再赘述。

任务实施

分批法下，分别计算两笔订单的产品成本，并验收入库业务的账务处理如下：

第一步：计算202301号订单产品成本。

（1）1月31日：

该订单在2023年1月投产，且全部未完工，则1月末无需计算完工产品成本，所归集的费用即为期末在产品成本。

（2）2月28日：

该订单在2月继续生产，订单产品在月内全部完工并交货，则：

完工产品成本=607,521.42+61,292.17=668,813.59（元）

产品单位成本=668,813.59÷150=4,458.76（元）

第二步：计算202302号订单产品成本。

（1）1月31日：

该订单在2023年1月投产，且全部未完工，则1月末无需计算完工产品成本。

（2）2月28日：

该订单在2023年2月完工90吨，并交付购货单位，属于批内产品跨月陆续完工并交货的情况，应在完工产品和月末在产品之间分配生产费用。

公司采用约当产量法，分配完工产品和月末在产品成本：原材料在第一道工序开始时一次性投入，在产品中原材料的约当产量为100%，燃料和动力、直接人工费用和制造费用的完工程度均为本工序的50%。

分配过程如下：

原料分配率=348,264.13÷（90+10）=3,482.6413

完工产品应分配的原料=90×3,482.6413=313,437.72（元）

月末在产品应分配的原料=348,264.13−313,437.72=34,826.41（元）

辅料、包装材料的分配与原料分配方法一致，在此不再赘述。

燃料和动力分配率=44,233.19÷（90+10×50%）=465.612526

完工产品应分配的燃料和动力=90×465.612526=41,905.13（元）

月末在产品应分配的燃料和动力=44,233.19−41,905.13=2,328.06（元）

直接人工、制造费用的分配与燃料和动力分配方法一致，在此不再赘述。

完工产品成本=313,437.72+29,986.47+4,966.97+41,905.13+4,002.24+35,811.82=430,110.35（元）

完工产品单位成本=430,110.35÷90=4,779.00（元）

需要说明的是：如果批内产品完工数量较少，但根据要求需要将先完工产品交给订货单位，可采用简便方法，按定额单位成本或计划单位成本作为本月完工产品单位成本，乘以本月完工产品数量，计算本月完工产品总成本并予以结转，其余额即为在产品成本。

第三步：根据上述计算结果进行账务处理。

借：库存商品——胶版纸——202301号　　668,813.59

——202302号　　430,110.35

　贷：生产成本——基本生产成本——胶版纸——20230101号　　668,813.59

——20230102号　　430,110.35

项目总结

1. 对企业会计科目影响汇总

生产业务对企业会计科目影响汇总如表4-23所示。

表4-23 生产业务相关科目发生额及余额表

单位：元

科目名称	期初余额		本期发生额		期末余额	
	借方	贷方	借方	贷方	借方	贷方
原材料	381,366,315.53			31,687,357.53	349,678,958.00	
库存商品	309,725,944.68		55,876,145.17		365,602,089.85	
生产成本	95,427,981.77		35,601,793.47	56,046,075.99	74,983,699.25	

续表

科目名称	期初余额		本期发生额		期末余额	
	借方	贷方	借方	贷方	借方	贷方
材料成本差异		3,968.12	169,930.82	5,053.05	160,909.65	
应付职工薪酬		24,641,480.10		695,517.35		25,336,997.45
制造费用			94,760.00*	3,308,625.54		3,213,865.54*

注：在实际会计核算中，月末制造费用的借方金额要全部分配并转入生产成本，制造费用期末无余额。此处只体现了当下制造费用的计算过程。

2. 对公司会计报表项目影响汇总

本项目对于第一季度公司会计报表项目影响如表4–24所示。

表4–24 资产负债表（受生产业务影响部分）

资产	期末余额	负债和所有者权益	期末余额
存货	+695,517.35	应付职工薪酬	+695,517.35
合计	+695,517.35	合计	+695,517.35

3. 涉及账务处理汇总

生产业务中的直接材料、直接人工、制造费用等费用的归集和分配、完工产品成本的计算等核算内容，其账务处理汇总如表4–25所示。

表4–25 账务处理

项目	业务类型	会计分录	
		计划成本法	实际成本法
直接材料	生产领用材料	借：生产成本——××产品（直接材料） ——××产品（直接材料） 制造费用——材料费 材料成本差异（节约差异） 贷：原材料（计划成本） 材料成本差异（超支差异）	借：生产成本——××产品（直接材料） ——××产品（直接材料） 制造费用——材料费 贷：原材料（实际成本）
直接人工	分配工资	借：生产成本——××产品（直接人工） 制造费用——工资 管理费用——工资 销售费用——工资 在建工程——工资 贷：应付职工薪酬——工资	

续表

项目	业务类型	会计分录
制造费用	分配制造费用	借：生产成本——制造费用——× × 产品 　　　　　　　　　　　——× × 产品 　贷：制造费用——工资 　　　　　　　——福利费 　　　　　　　——社会保险费 　　　　　　　——住房公积金 　　　　　　　——工会经费 　　　　　　　——职工教育经费 　　　　　　　——折旧及摊销 　　　　　　　——修理费 　　　　　　　——备品备件 　　　　　　　——其他
完工产品成本计算	产品完工验收入库	借：库存商品——× × 产品 　　　　　　——× × 产品 　贷：生产成本——基本生产成本——直接材料 　　　　　　　　　　　　　　——燃料及动力 　　　　　　　　　　　　　　——直接人工 　　　　　　　　　　　　　　——制造费用

项目 5 销售业务核算

学习目标

知识目标

1. 了解销售业务流程及其资金活动；
2. 熟悉销售业务内容，掌握收入确认和计量的基本步骤；
3. 掌握销售收入、销售成本的核算方法；
4. 掌握不同销售结算方式的核算方法。

技能目标

1. 能认知销售活动的业务流和数据流；
2. 能对时点履约义务和销售业务进行账务处理。

素质目标

1. 养成维护客户权益，不泄露客户信息的服务意识；
2. 具备应对市场变化的感知力、判断力和相应的风险意识，能够创新应用销售策略；
3. 具备精准解读销售合同，严谨执行收入确认，细致管理客户账款的工匠精神；
4. 养成遵守会计准则，规范收入确认，诚实出具会计报告的合法合规意识。

销售是企业为了实现市场价值和满足客户需求，进行的产品或服务的推广、交易和交付的过程。销售业务是企业经营管理的关键组成部分，不仅直接关系到企业的收入和利润，也是企业市场竞争力和品牌影响力的体现。从资金运动的角度来看，销售活动将产成品资金转化为货币资金，实现资金的回流。

【场景5-1】销售业务按业务特点的不同可以分为赊销方式、现销方式、预收款方式或视同销售等类型。珠江纸业制定了全面的销售管理体系，精确划分了市场销售的产品类别，确立了灵活的市场定价策略和多元的销售渠道布局，以保障公司有序开展销售活动与持续业务增长。以赊销方式步骤为例，财税流表现为：第一步，销售方与客户（购货方）签订销售合同。第二步，客户根据销售合同发来订货通知。第三步，销售方核对订货商品的质量、数量等信息，填写发货情况核对表。第四步，销售方发出商品，填写发货单。第五步，销售方将开具的增值税发票交付给客户。第六步，销售方收到货款。销售业务中业务流、数据流、财税流、知识流的融合如图5–1所示。

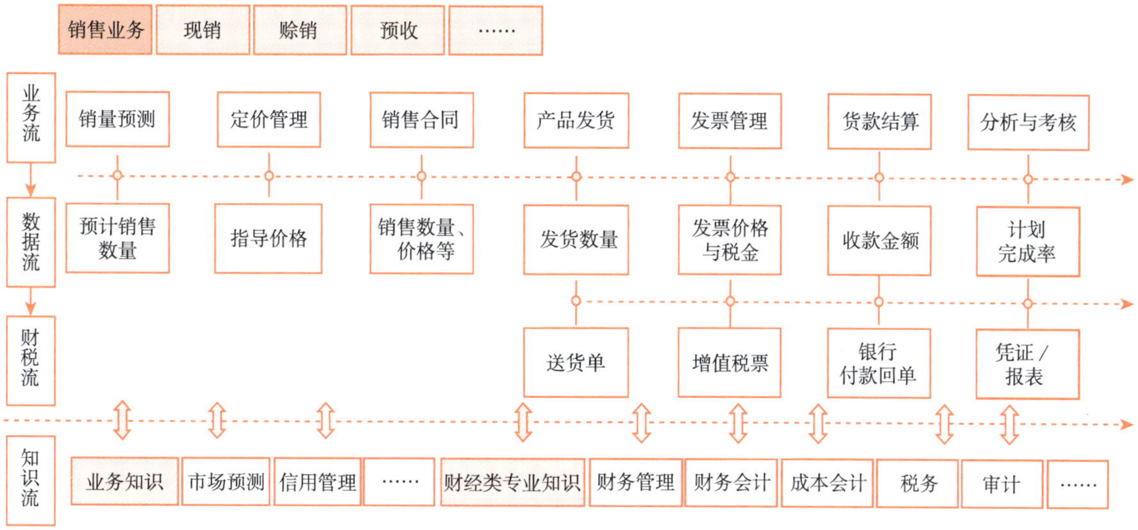

图5–1 四流融合——销售

认知识别

1. 销售方式

销售方式有很多种，每种方式都有其特定的应用场景和优势。按销售渠道不同，有直销、零售、批发、电子商务、电话销售、电视购物、社交媒体销售、移动销售、订阅服务、联盟营销、拍卖、目录销售、自动售货机、现场销售、多级营销或网络营销等。按货款结算方式不同，有现销、赊销、预收货款等方式。

2. 销售内容

销售内容包括销售产品、提供服务、销售多余材料等，此外，资产处置也纳入销售范畴。

3. 销售流程

销售流程一般包括以下几个关键阶段：市场研究、产品定位、制定销售策略、寻找潜在客户、资格评估、建立联系、需求分析、产品演示、报价和谈判、处理异议、成交、签订合同、订单处理、售后服务、客户关系管理、销售分析和反馈。每个企业的销售流程可能会有所不同，应当根据产品类型、行业特点和公司规模等因素进行调整。有效的销售流程可以帮助企业提高销售效率，增加客户满意度，并建立长期的客户关系。

分析研判 企业发生销售业务，会引起资产、负债发生变化，确认收入及结转成本会增加企业当期营业收入、营业成本。销售业务涉及的会计报表项目及会计科目，如表5–1所示。

表5-1 与销售业务相关的主要会计报表项目及会计科目

财务报表	会计要素	报表项目	会计科目
资产负债表	资产	货币资金	银行存款
		应收账款	应收账款
		应收票据	应收票据
		存货	原材料
			库存商品
			发出商品
	负债	合同负债	合同负债
		应交税费	应交税费——应交增值税（销项税额）
利润表	收入	营业收入	主营业务收入
			其他业务收入
	成本	营业成本	主营业务成本
			其他业务成本

任务1 销售收入

【教学重点】销售收入的确认条件及账务处理。

【教学难点】商品销售收入的确认条件。

企业销售收入，主要是指销售产品、提供劳务（服务），以及让渡资产使用权而产生的收入。销售收入是影响企业会计报表的核心组成部分。因此，准确地确认与核算销售收入有助于企业管理层进行决策，满足投资者、债权人和其他利益相关者的信息需求。

按照《企业会计准则第14号——收入》的相关规定，收入确认和计量的基本步骤分为以下五步。

1. 识别与客户订立的合同

合同是指双方或多方之间订立有法律约束力的权利义务的协议。合同有书面形式、口头形式以及其他形式。合同的存在是企业确认客户合同收入的前提，企业与客户之间的合同一经签订，企业即享有从客户取得与转移商品和服务对价的权利，同时负有向客户转移商品和服务的履约义务。

企业与客户之间的合同同时满足下列五项条件的，企业应当在客户取得相关商品控制权时确认收入：

（1）合同各方已批准该合同并承诺将履行各自义务；

（2）该合同明确了合同各方与所转让商品相关的权利和义务；

（3）该合同有明确的与所转让商品相关的支付条款；

（4）该合同具有商业实质，即履行该合同将改变企业未来现金流量的风险、时间分布或金额；

（5）企业因向客户转让商品而有权取得的对价很可能收回。

2. 识别合同中的单项履约义务

履约义务是指合同中企业向客户转让可明确区分商品或服务的承诺。企业应当将向客户转让可明确区分商品（或者商品的组合）的承诺以及向客户转让一系列实质相同且转让模式相同的、可明确区分商品的承诺作为单项履约义务。

满足下列条件之一的，属于在某一时段内履行的履约义务。否则，属于在某一时点履行的履约义务：

（1）客户在企业履约的同时即取得并消耗企业履约所带来的经济利益。

（2）客户能够控制企业履约过程中在建的商品。

（3）企业履约过程中所产出的商品具有不可替代用途，且该企业在整个合同期间内有权就累计至今已完成的履约部分收取款项。具有不可替代用途，是指因合同限制或实际可行性限制，企业不能轻易地将商品用于其他用途。有权就累计至今已完成的履约部分收取款项，是指在由于客户或其他方原因终止合同的情况下，企业有权就累计至今已完成的履约部分收取能够补偿其已发生成本和合理利润的款项，并且该权利具有法律约束力。

3. 确定交易价格

交易价格是指企业因向客户转让商品而预期有权收取的对价金额。企业代第三方收取的款项（如增值税）以及企业预期将退还给客户的款项，应当作为负债进行会计处理，不计入交易价格。合同条款承诺的对价，可能是固定金额、可变金额或两者兼有。

4. 将交易价格分摊至各单项履约义务

合同中包含两项或多项履约义务的，企业应当在合同开始日，按照各单项履约义务所承诺商品的单独售价的相对比例，将交易价格分摊至各单项履约义务。

5. 履行各单项履约义务时确认收入

企业应当在履行了合同中的履约义务，即在客户取得相关商品控制权时确认收入。企业将商品的控制权转让给客户，可能是在某一个时间段内（即履行履约义务的过程中）发生的，也可能是在某一个时点（即履约义务完成时）发生的。

任务导入

【场景5-2】2023年1月4日，公司与安徽恒源纸业有限公司签订购销合同，销售颜B纸248.13吨，不含税金额为1,401,071.01元，增值税税额为182,139.23元。合同约定购买方在交易完成后的30天内付款。1月6日，公司发出全部产品。1月20日，开具增值税专用发票给购货方。1月30日收到货款。

上述场景原始单据有销售合同、产品出库单、增值税专用发票、银行回单等。

业务发生时，相关科目期初余额如表5-2所示。

表5-2 销售收入确认核算相关科目期初余额表 单位：元

科目名称	期初余额	
	借方	贷方
银行存款	2,198,611,772.16	
应收账款	143,186,616.96	
应交税费		41,485,718.93
主营业务收入		

认知识别

1. 某一时点履行的履约义务收入的核算

对于在某一时点履行的履约义务，企业应当在客户取得相关商品控制权时确认收入。

在判断控制权是否转移时，企业应当综合考虑下列情形：

（1）企业就该商品享有现时收款权利，即客户就该商品负有现时付款义务。例如，公司与客户签订销售商品合同，约定客户在收到商品确认无误后10日内付款。在客户收到公司开具的发票、商品验收入库后，客户能够自主确定商品的销售价格或商品的使用情况，此时公司享有现时收款权利，客户负有现时付款义务。

（2）企业已将该商品的法定所有权转移给客户，即客户已拥有该商品的法定所有权。如公司向客户销售商品，在客户收到商品并付款后，表明公司已将该商品的法定所有权转移给客户。

（3）企业已将该商品实物转移给客户，即客户已占有该商品实物。例如，公司与客户签订交款提货合同，在公司销售商品并送货到客户指定地点，客户验收合格并付款，表明公司已将该商品实物转移给客户，即客户已占有该商品实物。

（4）企业已将该商品所有权上的主要风险和报酬转移给客户，即客户已取得该商品所有权上的主要风险和报酬。例如，公司向客户销售商品，将其交付给对方后，该商品价格上涨或下跌带来的利益或损失全部属于客户。表明客户已取得该商品所有权上的主要风险和报酬。

（5）客户已接受该商品。例如，公司向客户销售商品，客户收到并验收合格后办理入库手续，表明客户已接受该商品。

（6）其他表明客户已取得商品控制权的迹象。

2. 赊销

赊销是指企业先交付商品，然后按照约定时间或条件收取货款的销售方式。

在赊销业务中，企业应当在合同约定交货日期或者结算日期的当天，根据销售发票及出库单等凭证，确定收入的实现。

3. 主要会计科目

（1）主营业务收入。

企业对确认的销售商品、提供服务等主营业务的收入进行核算，应当设置“主营业务收入”科目。该科目属于损益类科目，贷方登记企业主营业务活动实现的收入，借方登记销售退回及期末转入“本年利润”科目的主营业务收入等，结转后期末应无余额。该科目可按主营业务的种类进行明细核算。主营业务收入的T型账户如图5–2所示。

主营业务收入

借方	贷方
销售退回及期末转入“本年利润”科目的主营业务收入等	企业主营业务活动实现的收入

图5–2 “主营业务收入”T型账户

（2）应收账款。

为了核算销售商品、提供劳务等经营活动应收取款项的情况，企业应设置“应收账款”科目。该科目属于资产类科目，借方登记销售商品应收取的款项，贷方登记收回的款项。如果合同约定的收款时间未收到款项，应当采取必要措施进行催收，并于会计期末根据实际情况进行计提坏账准备等账务处理。该科目可按照购货单位或接受劳务的单位设置明细核算。“应收账款”的T型账户如图5–3所示。

应收账款

借方	贷方
因销售商品发生的应收账款	收回应收账款 确认的坏账损失
尚未收回的应收账款	

图5–3 “应收账款”T型账户

分析研判

1. 业务流程

该场景为业务流程中的发票管理环节，企业一般在确认收入的同时向客户开具发票。本环节的前期包括“销售预测——定价管理——销售合同”“产品发货”可能与本环节同时发生，对应业务流程如图5–4所示。

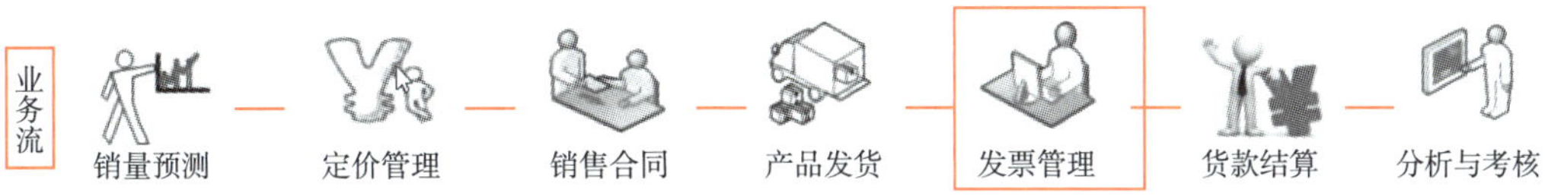

图5–4 销售业务流程

2. 场景核心单据

销售商品业务的核心单据为增值税专用发票与银行收款回单。从增值税专用发票中可以辨析销售数量、单价、金额、税额等。从银行收款回单可以了解销售回款情况。财务人员据此对销售业务进行核算。增值税专用发票和银行收款回单如图5–5和图5–6所示。

043040001010　　广东增值税专用发票　　No 30186990

发票联

开票日期：2023/01/20

购买方　名　　称：安徽恒远纸业有限公司
纳税人识别号：91341221MA2RA28555
地 址、电 话：安徽省合肥市肥东县众牌路668号0551-65
开户行及账号：中国工商银行肥东支行190235123558962

密码区　03-0/71111627866—223*33*05+ 7->6989<8<2-
3342>2755*698<0- 1>4<<2272/608287577+99-
19/6*388549*37*01659503<7*—225+3

货物或应税劳务、服务名称	规格型号	单位	数量	单价	金额	税率	税额
*纸制品*颜B纸	55*787	吨	248.13	5,646.52	140,107,1.01	13%	182139.23
合计					¥140,107,1.01		¥182,139.23

价税合计（大写）　⊗壹佰伍拾捌万叁仟贰佰壹拾元贰角肆分　（小写）¥158,321,0.24

销售方　名　　称：珠江纸业股份有限公司
纳税人识别号：91441900MA3CCA2C89
地 址、电 话：广东省东莞广麻大道258号0769-8882185
开户行及账号：中国工商银行东莞市长安支行1901322412

备注

收款人：唐伯瑞　复核：柳淑婷　开票人：廖峰　销售方：（章）

第三联：发票联　购买方记账凭证

图5–5　增值税专用发票

ICBC 中国工商银行　业务回单 收款　凭证

日期：2023年01月30日　回单编号：379674886

收款人户名：珠江纸业股份有限公司　收款人开户行：中国工商银行东莞市长安支行
收款人账号：1901322412455631285
付款人户名：安徽恒远纸业有限公司　付款人开户行：中国工商银行肥东支行
付款人账号：1902351235589620202
金额合计（大写）：壹佰伍拾捌万叁仟贰佰壹拾元贰角肆分　小写：1583210.24
业务（产品）种类：网银互联　凭证种类：5983629　凭证号码：607778766596
摘要：货款　用途：无　币种：人民币
交易机构：0190010180　记账柜员：00132　交易代码：52139　渠道：网上银行

附言：无
支付交易序号：26585925　报文种类：小额客户发起普通贷　委托日期：2023-01-30 00:00
业务类型（种类）：　指令编号：HQP14416862　提交人：
最终授权人：无

本回单为第一次打印，注意重复　打印日期：2023-02-01　打印柜员：10　验证码：390K6VLLHM9

图5–6　银行收款回单

3. 业财分析

2023年1月20日，公司销售货物满足收入确认条件，不含税价款1,401,071.01元，计入公司的“主营业务收入”；销售货物的同时，产生182,139.23元的增值税纳税义务，应计入“应交税费”；销售货款含税总金额1,583,210.24元尚未收到，计入“应收账款”。2023年1月30日，如期收到客户款项，使得“银行存款”增加，“应收账款”减少。

风险控制　企业销售商品时，应当警惕由于对收入确认时点的判断不准确，导致收入被错误地提前或延迟确认，从而对会计报表造成重大影响。收入确认时点不当，会使企业的收入和利润在不同会计期间分配不均，影响利润的稳定性和预测性。如将属于未来收入错误地计入当期收入，会导致利润虚增；遗漏或推迟确认当期收入，会导致利润虚减。这种会计数据的失真，不仅违背了会计信息的真实性和准确性原则，还可能误导会计报表的使用者，影响其决策。

任务实施

1. 单据审核

账务处理的核心单据为增值税专用发票与银行收款回单，增值税专用发票的审核要点前面已作说明。

银行收款回单是银行在客户通过转账、现金存款等方式存入资金时，出具给客户的资金变动凭证。一般包括收款人信息，付款人信息、交易日期、交易金额、票据种类、票据张数等。

审核要点如下：

（1）信息准确性：核对各项信息是否准确无误，包括收付款人名称、账号、金额等。

（2）金额一致性：确认金额与实际交易金额是否一致，且大小写金额相符。

（3）票据匹配性：检查所附票据在种类、数量、金额等方面是否匹配。

（4）签章有效性：验证签章是否齐全且是否符合银行有效签章的规定。

2. 赊销业务的账务处理

2023年1月20日，根据审核无误的单据，进行如下账务处理：

借：应收账款——安徽恒源纸业有限公司　　1,583,210.24

　　贷：主营业务收入——颜B纸　　1,401,071.01

　　　　应交税费——应交增值税（销项税额）　　182,139.23

2023年1月30日，收到货款时：

借：银行存款　　1,583,210.24

　　贷：应收账款——安徽恒源纸业有限公司　　1,583,210.24

3. 对会计科目的影响

本业务对于第一季度企业会计科目的影响如表5-3所示。

表5-3 赊销业务科目发生额及余额表 单位：元

科目名称	期初余额		本期发生额		期末余额	
	借方	贷方	借方	贷方	借方	贷方
银行存款	2,198,611,772.16		1,583,210.24		2,200,194,982.40	
应收账款	143,186,616.96		1,583,210.24	1,583,210.24	143,186,616.96	
应交税费		41,485,718.93		182,139.23		41,667,858.16
主营业务收入				1,401,071.01		1,401,071.01

任务拓展

【场景5-3】沿用【场景5-2】，假设公司在1月6日发出全部商品，1月20日，开具增值税专用发票给购货方，同时收到对方付款。原始单据与赊销业务原始单据相同，包括销售合同、产品出库单、增值税专用发票、银行收款回单等。此时的账务处理将与赊销业务核算有所不同。

认知识别 现销是指在商品或服务售出时，立即进行货款结算的一种销售方式。在确认现销收入时，需要同时满足两个条件：一是已经按照销售合同的约定，将商品交付给购买方或提供了合同规定的服务；二是企业已经收到购买方支付的全部或大部分货款（具体比例依据合同条款和会计准则而定）。

任务实施

2023年1月20日，销售商品开出发票，同时收到货款，账务处理如下：

借：银行存款 1,583,210.24

贷：主营业务收入——颜B纸 1,401,071.01

应交税费——应交增值税（销项税额） 182,139.23

任务2 销售成本

【教学重点】主营业务成本的计算；主营业务成本的核算方法；月末结转销售成本的账务处理。

【教学难点】主营业务成本的核算方法。

销售成本结转是指按照配比原则，在确认商品销售收入的同时，将对应已销售商品的成本从“库存商品”账户转移到“主营业务成本”或“其他业务成本”账户的会计处理过程。企业可根据自身的业务特点和管理要求选择分散结转或集中结转的方式进行核算。

任务导入

【场景5-4】2023年3月，公司共销售颜B纸8,971吨，取得销售收入51,351,439.36元。库存商品明细账显示：颜B纸期初数量15,856.22吨，金额78,930,401.82元，本月入库数量11,125吨，金额55,161,947.18元。要求采用月末一次加权平均法计算销售成本。

上述场景原始单据为产品出库单、产品成本核算表。

业务发生时，相关科目期初余额见表5-4。

表5-4　销售成本核算相关科目期初余额表　单位：元

科目名称	期初余额	
	借方	贷方
库存商品	365,602,089.85	
主营业务成本		

认知识别　为了核算销售商品、提供劳务等经营性活动所发生的成本，企业应设置"主营业务成本"科目。该科目属于损益类科目。借方登记销售各种商品、提供各种劳务等实际成本，贷方登记转入本年利润的成本，结转后本科目无余额。该科目可按主营业务的种类进行明细核算。"主营业务成本"的T型账户如图5-7所示。

借方　主营业务成本　贷方

借方	贷方
企业应结转的主营业务成本	期末转入"本年利润"科目的主营业务成本

图5-7　"主营业务成本"T型账户

分析研判

1. 业务流程

该场景为业务流程中的产品发货环节，前期经过"销售预测—定价管理—销售合同"等环节，"发票管理"可能与产品发货同步发生，企业通常在产品发货时，需要进行销售成本结转的核算，也可以选择月末集中结转销售成本。此业务对应的业务流程如图5-8所示。

图5-8　销售业务流程

2. 场景核心单据

销售成本结转业务的核心单据为产品出库单、产品成本核算表。由于公司采用月末一次加权平均法核算当月产品销售成本，财务人员需在月末根据出库产品的平均单位成本和出库数量计算销售成本并进行结转。产品出库单、产品成本核算表如表5–5、表5–6所示。

表5–5 产品出库单

编号：FHBM2023030040

发货单位：安徽恒远纸业有限公司　　　　日期：2023年3月5日

品名	规格型号	单位	数量	等级	备注
颜B纸	55 × 787	吨	262.49	A	

承运人：张文　　　　发货人：秦含觅

表5–6 3月产品成本核算表　　　　单位：元

3月		规格	单位	期初数量	期初金额	入库数量	入库金额	销售数量	销售单价（不含税）	销售额	单位销售成本	销售成本总额	销售毛利	毛利率	期末库存数量	期末库存金额
印刷用纸	颜B纸	55 × 787	吨	15,856.22	78,930,401.82	11,125	55,161,947.18	8,971	5,724.16	51,351,439.37	4,969.84	44,584,434.64	6,767,004.73	13.18%	18,010.22	89,507,914.36
	轻型纸	60 × 750	吨	5,253.17	28,103,936.41	3,686	19,680,297.21	2,981	6,155.22	18,348,710.81	5,345.49	15,934,905.69	2,413,805.12	13.16%	5,958.17	31,849,327.93
	颜A纸	55 × 850	吨	9,066.64	45,952,119.82	6,217	31,465,723.29	5,016.97	5,834.80	29,273,016.54	5,065.41	25,413,010.01	3,860,006.53	13.19%	10,266.67	52,004,833.10
	轻涂纸	70 × 787	吨	16,063	81,692,584.12	11,144	56,383,003.19	9,491.01	5,855.67	55,700,422.30	5,075	48,166,875.75	7,533,546.553	13.53%	17,715.99	89,908,711.56
	胶版纸	70 × 845	吨	42,442.48	203,264,081.30	30,700	146,103,130.50	23,831	5,547.84	132,210,575.10	4,776.53	113,829,486.40	18,381,088.63	13.90%	49,311.48	235,537,725.40
	热敏原纸	55 × 995	吨	796.36	3,919,607.30	822	4,042,616.34	880	5,681.20	4,999,456.02	4,919.93	4,329,538.39	669,917.63	13.40%	738.36	3,632,685.25
包装用纸	牛皮纸	77 × 1,096	吨	17,818.69	80,589,564.38	11,753	54,547,445.27	9,201.01	5,383.85	49,536,857.72	4,569.81	42,046,867.51	7,489,990.21	15.12%	20,370.68	93,090,142.14
	淋膜原纸	55 × 940	吨	1,999.83	9,023,298.26	1,732	8,019,880.62	1,839.01	5,367.61	9,871,088.43	4,566.98	8,398,721.89	1,472,366.54	14.92%	1,892.82	8,644,456.99
办公用纸	办公用纸	A4	吨	2,563.97	14,262,241.10	2,789	15,387,690.69	2,768.97	5,911.04	16,367,492.38	5,538.97	15,337,241.76	1,030,250.62	6.29%	2,584	14,312,690.03

3. 业财分析

公司月末采用一次加权平均法计算结转销售成本，编制产品成本核算表。以“颜B纸”为例，其销售成本的计算公式如下：

加权单位成本=［月初库存存货的实际成本+∑（本月各批入库的实际单位成本 × 本月各批入库的数量）］÷（月初库存存货数量+本月各批入库数量之和）

=（78,930,401.82+55,161,947.18）÷（15,856.22+11,125）=4,969.84（元）

销售成本=加权单位成本 × 发出存货的数量

=4,969.84 × 8,971=44,584,434.64（元）

通过计算得到月末应结转的“颜B纸”销售成本44,584,434.64元，计入“主营业务成本”，并使得公司的“库存商品”减少。

风险控制 销售成本计算方法通常有先进先出法、移动加权平均法、月末一次加权平均法。采用不同的方法计算得到销售成本会有些不同。如果产品生产成本不稳定，波动较大，采用先进先出法，可能会导致成本反映滞后，影响成本和利润的准确性。另外，由于存货收发量大，成本计算工作量也大，应防止记录不完整或不准确，导致的销售成本计算不正确。因此，企业在结转销售成本时，应选择合适的存货计价方法，且不得随意改变；同时，应加强内部控制，确保核算过程的正确性，以维护会计报表的准确性。

任务实施

1. 单据审核

账务处理的核心单据为产品出库单、产品成本核算表。产品成本核算表的审核要点如下：

（1）成本核算方法是否准确。

（2）成本核算相关数据是否合理。检查成本计算单是否包含了所有必要的成本项目和数据，如月初库存、本月入库、本月发出等；对各项数据进行核对，包括数量、单价、金额等，确保没有遗漏、重复或计算错误；验证数据的来源是否可靠，如与销售订单、入库单、出库单等原始单据进行比对。

（3）成本核算相关数据是否可比。评估月末库存成本的合理性，看是否反映了企业实际的存货价值，并与市场价格或行业平均水平进行比较。

2. 结转销售成本的账务处理

月末，根据审核无误的单据，做如下账务处理：

借：主营业务成本——印刷用纸——颜B纸　　44,584,434.64

　　贷：库存商品——印刷用纸——颜B纸　　44,584,434.64

3. 对会计科目的影响

本业务对于第一季度企业会计科目的影响如表5-7所示。

表5-7　销售成本结转业务相关科目发生额及余额表　单位：元

科目名称	期初余额		本期发生额		期末余额	
	借方	贷方	借方	贷方	借方	贷方
库存商品	365,602,089.85			44,584,434.64	321,017,655.21	
主营业务成本			44,584,434.64		44,584,434.64	

任务3　销售结算

【教学重点】销售结算的核算方法；不同销售结算方式的账务处理。

【教学难点】现金折扣、销售折让、销售退回的核算。

销售结算是指企业根据销售合同，对发出的产品或提供的服务进行交付后，与客户进行的货款收取和财务处理过程。该过程可能涉及计算应收账款、收款等环节。企业常见的销售结算方式有：商业折扣、现金折扣、销售折让等。销售结算方式的选择不仅影响企业的现金流管理，还与税务筹划密切相关，需要企业根据实际情况和税收政策合理规划，选择最合适的结算方式，在遵守税法规定的前提下，优化资金使用效率。

子任务1 商业折扣销售

任务导入

【场景5-5】2023年1月6日，公司与北京兴业华泰纸张销售有限公司签订购销合同，销售胶版纸1,090.54吨，不含税金额5,938,208.41元，增值税税额771,967.09元，合同约定可享受5%的商业折扣。1月6日收到发货通知单，准备发货。1月6日，发出全部商品，通过质检并出库，1月15日开具增值税专用发票。

上述场景原始单据有销售合同、产品出库单、增值税专用发票、银行收款回单等。

业务发生时，相关科目期初余额如表5-8所示。

表5-8 商业折扣销售业务相关科目期初余额表 单位：元

科目名称	期初余额	
	借方	贷方
银行存款	2,200,194,982.40	
应收账款	143,186,616.96	
应交税费		41,667,858.16
主营业务收入		1,401,071.01

认知识别 商业折扣是指为了适应市场供应情况，或针对不同顾客，从货物规定的价格中直接扣减部分货款和税款。商品报价扣除商业折扣以后的实际成交价格才是应收账款的入账价值。根据税法规定，商业折扣，如果销售额和折扣额在同一张发票上的金额栏中分别注明，可以按折扣后的余额作为销售额计算增值税。如果折扣额另开发票，不论其在财务上如何处理，均不得从销售额中减除折扣额计算增值税。

分析研判

1. 业务流程

该场景为业务流程中的货款结算环节，前期经过“销售预测—定价管理—销售合同—产品发货—发票管理”等环节后，企业需要进行货款结算的核算。此业务对应的业务流程如图5-9所示。

图 5-9　销售业务流程

2. 场景核心单据

该场景的核心单据与【场景 5-2】的核心单据一致，也是增值税专用发票和银行收款回单，如图 5-10 和图 5-11 所示。

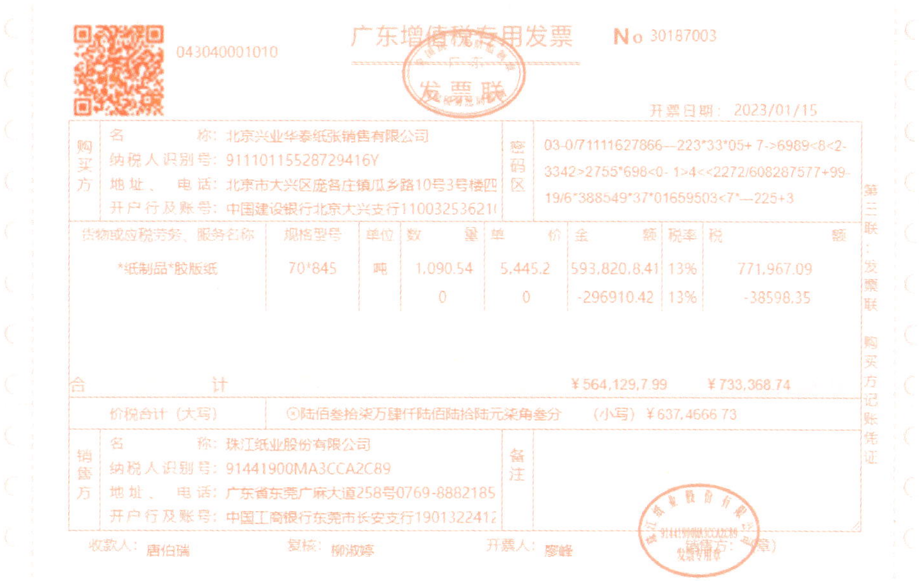

广东增值税专用发票　No 30187003

043040001010

发票联

开票日期：2023/01/15

购买方　名称：北京兴业华泰纸张销售有限公司
纳税人识别号：91110115528729416Y
地址、电话：北京市大兴区庞各庄镇瓜乡路10号3号楼四
开户行及账号：中国建设银行北京大兴支行11003253621(

密码区　03-0/71111627866—223*33*05+ 7->6989<8<2-3342>2755*698<0- 1>4<<2272/608287577+99-19/6*388549*37*01659503<7*—225+3

货物或应税劳务、服务名称	规格型号	单位	数量	单价	金额	税率	税额
*纸制品*胶版纸	70*845	吨	1,090.54	5,445.2	593,820,8.41	13%	771,967.09
			0	0	-296910.42	13%	-38598.35
合计					¥564,129,7.99		¥733,368.74

价税合计（大写）　⊗陆佰叁拾柒万肆仟陆佰陆拾陆元柒角叁分　（小写）¥637,4666.73

销售方　名称：珠江纸业股份有限公司
纳税人识别号：91441900MA3CCA2C89
地址、电话：广东省东莞广麻大道258号0769-8882185
开户行及账号：中国工商银行东莞市长安支行1901322412

备注

第三联：发票联　购买方记账凭证

收款人：唐伯瑞　复核：柳淑婷　开票人：廖峰　销售方：（章）

图 5-10　增值税专用发票

ICBC 中国工商银行　业务回单收款　凭证

日期：2023年02月10日　回单编号：495579127

收款人户名：珠江纸业股份有限公司　收款人开户行：中国工商银行东莞市长安支行

收款人账号：19013224124556331285

付款人户名：北京兴业华泰纸张销售有限公司　付款人开户行：中国建设银行北京大兴支行

付款人账号：11003253621020112204

金额合计（大写）：陆佰叁拾柒万肆仟陆佰陆拾陆元柒角叁分　小写：6374666.73

业务（产品）种类：网银互联　凭证种类：7157845　凭证号码：7738661842153

摘要：货款　用途：无　币种：人民币

交易机构：0190010180　记账柜员：00132　交易代码：52139　渠道：网上银行

附言：无

支付交易序号：59312645　报文种类：小额客户发起普通贷　委托日期：2023-02-10 00:00

业务类型（种类）：　指令编号：HQP90061061　提交人：

最终授权人：无

本回单为第一次打印，注意重复　打印日期：2023-02-12　打印柜员：10　验证码：853F0UOANT0

图 5-11　银行收款回单

3. 业财分析

公司销售商品涉及商业折扣的，应当按照扣除商业折扣后的金额确定销售商品收入，即以全部销售净额扣除商业折扣后的5,641,297.99元，计入“主营业务收入”，同时根据适用的增值税率计算出销项税额733,368.74元，为销售货物应缴纳的增值税，表示“应交税费”增加；销售货款含税总金额6,374,666.73元尚未收到，属于公司未来应收回的款项，计入“应收账款”。2月20日，收到客户款项时，使得“银行存款”增加，“应收账款”减少。

风险控制 企业在开展销售业务时运用商业折扣策略，应当审慎评估并有效控制因折扣政策不当而引发的风险。风险主要来源于过度或不合理的折扣政策导致销售收入与预期产生较大偏差，进而影响销售毛利率的准确计算及企业盈利能力的真实反映。

任务实施

1. 单据审核

账务处理的核心单据为增值税发票和银行回单，审核要点前面已作说明。

2. 商业折扣销售的账务处理

2023年1月15日，根据审核无误的单据，进行账务处理如下：

借：应收账款——北京兴业华泰纸张销售有限公司　　6,374,666.73

　　贷：主营业务收入——胶版纸　　5,641,297.99

　　　　应交税费——应交增值税（销项税额）　　733,368.74

2023年2月20日，收取货款时：

借：银行存款　　6,374,666.73

　　贷：应收账款——北京兴业华泰纸张销售有限公司　　6,374,666.73

3. 对会计科目的影响

本业务对于第一季度企业会计科目的影响如表5-9所示。

表5-9　商业折扣业务相关科目发生额及余额表　单位：元

科目名称	期初余额		本期发生额		期末余额	
	借方	贷方	借方	贷方	借方	贷方
银行存款	2,200,194,982.40		6,374,666.73		2,206,569,649.13	
应收账款	143,186,616.96		6,374,666.73	6,374,666.73	143,186,616.96	
应交税费		41,667,858.16		733,368.74		42,401,226.90
主营业务收入		1,401,071.01		5,641,297.99		7,042,369.00

子任务 2　现金折扣销售

任务导入

【场景 5-6】2023 年 1 月 5 日，公司与山东雅优科技有限公司签订购销合同，销售一批颜 B 纸，不含税金额为 1,559,964.08 元，增值税税额为 202,795.33 元。合同约定给予的现金折扣条件为：2%/10，1%/20，N/30。1 月 9 日，公司发出货物，1 月 10 日，开具增值税专用发票。公司根据与山东雅优科技双方多年交易经验，预计客户 10 天内付款的概率为 90%，20 天内付款的概率为 10%。1 月 14 日，公司收到货款并存入银行。

上述场景原始单据有现金折扣销售合同、产品出库单、增值税专用发票、银行收款回单等。

业务发生时，相关科目期初余额如表 5-10 所示。

表 5-10　现金折扣业务相关科目期初余额表　单位：元

科目名称	期末余额	
	借方	贷方
银行存款	2,206,569,649.13	
应收账款	143,186,616.96	
应交税费		42,401,226.90
主营业务收入		7,042,369.00

认知识别

1. 可变对价的概念

可变对价是指企业与客户的合同中约定的对价金额可能因折扣、价格折让、返利、退款、奖励积分、激励措施、业绩奖金、索赔等因素而变化。根据一项或多项或有事项的发生而收取不同对价金额的合同，也属于可变对价的情形。如公司与山东雅优科技有限公司的现金折扣销售就属于可变对价业务。

2. 可变业务的核算

合同存在可变对价时，企业应当对计入交易价格的可变对价进行估计。

企业应当按照期望值或最可能发生金额确定可变对价的最佳估计数。期望值是按照各种可能发生的对价金额及相关概率计算确定的金额；最可能发生金额是一系列可能发生的对价金额中最可能发生的单一金额，即合同最可能产生的单一结果。在实际操作中，企业需要根据具体情况和可用信息来选择最合适的方法，不能在两种方法之间随意进行选择。

企业确定可变对价金额之后，计入交易价格的可变对价金额还应满足限制条件。即包含可变对价的交易价格，应当不超过在相关不确定性消除时，累计已确认的收入极可能不会发生重大转回的金额。

现金折扣通常是为了鼓励客户尽快支付货款而提供的折扣，这种折扣本质上是一种融资费用，根据税法规定，销售方在确认收入时，应当按照折扣前的价格开具发票，并计算缴纳增值税。

分析研判

1. 业务流程

该场景的业务流程与【场景5-5】一致。

2. 场景核心单据

该场景的核心单据有现金折扣销售合同、增值税专用发票与银行收款回单，如图5-12至图5-14所示。

纸品买卖合同

买方：山东雅优科技有限公司　　合同编号：HTBM2023010184

签订时间：2023/1/5

卖方：珠江纸业股份有限公司　　签订地点：广东省东莞市

经买卖双方协商一致，在下列空白处或括号中填入约定的事项，以利双方共同遵守。

一、货物名称、商标、规格、厂家、数量、价格、金额、供货时间。

货物名称	规格型号	数量（吨）	单价（吨/元）	金额（元）	备注
颜B纸		276.27	5,646.52	1,559,964.08	
合计				1,559,964.08	
价税合计人民币（大写）	壹佰柒拾陆万贰仟柒佰伍拾玖元肆角壹分				

附：1.产品要求：规格：55×787；

2.交货方式为买方在卖方仓库自提的，数量以卖方出库码单进行结算；交货方式在买方指定地点交货的，数量以买方签收单为准进行结算；

3.卖方根据实际结算的货物名称、规格、数量、价格对买方开具增值税发票；

4.现金折扣政策：买方在10天内付款，按2%给予现金折扣；超过10天但在20天内付款，按1%给予现金折扣，超过20天付款，不能给予现金折扣。

二、质量标准：（ A ）。

A.卖方企业最新制定的产品技术标准　　B.买方企业最新制定的产品技术标准

三、包装标准：（ A ）。

A.卖方企业标准　　B.买方企业标准

四、交货地点及风险转移：（ C ），卖方在交货地点交货后风险转移至买方。

A.卖方仓库　　B.到站（港）　　C.目的地：买方仓库

五、运输方式及费用承担：

（一）铁路、（水）运：到达站（港）前的运杂费由（ A ）；

A.卖方承担　　B.买方承担

到达站（港）后的运杂费（含站港费）由（ B ）；

A.卖方承担　　　　B.买方承担

（二）汽车运输：运杂费由（ A ）。

A.卖方承担　　　　B.买方承担

补充说明事项：

……

图 5-12　现金折扣销售合同

注：完整合同扫码获取。

043040002023　　广东增值税专用发票　　No 30195082

发票联

开票日期：2023/01/10

购买方　名称：山东雅优科技有限公司
纳税人识别号：91371600780792187W
地址、电话：山东省博兴县工业园0543-2261485
开户行及账号：中国农业银行博兴支行营业部6227032854

密码区　03-0/7111627866--223*33*05+7->6989<8<2-3342>2755*698<0-1>4<<2272/608287577+99-19/6*388549*37*01659503<7*--225+3

货物或应税劳务、服务名称	规格型号	单位	数量	单价	金额	税率	税额
*纸制品*颜B纸	55*787	吨	276.27	5,646.52	155,996,4.08	13%	202,795.33
合计					¥155,996,4.08		¥202,795.33

价税合计（大写）　⊗壹佰柒拾陆万贰仟柒佰伍拾玖元肆角壹分　（小写）¥176,275,9.41

销售方　名称：珠江纸业股份有限公司
纳税人识别号：91441900MA3CCA2C89
地址、电话：广东省东莞广麻大道258号0769-8882185
开户行及账号：中国工商银行东莞市长安支行1901322412

备注

收款人：唐伯瑞　　复核：柳淑婷　　开票人：廖峰　　销售方：（章）

第三联：发票联　购买方记账凭证

图 5-13　增值税专用发票

ICBC　中国工商银行　业务回单（收款）　凭证

日期：2023年01月14日　　回单编号：645927595

收款人户名：珠江纸业股份有限公司　　收款人开户行：中国工商银行东莞市长安支行

收款人账号：1901322412455631285

付款人户名：山东雅优科技有限公司　　付款人开户行：中国农业银行博兴支行营业部

付款人账号：62270328542172145

金额合计（大写）：壹佰柒拾贰万柒仟伍佰零肆元贰角贰分　　小写：1727504.22

业务（产品）种类：网银互联　　凭证种类：1597341　　凭证号码：854502899164

摘要：货款　　用途：无　　币种：人民币

交易机构：0190010180　　记账柜员：00132　　交易代码：52139　　渠道：网上银行

附言：无

支付交易序号：34827941　　报文种类：小额客户发起普通贷记　　委托日期：2023-01-14 00:00

业务类型（种类）：　　指令编号：HQP50486266　　提交人：

最终授权人：无

本回单为第一次打印，注意重复　　打印日期：2023-01-14　　打印柜员：10　　验证码：500K5XFPAL58

图 5-14　银行收款回单

3. 业财分析

涉及现金折扣时，企业应按照可变对价的最佳估计数确认收入金额。假如公司认为按照最可能发生金额能够更好地预测其获取的对价金额，预计客户10天内付款的概率为90%，享受2%的现金折扣，因此，根据销售增值税专用发票上记载的颜B纸含税收入1,762,759.41元，优惠2%，计算含税收入最佳估计数1,727,504.22元，计入应收尚未收的金额，借记“应收账款——山东雅优科技有限公司”；销售时发生纳税义务应缴纳的增值税202,795.33元，贷记“应交税费——应交增值税（销项税额）”；所得不含税收入1,524,708.89元，贷记“主营业务收入——颜B纸”。

风险控制

企业在实施现金折扣政策时，应当高度重视并有效控制由此产生的风险。具体而言：

1. 现金折扣可能减少实际收到的款项，影响现金流，企业应通过合同条款设定合理的现金折扣条件，以及实施有效的应收账款管理策略，如激励客户在折扣期限内付款以加速资金回笼；

2. 企业需防范因现金折扣设计不合理或执行不当，导致实际收款金额与预期存在显著差异，进而影响销售收入的确认、成本效益分析及盈利评估的准确性，企业应建立基于历史数据和市场分析的预估模型，以及定期复核和调整预估结果以提高准确性；

3. 由于税法对现金折扣的处理有特定要求，不当的税务处理可能导致被罚款，企业应确保所有交易符合税法规定。

三、任务实施

1. 单据审核

账务处理的核心单据为现金折扣销售合同、增值税发票与银行收款回单，审核要点前面已作说明。

2. 现金折扣销售的账务处理

2023年1月10日，根据审核无误的单据，进行账务处理如下：

借：应收账款——山东雅优科技有限公司	1,727,504.22	
贷：主营业务收入——颜B纸		1,524,708.89
应交税费——应交增值税（销项税额）		202,795.33

2023年1月14日，收到货款时：

借：银行存款	1,727,504.22	
贷：应收账款——山东雅优科技有限公司		1,727,504.22

3. 对会计科目的影响

本业务对于第一季度企业会计科目的影响如表5-11所示。

表 5-11　现金折扣业务相关科目发生额及余额表　单位：元

科目名称	期初余额		本期发生额		期末余额	
	借方	贷方	借方	贷方	借方	贷方
银行存款	2,206,569,649.13		1,727,504.22		2,208,297,153.35	
应收账款	143,186,616.96		1,727,504.22	1,727,504.22	143,186,616.96	
应交税费		42,401,226.90		202,795.33		42,604,022.23
主营业务收入		7,042,369.00		1,524,708.89		8,567,077.89

任务拓展

（1）假设山东雅优科技有限公司实际于1月23日支付货款，按照折扣条件只能享受1%的折扣，应补计主营业务收入，账务处理如下：

1月23日，收到货款

借：银行存款　1,745,131.82

　贷：应收账款——山东雅优科技有限公司　1,727,504.22

　　主营业务收入——颜B纸　17,627.59

（2）假设山东雅优科技有限公司实际于2月3日支付货款，按照折扣条件不能享受折扣，应补计主营业务收入，账务处理如下：

借：银行存款　1,762,759.41

　贷：应收账款——山东雅优科技有限公司　1,727,504.22

　　主营业务收入——颜B纸　35,255.19

子任务 3　销售折让

任务导入

【场景 5-7】2023年1月22日，公司处理重庆市优优贸易有限公司的客户投诉，针对1月出售的胶版纸存在拉毛、掉毛、掉粉等质量问题，公司同意给对方价格折让，折让金额统一计入下一批销售货物中。2月4日，双方签订购销合同，销售一批胶版纸，不含税金额为1,479,768.49元，增值税为192,369.90元，折让金额为30,000元，税额3,900元。2月13日，发出货物并开具增值税专用发票。3月12日，收到货款。

上述场景原始单据有客诉责任认定书、销售合同、产品出库单、增值税专用发票、银行收款回单等。

业务发生时，相关科目期初余额如表5-12所示。

表 5-12 销售折让业务相关科目期初余额表 单位：元

科目名称	期初余额	
	借方	贷方
银行存款	2,208,297,153.35	
应收账款	143,186,616.96	
应交税费		42,604,022.23
主营业务收入		8,567,077.89

认知识别

1. 销售折让

销售折让是指企业因售出商品质量不符合要求等原因而在售价上给予的折让。

2. 销售折让的核算

销售折让如发生在确认销售收入之前，则应在确认销售收入时直接按扣除销售折让后的金额确认；已确认销售收入的售出商品发生销售折让，且不属于资产负债表日后事项的，应在发生时冲减当期销售商品收入，如按规定允许扣减增值税税额的，还应冲减已确认的应交增值税销项税额。

分析研判

1. 业务流程

该场景的业务流程与【场景 5-5】一致。

2. 场景核心单据

该场景的核心单据有客诉责任认定书、增值税专用发票、银行收款回单，如表5-13、图5-15、图5-16所示。

表 5-13 客诉责任认定书 编号：20230222

客户	重庆市优优贸易有限公司	投诉人	李丽	联系电话	13958798452
产品名称	胶版纸	退货数量		退货日期	
责任原因	客户投诉进行退货处理：在此生产送货期间纸张出现拉毛、掉毛、掉粉等质量问题。				
质量管理中心	品质确认：				
	确实存在出现拉毛、掉毛、掉粉等质量问题				
	负责人：	卢思云	日期	2023年1月22日	
生产管理	原因分析：				
	该批办公用纸可能是由于油墨的流变性、黏度、黏着性等因素影响纸张的拉毛、掉粉情况。				
	负责人：	李立新	日期	2023年1月22日	
财务部	损失核算：				
	赔偿重庆市优优贸易有限公司33,900元。				
	整改措施：				
	此产品问题属于生产部门责任，请生产部、技术部负责人根据此情况给出相应整改措施。				
	负责人：	柳淑婷	日期	2023年1月22日	
营销部	意见：				
	同意				
	签名：	覃乐凡	日期	2023年1月22日	

043040003652　　广东增值税专用发票　　No 25310168

发票联

开票日期：2023/02/13

购买方	名　　称：重庆市优优贸易有限公司 纳税人识别号：917858652580230564 地 址 、 电 话：重庆市永川区兴龙大道688号023-878796! 开户行及账号：中国工商银行兴龙支行190756858495620	密码区	03-0/71111627866—223*33*05+ 7->6989<8<2-3342>2755*698<0- 1>4<<2272/608287577+99-19/6*388549*37*01659503<7*—225+3

货物或应税劳务、服务名称	规格型号	单位	数量	单价	金额	税率	税额
*纸制品*胶版纸	70*845	吨	269.56	5,489.57	147,976,8.49	13%	192,369.9
*纸制品*胶版纸			0	0	-30000	13%	-3900
合计					￥144,976,8.49		￥188,469.90
价税合计（大写）	⊗壹佰陆拾叁万捌仟贰佰叁拾捌元叁角玖分				（小写）￥163,823,8.39		

销售方	名　　称：珠江纸业股份有限公司 纳税人识别号：91441900MA3CCA2C89 地 址 、 电 话：广东省东莞广麻大道258号0769-8882185 开户行及账号：中国工商银行东莞市长安支行1901322412	备注	

收款人：唐伯瑞　　复核：柳淑婷　　开票人：廖峰　　销售方：（章）

图 5-15　增值税专用发票

ICBC 中国工商银行　业务回单收款　凭证

日期：2023年03月12日　　回单编号：305891554

收款人户名：珠江纸业股份有限公司　　**收款人开户行：**中国工商银行东莞市长安支行

收款人账号：1901322412455631285

付款人户名：重庆市优优贸易有限公司　　**付款人开户行：**中国工商银行兴龙支行

付款人账号：19075685849562002334

金额合计（大写）：壹佰陆拾叁万捌仟贰佰叁拾捌元叁角玖分　　**小写：**1638238.39

业务（产品）种类：网银互联　　**凭证种类：**1544693　　**凭证号码：**7317676666376

摘要：货款　　**用途：**无　　**币种：**人民币

交易机构：0190010180　**记账柜员：**00132　　**交易代码：**52139　　**渠道：**网上银行

附言：无

支付交易序号：11571695　　**报文种类：**小额客户发起普通贷　**委托日期：**2023-03-12 00:00

业务类型（种类）：　　**指令编号：**HQP42189900　**提交人：**

最终授权人：无

本回单为第一次打印，注意重复　**打印日期：**2023-03-12　**打印柜员：**10　　**验证码：**854R4NQIAL17

图 5-16　银行收款回单

3. 业财分析

2月13日，公司销售货物给予对方销售折让，销售胶版纸不含税价款扣除销售折让后的金额1,449,768.49元，计入“主营业务收入”；销售时发生的增值税188,469.90元，为发生纳税义务应缴纳的增值税，使得“应交税费”增加；含税货款1,638,238.39元尚未收到，计入“应收账款”。3月12日，收到货款时，使得“银行存款”增加，“应收账款”减少。

风险控制 企业在销售业务中执行销售折让政策时，需警惕因销售折让策略造成利润侵蚀、价格体系混乱或者财务信息失真等风险。为了控制这一风险，销售方应建立严格的销售折让审批流程和预估机制，确保折让的合理性和预估的准确性。同时，不当的销售折让处理可能损害客户关系，影响客户的满意度和忠诚度。为了控制这一风险，销售方应与客户保持透明和及时的沟通，确保折让政策的公平性和一致性，同时提供优质的客户服务，以维护良好的客户关系。

三 任务实施

1. 单据审核

账务处理的核心单据为客诉责任认定书、增值税专用发票与银行收款回单，审核要点前面已作说明。

2. 销售折让业务的账务处理

2023年2月13日，根据审核无误的单据，进行账务处理如下：

借：应收账款——重庆市优优贸易有限公司　　1,638,238.39

　　贷：主营业务收入——胶版纸　　1,449,768.49

　　　　应交税费——应交增值税（销项税额）　　188,469.90

2023年3月12日，收到货款时：

借：银行存款　　1,638,238.39

　　贷：应收账款——重庆市优优贸易有限公司　　1,638,238.39

3. 对会计科目的影响

本业务对于第一季度企业会计科目的影响如表5-14所示。

表5-14　商业折让业务相关科目发生额及余额表　　单位：元

科目名称	期初余额		本期发生额		期末余额	
	借方	贷方	借方	贷方	借方	贷方
银行存款	2,208,297,153.35		1,638,238.39		2,209,935,391.74	
应收账款	143,186,616.96		1,638,238.39	1,638,238.39	143,186,616.96	
应交税费		42,604,022.23		188,469.90		42,792,492.13
主营业务收入		8,567,077.89		1,449,768.49		10,016,846.38

子任务4 销售退回

任务导入

【场景5-8】2023年3月2日，公司与红星文化发展（上海）股份有限公司签订购销合同，销售办公用纸91.37吨，不含税金额540,091.72元，增值税税额70,211.92元。3月7日发出货物，并开具增值税专用发票。3月20日收到客户投诉，因纸张有质量问题要求退回办公用纸20吨，经审批，同意客户退货。3月22日收到退回货物。3月27日开具增值税红字发票。3月28日收到未退回货物对应的款项。

上述场景原始单据有销售合同、产品出库单、增值税专用发票、客诉责任认定书、退回产品入库单、销售红字增值税专用发票、银行收款回单等。

业务发生时，相关科目期初余额如表5-15所示。

表5-15 销售退回业务相关科目期初余额表 单位：元

科目名称	期末余额	
	借方	贷方
银行存款	2,209,935,391.74	
应收账款	143,186,616.96	
应交税费		42,792,492.13
主营业务收入		10,016,846.38

认知识别

1. 销售退回

销售退回是指企业售出的商品由于质量、品种不符合要求等而发生的退货，既包括本年度销售后的商品在年度结束前退回，也包括以前年度销售后的商品在本年度退回。

2. 销售退回的核算

对于销售退回，企业应分别按以下不同情况进行账务处理。

（1）对于未确认收入的售出商品发生销售退回的，企业应按已计入“发出商品”科目的商品成本金额，借记“库存商品”科目，贷记“发出商品”科目。编制会计分录如下：

借：库存商品

　　贷：发出商品

（2）对于已确认收入的售出商品发生退回的，企业应在发生时冲减当期销售商品收入，同时冲减当期销售商品成本。如果当月有与退回商品相同的商品在销售，则应冲减同种商品的销售收入和销售成本；如果当月没有该种商品销售，则以退回商品的金额冲减其他商品的销售收入和销售成本。如该项销售退回允许扣减增值税税额，应同时调整“应交税费——应交增值税（销项税额）”科目的相应金额。销售退回通常需要开具红字增值税发票，以冲减原销售发票的销售额和增值税额。

编制会计分录如下：

借：主营业务收入

　　应交税费——应交增值税（销项税额）

　　贷：银行存款

（3）已确认收入的售出商品发生的销售退回属于资产负债表日后事项的，应当按照有关资产负债表日后事项的相关规定进行会计处理。

分析研判

1. 业务流程

该场景的业务流程与【场景5-5】一致。

2. 场景核心单据

该场景的核心单据包括增值税专用发票、产品出库单、客诉责任认定书、退回产品入库单、销售红字增值税专用发票与银行收款回单，如图5-17、图5-18、图5-19，表5-16、表5-17、表5-18所示。

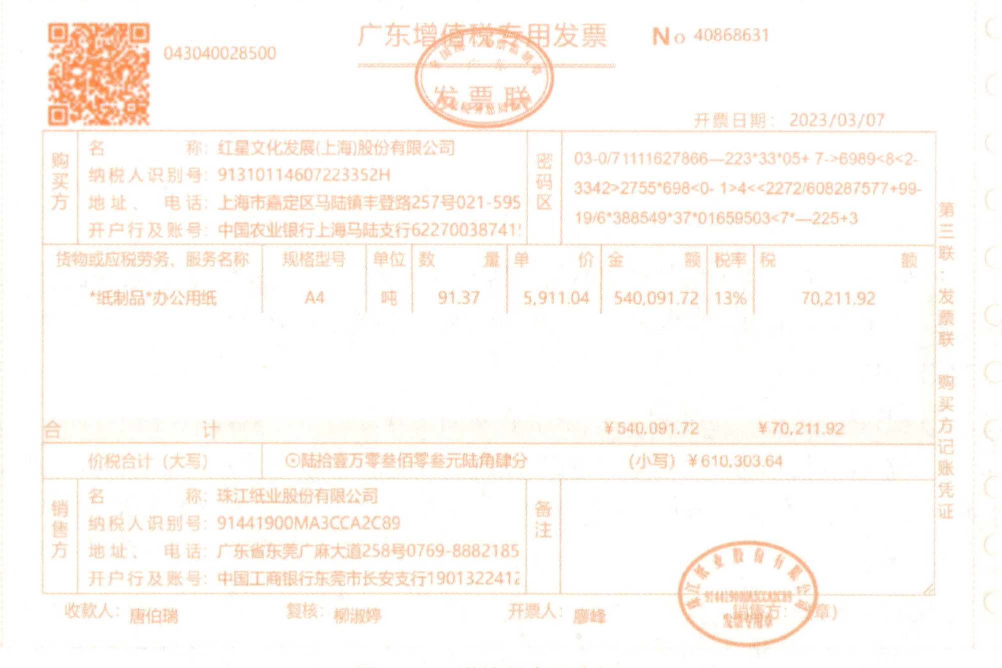
广东增值税专用发票　No 40868631

043040028500

发票联

开票日期：2023/03/07

购买方	名称：红星文化发展(上海)股份有限公司 纳税人识别号：91310114607223352H 地址、电话：上海市嘉定区马陆镇丰登路257号021-595 开户行及账号：中国农业银行上海马陆支行62270038741			密码区	03-0/71111627866—223*33*05+ 7->6989<8<2-3342>2755*698<0- 1>4<<2272/608287577+99-19/6*388549*37*01659503<7*—225+3		
货物或应税劳务、服务名称	规格型号	单位	数量	单价	金额	税率	税额
*纸制品*办公用纸	A4	吨	91.37	5,911.04	540,091.72	13%	70,211.92
合计					¥540,091.72		¥70,211.92
价税合计（大写）	⊙陆拾壹万零叁佰零叁元陆角肆分				（小写）¥610,303.64		
销售方	名称：珠江纸业股份有限公司 纳税人识别号：91441900MA3CCA2C89 地址、电话：广东省东莞广麻大道258号0769-8882185 开户行及账号：中国工商银行东莞市长安支行1901322412			备注			

收款人：唐伯瑞　复核：柳淑婷　开票人：廖峰　销售方：（章）

第三联：发票联　购买方记账凭证

图5-17　增值税专用发票

表 5-16　产品出库单

编号：FHBM2023030310

发货单位：红星文化发展（上海）股份有限公司　　日期：2023 年 3 月 7 日

品名	规格型号	单位	数量	等级	备注
办公用纸	A4	吨	91.37	一级	

承运人：张文　　发货人：马舞倚

珠江纸业股份有限公司 发货章

表 5-17　客诉责任认定书　　编号：20231224

客户	红星文化发展（上海）股份有限公司	投诉人	周佩佩	联系电话	13945663699
产品名称	办公用纸	退货数量	20	退货日期	2023 年 3 月 20 日
责任原因	客户投诉进行退货处理：在此生产送货期间由于贵公司产品色泽不一、耐折度差等质量问题，退货情况不断发生。				
质量管理中心	品质确认：				
	红星文化退回的办公用纸确实存在色泽不一、耐折度差的问题。				
	负责人：	卢思云	日期	2023 年 3 月 20 日	
生产管理	原因分析：				
	该批办公用纸可能是由于保存期间湿度不一，导致生产出来的产品质量不一。				
	负责人：	李立新	日期	2023 年 3 月 22 日	
财务部	损失核算：				
	全额退款金额为 133,589.5 元，20 吨办公用纸全部退回。				
	整改措施：				
	此产品问题属于生产部门责任，请生产部、技术部负责人根据此情况给出相应整改措施。				
	负责人：	柳淑婷	日期	2023 年 3 月 22 日	
营销部	意见：				
	同意				
	签名：	覃乐凡	日期	2023 年 3 月 22 日	

表 5-18　珠江纸业股份有限公司入库单

日期：2023 年 3 月 26 日　　编号：HXZY202303024

产品名称	规格	单位	购入数量	入库数量	实际单价	实际金额（不含税）
办公用纸		吨		20	5,538.97	110,779.40
合计				20		110,779.40

采购员：卢宛玲　　保管员：张文　　验收员：赵青

广东增值税专用发票　　No 408698647

043040028500

发票联

开票日期：2023/03/27

购买方	名　　称：红星文化发展(上海)股份有限公司 纳税人识别号：91310114607223352H 地址、电话：上海市嘉定区马陆镇丰登路257号021-595 开户行及账号：中国农业银行上海马陆支行62270038741!	密码区	03-0/71111627866—223*33*05+ 7->6989<8<2-3342>2755*698<0- 1>4<<2272/608287577+99-19/6*388549*37*01659503<7*—225+3

货物或应税劳务、服务名称	规格型号	单位	数量	单价	金额	税率	税额
*纸制品*办公用纸	A4	吨	-20	5,911.04	-118,220.8	13%	-153,68.7
合计					¥-118,220.80		¥-153,68.70
价税合计（大写）	⊗（负数）壹拾叁万叁仟伍佰捌拾玖元伍角				（小写）¥-133,589.50		

销售方	名　　称：珠江纸业股份有限公司 纳税人识别号：91441900MA3CCA2C89 地址、电话：广东省东莞广麻大道258号0769-8882185 开户行及账号：中国工商银行东莞市长安支行1901322412	备注	开具红字增值税专业发票信息表编号5301910811001022

收款人：唐伯瑞　　复核：柳淑婷　　开票人：廖峰　　销售方：（章）

第三联：发票联　购买方记账凭证

图5-18　销售红字增值税专用发票

ICBC 中国工商银行　业务回单 收款　凭证

日期：2023年03月28日　　回单编号：847591790

收款人户名：珠江纸业股份有限公司　　收款人开户行：中国工商银行东莞市长安支行

收款人账号：1901322412455631285

付款人户名：红星文化发展(上海)股份有限公司　　付款人开户行：中国农业银行上海马陆支行

付款人账号：62270038741568726

金额合计（大写）：肆拾柒万陆仟柒佰壹拾肆元壹角肆分　　小写：476714.14

业务（产品）种类：网银互联　　凭证种类：8990751　　凭证号码：7212829205844

摘要：货款　　用途：无　　币种：人民币

交易机构：0190010180　记账柜员：00132　交易代码：52139　渠道：网上银行

附言：无

支付交易序号：66281807　　报文种类：小额客户发起普通贷委托日期：

业务类型（种类）：　　指令编号：HQP639540138　提交人：

最终授权人：无

本回单为第一次打印，注意重复　打印日期：2023-03-30　打印柜员：10　验证码：694R9OEORM2

图5-19　银行收款回单

3. 业财分析

该业务属于已确认收入的销售商品发生退货。3月7日，销售商品时，不含税价款540,091.72元，确认为公司的“主营业务收入”，根据适用的增值税率计算出销项税额70,211.92元，为销售货物应缴纳的增值税，使得“应交税费”增加，同时根据尚未收回的价税合计金额增加“应收账款”；3月27日，发生退货，退回不含税收入118,220.80元，冲减“主营业务收入”，同时冲减应缴纳的增值税销项税额15,368.70元，使得“应交税费”减少，因退货应收客户款减少133,589.50元，冲减“应收账款”。3月28日，收到客户支付的余款476,714.14元，使得“银行存款”增加，“应收账款”减少。

风险控制 销售退回会造成收入被冲减、库存积压、客户满意度下降等风险，进而影响销售收入的准确确认、成本效益的合理分析及盈利状况的真实评估。企业需要建立严格的销售退回审批流程，确保退回的合理性；加强存货的追踪和监控，确保退回的商品能够及时入库并得到妥善处理；与客户保持透明和及时沟通。同时，企业应确保所有销售退回的处理应符合税法规定，包括正确开具发票和纳税申报。

任务实施

1. 单据审核

账务处理的核心单据为增值税专用发票、产品出库单、客诉责任认定书、退回产品入库单、销售红字增值税专用发票与银行收款回单，审核要点前面已作说明。

2. 销售退回的账务处理

2023年3月7日，根据审核无误的单据，进行账务处理如下：

借：应收账款——红星文化发展（上海）股份有限公司	610,303.64	
贷：主营业务收入——A4办公用纸		540,091.72
应交税费——应交增值税（销项税额）		70,211.92

2023年3月27日，发生销售退回时：

借：主营业务收入——A4办公用纸	118,220.80	
应交税费——应交增值税（销项税额）	15,368.70	
贷：应收账款——红星文化发展（上海）股份有限公司		133,589.50

2023年3月28日，收到货款时：

借：银行存款	476,714.14	
贷：应收账款——红星文化发展（上海）股份有限公司		476,714.14

3. 对会计科目的影响

本业务对于第一季度企业会计科目的影响如表5-19所示。

表 5-19 商业退回业务相关科目发生额 单位：元

科目名称	期初余额		本期发生额		期末余额	
	借方	贷方	借方	贷方	借方	贷方
银行存款	2,209,935,391.74		476,714.14		2,210,412,105.88	
应收账款	143,186,616.96		476,714.14	476,714.14	143,186,616.96	
应交税费		42,792,492.13	15,368.70	70,211.92		42,847,335.35
主营业务收入		10,016,846.38	118,220.80	540,091.72		10,438,717.30

任务拓展

假设公司在2023年3月7日确认收入的同时结转了销售成本，如下：

借：主营业务成本——A4办公用纸　507,267.05

　贷：库存商品——A4办公用纸　507,267.05

那么，2023年3月27日，在冲减主营业务收入的同时，还需要冲减主营业务成本，如下：

借：库存商品——A4办公用纸　111,035.80

　贷：主营业务成本——A4办公用纸　111,035.80

项目总结

1. 销售业务对企业会计科目影响汇总

本项目所有业务对企业会计科目的影响汇总如表5-20所示。

表 5-20 销售业务相关科目发生额及余额表 单位：元

科目名称	期初余额		本期发生额		期末余额	
	借方	贷方	借方	贷方	借方	贷方
银行存款	2,198,611,772.16		11,800,333.72		2,210,412,105.88	
应收账款	143,186,616.96		11,800,333.72	11,800,333.72	143,186,616.96	
应交税费		41,485,718.93	15,368.70	1,376,985.12		42,847,335.35
主营业务收入			118,220.80	10,556,938.10		10,438,717.30
库存商品	365,602,089.85			44,584,434.64	321,017,655.21	
主营业务成本			44,584,434.64		44,584,434.64	

2. 对会计报表项目影响汇总

本项目对第一季度公司会计报表项目影响如表5-21、表5-22所示。

表 5-21　资产负债表（受销售业务影响部分）　单位：元

资产负债表（部分）			
资产	期末余额	负债和所有者权益	期末余额
货币资金	11,800,333.72	应交税费	+1,361,616.42
应收账款	0	盈余公积	-3,414,571.73
存货	-44,584,434.64	未分配利润	-30,731,145.61
合计	-32,784,100.92	合计	-32,784,100.92

表 5-22　利润表（受销售业务影响部分）　单位：元

利润表（部分）	
项目	本期金额
主营业务收入	+10,438,717.30
主营业务成本	-44,584,434.64

3. 涉及账务处理汇总

销售收入、销售成本、销售结算等销售业务的核算，账务处理如表 5-23 所示。

表 5-23　销售业务相关账务处理

项目	业务类型	账务处理
销售业务	销售收入	借：银行存款（或应收账款、应收票据） 　贷：主营业务收入 　　应交税费——应交增值税（销项税额）
	结转成本	借：主营业务成本 　贷：库存商品
	销售结算	借：银行存款（应收票据） 　贷：应收账款

项目 6　投资业务核算

学习目标

知识目标

1. 了解投资业务流程及其资金运动；
2. 熟悉投资业务的类型和特点；
3. 掌握固定资产、无形资产、交易性金融资产、长期股权投资等业务核算方法。

技能目标

1. 能认知投资活动业务流和数据流；
2. 能对固定资产、无形资产、交易性金融资产、长期股权投资等相关经济业务进行账务处理。

素质目标

1. 坚持价值投资理念，树立关注投资项目长期价值增长的潜力意识；
2. 具备较强市场敏感度与判断力以及参与投资决策的意识；
3. 树立密切关注市场动态和行业发展趋势，及时捕捉投资机会和规避潜在风险的意识。

投资，是企业为获取未来收益而向一定对象投放资金的经济行为。投资是资本运作的关键环节，是企业发展的重要内驱力。通过投资，管理企业的有形与无形资产，以实现资本的最大限度增值；通过投资，实现生产设备的更新、市场渠道的拓展以及营销手段的创新，从而增强企业的竞争力，提升市场占有率；通过投资，充分利用闲置资金，提高资金报酬率；通过投资，不断扩大企业规模，拓展业务范围，推动企业集团化发展等。

【场景6-1】投资按照内容不同，分为固定资产投资、无形资产投资、证券投资等。以建造固定资产为例，财税流表现为：第一步，项目申请。明确项目名称、投资规模、投资来源、项目建设周期等信息。第二步，项目审核。投资项目需通过内部审批、行业主管部门审核及投资方审查，确认资金来源并提交项目可行性报告。第三步，确认投资项目可行后，提交项目立项申请材料。第四步，招标采购。对工程施工和材料采购等进行公开招标，并按照招标结果进行合同签订和资金支付。第五步，施工建设。编制工程完工程度测算表，经工程管理人员及负责人签章后支付工程进度款。第六步，交付验收。工程竣工由施工单位出具竣工报告，经工程监管专业部门、基建生产技术管理部门、财产和财务管理部门组织对工程质量进行鉴定，对固定资产工程进行全面验收，并出具验收报告；第七步，审核工程决算书，结清工程款项，由企业财产管理部门开具固定资产验收单交财务部门据以记账。投资业务中业务流、数据流、财税流、知识流的融合如图 6–1 所示。

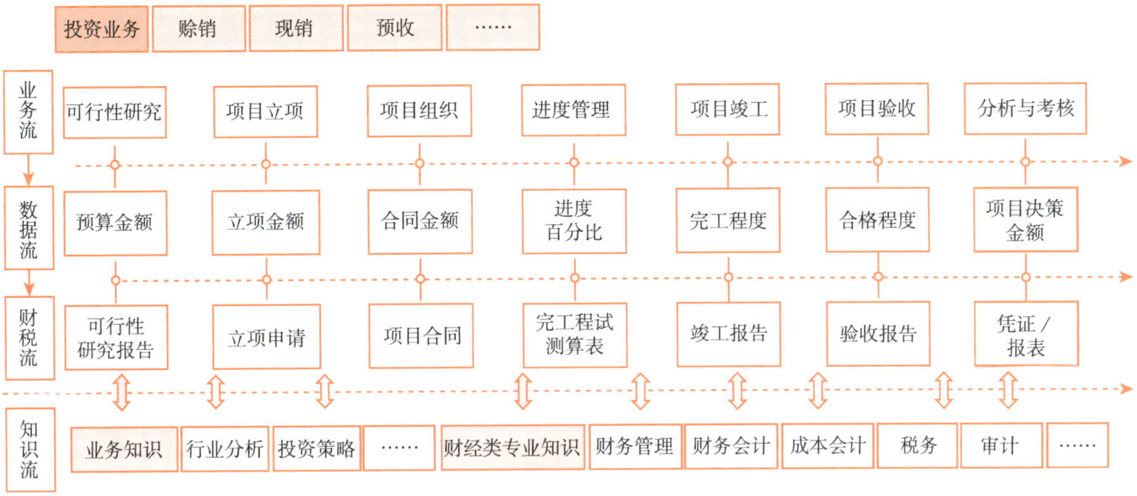

图 6–1　四流融合——投资

认知识别

1. 投资方式

（1）直接投资。

直接投资是将资金直接投放于形成生产经营能力的实体性资产，直接谋取经营利润。如公司建造厂房、购买生产线等投资行为或投资设立子公司、合营企业、联营企业等。

（2）间接投资。

间接投资是指将资金用来购买股票、债券等资产，定期收入股息或利息，不参加经营管理。

2. 投资内容

（1）项目投资。

项目投资是指购买具有实质内涵的经营资产。如固定资产投资、无形资产投资等。

（2）证券投资。

证券投资是指购买证券资产，如股票、债券，进行股权投资、债权投资等。

3. 投资流程

一个典型的投资流程通常有以下主要阶段：确定投资目标、评估风险偏好、设定投资期限、进行市场研究、选择投资领域、资产配置、识别投资机会、财务分析、估值分析、制定投资策略、风险管理、税务和法律考虑、构建投资组合、执行交易、监控投资表现、调整投资组合、记录和报告、绩效评估、持续学习和改进、退出策略、后续跟踪等。

分析研判 企业的投资业务会引起资产、负债和权益发生变化，资产折旧（摊销）会增加当期费用，处置资产时会产生收入（利得或损失）。投资业务涉及会计报表项目及会计科目如表6-1所示。

表6-1 与投资业务相关的主要会计报表项目及会计科目

<table>
<tr><th>会计报表</th><th>会计要素</th><th>报表项目</th><th>会计科目</th></tr>
<tr><td rowspan="16">资产负债表</td><td rowspan="13">资产</td><td rowspan="2">货币资金</td><td>银行存款</td></tr>
<tr><td>其他货币资金</td></tr>
<tr><td>交易性金融资产</td><td>交易性金融资产</td></tr>
<tr><td>预付款项</td><td>预付账款</td></tr>
<tr><td>其他应收款</td><td>应收股利</td></tr>
<tr><td>在建工程</td><td>在建工程</td></tr>
<tr><td rowspan="3">固定资产</td><td>固定资产</td></tr>
<tr><td>累计折旧</td></tr>
<tr><td>固定资产清理</td></tr>
<tr><td rowspan="2">无形资产</td><td>无形资产</td></tr>
<tr><td>累计摊销</td></tr>
<tr><td>交易性金融资产</td><td>交易性金融资产</td></tr>
<tr><td>长期股权投资</td><td>长期股权投资</td></tr>
<tr><td rowspan="3">负债</td><td rowspan="3">应交税费</td><td>应交税费——应交增值税（销项税额）</td></tr>
<tr><td>应交税费——应交增值税（进项税额）</td></tr>
<tr><td>应交税费——转让金融商品应交增值税</td></tr>
<tr><td rowspan="6">利润表</td><td>费用</td><td>管理费用</td><td>管理费用</td></tr>
<tr><td rowspan="5">收入
（利得或损失）</td><td>营业外支出</td><td>营业外支出</td></tr>
<tr><td>营业外收入</td><td>营业外收入</td></tr>
<tr><td>投资收益</td><td>投资收益</td></tr>
<tr><td>公允价值变动损益</td><td>公允价值变动损益</td></tr>
<tr><td>资产处置损益</td><td>资产处置损益</td></tr>
</table>

任务1 固定资产

【教学重点】固定资产取得初始计量；固定资产的折旧方法；固定资产业务账务处理。

【教学难点】固定资产业务账务处理。

固定资产是企业的重要资产之一，是制造企业总资产的重要组成部分。固定资产的取得、使用、处置，是固定资产的主要经济业务。加强固定资产管理，对固定资产进行有效利用和维护，有利于提高资产使用效率，降低运营成本。

子任务1 固定资产取得

任务导入

【场景6-2】2022年11月2日，公司召开董事会审议通过关于投资新建APMP节能提质厂房及生产线的议案。12月25日广东立言建设有限公司通过东莞市公共资源交易平台公开报价竞得公司新建厂房建设工程项目。2023年1月1日签订建筑合同，合同价为1,000万元，计划开工日期2023年1月4日，计划竣工日期2023年7月23日。不考虑其他因素下，2023年1月2日预交200万元工程款，剩余款项根据工程进度按月结算，尾款验收完成后支付。

上述场景原始单据有生产线建设工程施工合同、预付工程款银行付款回单等。

业务发生时，相关科目期初余额如表6-2所示。

表6-2 相关科目期初余额表 单位：元

科目名称	期初余额	
	借方	贷方
银行存款	2,210,412,105.88	
预付账款	298,153,785.69	
在建工程	36,468,829.15	
应交税费		42,847,335.35

认知识别

1. 固定资产的概念

固定资产，是指企业为生产产品、提供劳务或经营管理而持有的，且使用寿命超过一个会计年度的有形资产。

2. 固定资产的特征

固定资产必须同时具有以下特征：

（1）企业持有固定资产的目的，是用于生产产品、提供劳务、出租或经营管理，而不是直接用于出售。

（2）企业使用固定资产的期限超过一个会计年度。这一特征表明企业固定资产属于非流动资产，能在1年以上的时间里为企业带来收益。

（3）固定资产具有实物形态。固定资产是企业购置用于生产或者经营的设备、机器、工具、车辆、房屋、土地等实物资产，以实物形式存在。

3. 固定资产的分类

按经济用途不同，固定资产可分为生产经营用固定资产和非生产经营用固定资产。

（1）生产经营用固定资产，是指直接服务于企业生产、经营过程的各种固定资产，如生产经营用的房屋、建筑物、机器、设备、器具、工具等。

（2）非生产经营用固定资产，是指不直接服务于生产、经营过程的各种固定资产，如职工宿舍等使用的房屋、设备和其他固定资产等。

4. 固定资产取得方式

固定资产的取得方式主要有：

（1）外购。如外购机器设备、工具器具等。外购固定资产又分需要安装和不需要安装两种情况。不需要安装的外购固定资产，于验收后直接交付使用。需要安装的外购固定资产，待到安装完成达到预定可使用状态时交付使用。

（2）自行建造。自行建造房屋、建筑物、生产线等。自行建造又分自营和出包。自营是企业自行购买工程用料、自行施工并进行管理；出包是企业通过签订合同，出包给其他单位建造。

除此之外，还可以通过接受投资、接受捐赠、非货币性资产交换、债务重组等方式取得固定资产。

5. 固定资产的初始计量

固定资产应当按照成本进行初始计量。固定资产的成本，是指企业购建某项固定资产达到预定可使用状态前所发生的一切合理的、必要的支出。

（1）外购固定资产。

企业外购的固定资产，应按实际支付的购买价款、相关税费、使固定资产达到预定可使用状态前所发生的可归属于该项资产的运输费、装卸费、安装费和专业人员服务费等，作为固定资产的取得成本。其中，相关税费包括购买方缴纳的进口环节关税、车辆购置税、耕地占用税、契税等，但不包括按照现行增值税制度规定，可以从销项税额中抵扣的增值税进项税额。

（2）建造固定资产。

企业自行建造固定资产，应当按照建造该项资产达到预定可使用状态前所发生的必要支出，作为固定资产的成本。

6. 主要会计科目

（1）在建工程。

企业基建、更新改造等在建工程发生的支出应通过“在建工程”科目进行核算。该科目属于资产类科目，借方登记企业各项在建工程的实际支出，贷方登记完工工程转出的成本，期末余额在借方，反映企业尚未达到预定可使用状态的在建工程成本。本科目可按“建筑工程”“安装工程”“在安装设备”“待摊支出”以及单项工程等进行明细核算。“在建工程”T型账户如图6–2所示。

借方	在建工程	贷方
工程建设支付的各类成本		完工工程结转至固定资产的成本
尚未达到预定可使用状态的工程成本		

图 6-2　“在建工程”T型账户

（2）固定资产。

企业持有的固定资产原始价值应通过“固定资产”科目进行核算。该科目属于资产类科目，借方登记企业增加的固定资产原值，贷方登记企业减少的固定资产原值。期末借方余额，反映企业期末固定资产的原值。该科目可按固定资产类别、使用部门等进行明细核算。“固定资产”T型账户如图6–3所示。

借方	固定资产	贷方
新增固定资产原始价值		处置的固定资产原始价值
结存固定资产的原始价值		

图 6-3　“固定资产”T型账户

分析研判

1. 业务流程

该场景为业务流程中的“项目组织——进度管理——项目竣工”等环节，其必要的前置环节为“可行性研究——项目立项”，后续组织“项目验收”和“分析与考核”。投资业务流程固定资产取得环节如图6–4所示。

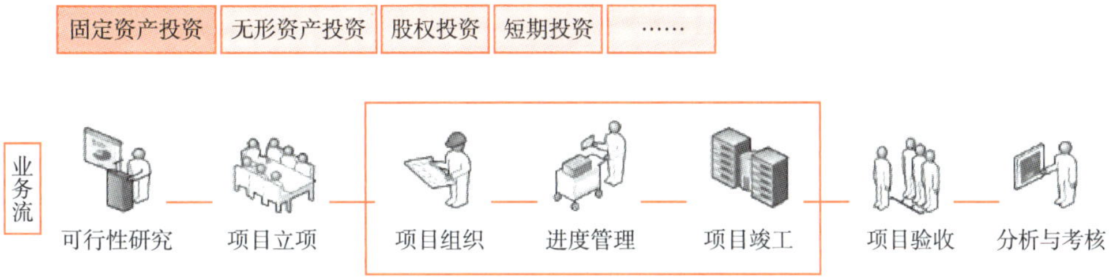

图 6-4　固定资产投资业务流程

该场景投资项目的业务流程为：2023年1月1日签订合同；2023年1月2日预交工程款；计划开工日期2023年1月4日；计划竣工日期2023年7月23日；每月5日支付进度款等。

2. 场景核心单据

该场景的核心单据为生产线建设工程施工合同、增值税专用发票、支付工程款银行付款回单等。从施工合同可以辨析工程总价款、结算方式、工期等；从增值税专用发票可以辨析，企业获取建筑服务的成本、可抵扣的增值税进项税额等；从支付工程款银行回单可以辨析，企业支付的工程款金额。财务人员据此对业务进行核算。该场景的生产线建设工程施工合同如图6–5所示。

合同编号：TZ-20230101001

APMP生产线建设工程　施工合同

项目名称：APMP生产线建设工程

发 包 人：珠江纸业股份有限公司

承 包 人：广东立言建设有限公司

根据《中华人民共和国民法典》《中华人民共和国建筑法》及有关法律规定，遵循平等、自愿、公平和诚实信用的原则，双方就APMP生产线建设工程项目土建工程标段工程施工及有关事项协商一致，共同达成如下协议：

一、工程概况

1.工程名称：APMP生产线建设工程

2.工程地点：东莞市麻涌镇广麻大道F20–4地块

3.工程立项批准文号：粤发改能源〔2023〕228号。

4.资金来源：企业自筹。

二、合同工期

计划开工日期：2023年1月4日

计划竣工日期：2023年7月23日

工期总日历天数：200天。工期总日历天数与根据前述计划开竣工日期计算的工期天数不一致的，以工期总日历天数为准，以开工令为准。

三、质量标准

工程质量符合合格标准。

四、签约合同价与合同价格形式

1.签约合同价为：人民币（大写）壹仟万元整（¥10,000,000.00）工程项目由造纸车间、后加工车间、公用工程、服务性工程四个分项工程组成，采用工程量清单招标确定中标人，合同工期7个月。

合同中有关工程款支付条款如下：

a.开工前发包方向承包方支付合同价（扣除措施项目费用和其他项目费）的20%作为材料预付款。预付款从工程开工后第2~6月均摊抵扣。

b.工程进度款按月结算，发包方按每次承包方应得工程款的90%支付。

c.总价措施项目工程款在开工前与材料预付款同期支付；单价措施项目在开工后第2~6月平均支付。

d.分项工程累计实际工程量增加（或减少）超过计划工程量15%时，其综合单价调整系数为0.95（或1.05）。

e.竣工结算时，业主按总造价的3%扣留工程质量保证金。

f.合同中提到的综合单价包括完成单位工程量人工费、材料费、机械费、管理费和利润。承包商报价管理费率取10%（以人工费、材料费、机械费之和为基数），利润率取7%（以人工费、材料费、机械费和管理费之和为基数）。规费费率和增值税税率合计（简称规税率）为16%（以不含规费、税金的人工材料、机械费、管理费和利润为基数）。

g.服务性工程所用的某种材料采用动态调值公式法结算，该种材料在服务性工程费用中所占比例为60%，基期价格指数为100，施工期间5~7月，服务性工程所用的动态结算材料价格指数依次为105、108、112。

h.当工程进度款支付累计超过合同总价的80%时，发包方有权停止继续支付进度款。最终结算金额应以双方共同认可的独立审计机构出具的审计报告为准。审计报告应对工程项目的实际进度和成本进行核实，同时考虑合同约定的变更或索赔情况。双方应根据审计报告中的结论达成最终结算金额，并在结算完成后按约定时间支付余款。在任何情况下，审计报告的结论将成为最终结算金额的唯一依据，双方应遵守并执行审计报告的结论。

图6–5　生产线施工合同（节选）

注：完整合同扫码获取。

3. 业财分析

公司以出包方式取得固定资产，通过银行转账预付2,000,000元工程款时，使“银行存款”减少，预先支付给承包方的“预付账款”增加。

确认工程完工进度时，表明承包方已按要求完成部分工程，使“在建工程”价值增加；接收建筑服务对应的增值税专用发票，可以在计算应交增值税时进行抵扣，表示“应交税费”减少；使用预付的工程款抵减需要结算的工程款，“预付账款”减少，剩余工程款使用银行转账方式支付，公司的“银行存款”减少。

工程完工达到预定可使用状态时，将“在建工程”结转至“固定资产”。

风险控制　企业采取出包方式建造固定资产，固定资产的价值取决于承包合同规定的工程结算款，如果因更改设计或材料价格上涨等原因需要修改工程结算款的，应当取得充分证据。按照工程进度支付工程款时，应当合理确定工程进度，确保在建工程正确计量。

任务实施

1. 单据审核

账务处理的核心单据为增值税专用发票、银行付款回单，审核要点前面已作说明。

2. 根据审核无误的单据，进行如下账务处理

2023年1月2日，预付2,000,000元工程款：

借：预付账款——广东立言建设有限公司	2,000,000	
贷：银行存款		2,000,000

2023年2月5日，确认工程进度，摊销预付工程款400,000元，假设发包方支付工程款时，不考虑未扣除措施项目费用和其他项目费，按月支付1,000,000元工程款，取得增值税专用发票，注明进项税额115,596.33元。

借：在建工程——生产线	1,284,403.67	
应交税费——应交增值税（进项税额）	115,596.33	
贷：银行存款		1,000,000
预付账款		400,000

2023年3月5日，确认工程进度，摊销预付工程款400,000元，并支付1,000,000元工程款，取得增值税专用发票，注明进项税额115,596.33元。

借：在建工程——生产线	1,284,403.67	
应交税费——应交增值税（进项税额）	115,596.33	
贷：银行存款		1,000,000
预付账款		400,000

3. 对会计科目的影响

本业务对于第一季度企业会计科目的影响如表6-3所示。

表 6-3　　固定资产取得业务科目期初发生额及余额表　　单位：元

科目名称	期初余额		本期发生额		期末余额	
	借方	贷方	借方	贷方	借方	贷方
银行存款	2,210,412,105.88			4,000,000.00	2,206,412,105.88	
预付账款	298,153,785.69		2,000,000.00	800,000.00	299,353,785.69	
在建工程	36,468,829.15		2,568,807.34		39,037,636.49	
应交税费		42,847,335.35	231,192.66			42,616,142.69

任务拓展

（1）4月至6月确认工程状态账务处理与3月5日账务处理相同。

借：在建工程——生产线　　1,284,403.67

　　应交税费——应交增值税（进项税额）　　115,596.33

　　贷：银行存款　　1,000,000

　　　　预付账款　　400,000

（2）7月31日工程达到预定可使用状态时，应当转为固定资产，账务处理如下：

借：固定资产——生产线　　9,174,311.93

　　贷：在建工程——生产线　　9,174,311.93

子任务 2　固定资产折旧

任务导入

【场景 6-3】2023年1月1日，公司的生产机器设备资产原值4,569,927,396.40元，公司采用直线法对固定资产计提折旧，2023年1月计提折旧24,119,061.27元。

上述场景原始单据为固定资产折旧清单。

业务发生前，期初余额数据如表6-4所示。

表 6-4　　相关科目期初余额表　　单位：元

科目名称	期初余额	
	借方	贷方
制造费用		
累计折旧		4,199,871,610.28

认知识别

1. 折旧的概念、影响因素和范围

（1）折旧的概念。

折旧是指在固定资产使用寿命内，按照确定的方法对应计折旧额进行系统分摊的过程。

（2）折旧影响因素。

影响折旧的主要因素有：

A. 固定资产原价，是指固定资产的成本。

B. 预计净残值，是指假定固定资产预计使用寿命已满并处于使用寿命终了时的预期状态，企业目前从该项资产处置中获得的扣除预计处置费用后的金额。

C. 固定资产减值准备，是指固定资产已计提的固定资产减值准备累计金额。

D. 固定资产的使用寿命，是指企业使用固定资产的预计期间，或者该固定资产所能生产产品或提供劳务的数量。

（3）折旧范围。

企业应当对所有固定资产计提折旧，以下情况除外：

A. 已提足折旧仍继续使用的固定资产；

B. 单独计价入账的土地；

C. 提前报废的固定资产；

D. 进入改扩建状态的固定资产。

在确定计提折旧的范围时，还应注意，当月增加的固定资产，当月不计提折旧，从下月起计提折旧；当月减少的固定资产，当月仍计提折旧，从下月起不计提折旧；固定资产提足折旧后，不论能否继续使用，均不再计提折旧；提前报废的固定资产，也不再补提折旧；已达到预定可使用状态但尚未办理竣工决算的固定资产，应当按照估计价值确定其成本，并计提折旧；待办理竣工决算后，再按实际成本调整原来的暂估价值，但不需要调整原已计提的折旧额。

2. 折旧方法

企业应当根据与固定资产有关经济利益的预期消耗方式，合理选择固定资产折旧方法。我国企业可选用的固定资产折旧方法包括年限平均法、工作量法、双倍余额递减法和年数总和法等。

（1）年限平均法。

年限平均法又称直线法，是指将固定资产的应计折旧额均衡地分摊到固定资产预计使用寿命内的一种折旧方法。特点是每期的折旧额均相等。年限平均法的计算公式如下：

$$\text{年折旧额}=\frac{\text{原价}-\text{预计净残值}}{\text{预计使用年限}}=\frac{\text{原价}\times(1-\text{预计残值率})}{\text{预计使用年限}}$$

$$\text{月折旧额}=\frac{\text{年折旧额}}{12}$$

（2）工作量法。

工作量法是指根据实际工作量计算固定资产每期应计提折旧额的一种方法。工作量可以是汽车的总行驶里程，也可以是机器设备的总工作台班、总工作小时等。

工作量法的基本计算公式如下：

单位工作量折旧额=［原价×（1-预计净残值率）］÷预计总工作量

某项固定资产月折旧额=该项固定资产当月工作量×单位工作量折旧额

（3）双倍余额递减法。

双倍余额递减法是指在不考虑固定资产预计净残值的情况下，根据每期期初固定资产原价减去累计折旧后的余额和双倍的直线法折旧率计算固定资产折旧的一种方法。采用双倍余额递减法计提固定资产折旧，一般应在固定资产使用寿命到期前两年内，将固定资产账面净值扣除预计净残值后的余额平均摊销。

双倍余额递减法的计算公式如下：

年折旧率=2÷预计使用年限×100%

年折旧额=（固定资产原价-已计提折旧）×年折旧率

最后两年的折旧额=（固定资产原价-已计提折旧-预计净残值）÷2

（4）年数总和法。

年数总和法是指将固定资产的原价减去预计净残值后的余额，乘以一个逐年递减的分数计算每年的折旧额，这个分数的分子为固定资产尚可使用寿命，分母为固定资产预计使用寿命年数总和。

年数总和法的计算公式如下：

年折旧率=尚可使用年限/预计使用寿命的年数之和×100%

年折旧额=（固定资产原价-预计净残值）×年折旧率

3. 主要会计科目

为核算固定资产计提折旧的情况，需设置“累计折旧”科目核算。该科目属于资产类科目，为“固定资产”的备抵科目，贷方登记企业按期（月）计提的固定资产折旧，借方登记处置固定资产时转出的累计折旧，期末余额在贷方，反映企业固定资产的累计折旧额。该科目可按固定资产的类别或项目进行明细核算。“累计折旧”的T型账户如图6-6所示。

借方	累计折旧 贷方
处置固定资产结转的累计折旧	每期计提的固定资产折旧
	累计计提的固定资产折旧

图6-6 “累计折旧”T型账户

4. 账务处理

固定资产应当按月计提折旧，计提的折旧记入“累计折旧”科目，根据固定资产的用途和受益对象性质，计入相关资产的成本或者当期损益。

企业自行建造固定资产过程中使用的固定资产，其计提的折旧应计入“在建工程”；基本生产车间所使用的固定资产，其计提的折旧应计入“制造费用”；管理部门所使用的固定资产，其计提的折旧应计入“管理费用”；销售部门所使用的固定资产，其计提的折旧应计入“销售费用”；经营租出的固定资产，其计提的折旧应计入“其他业务成本”。企业计提固定资产折旧时，借记“在建工程”“制造费用”“管理费用”“销售费用”“其他业务成本”等科目，贷记“累计折旧”科目。

分析研判

1. 场景核心单据

固定资产折旧业务的核心单据为固定资产折旧明细表。从折旧明细表中可以辨析，本月固定资产计提的折旧额以及折旧费用的归属部门。财务人员据此对固定资产折旧业务进行核算。该场景的折旧明细表如表6-5所示。

表6-5 固定资产折旧明细表——生产设备

购置日期	资产原值（元）	使用部门	折旧年限（年）	开始折旧日期	到期日期	残值率（%）	到期净残值（元）	本月折旧（元）
2022年12月15日	44,580,239.83	生产中心	15	2023年1月15日	2037年12月15日	5.00	2,229,011.99	235,284.60
2022年12月15日	32,717,784.71	生产中心	15	2023年1月15日	2037年12月15日	5.00	1,635,889.24	172,677.20
2022年12月15日	90,000,000.00	生产中心	15	2023年1月15日	2037年12月15日	5.00	4,500,000.00	475,000.00
2022年12月15日	51,942,765.48	生产中心	15	2023年1月15日	2037年12月15日	5.00	2,597,138.27	274,142.37
2012年12月1日	138,558,378.45	生产中心	15	2013年1月1日	2027年12月1日	5.00	6,927,918.92	731,280.33
2014年1月1日	35,561,294.12	生产中心	15	2014年2月1日	2029年1月1日	5.00	1,778,064.71	187,684.61
2021年12月1日	244,120,065.26	生产中心	15	2022年1月1日	2036年12月1日	5.00	12,206,003.26	1,288,411.46
2021年12月1日	557,502,547.09	生产中心	15	2022年1月1日	2036年12月1日	5.00	27,875,127.35	2,942,374.55
2021年12月1日	781,971,644.24	生产中心	15	2022年1月1日	2036年12月1日	5.00	39,098,582.21	4,127,072.57
2021年12月1日	888,322,463.21	生产中心	15	2022年1月1日	2036年12月1日	5.00	44,416,123.16	4,688,368.56
2023年9月15日	85,000,000.00	生产中心	15	2023年10月15日	2038年9月15日	5.00	4,250,000.00	448,611.11
2009年9月28日	345,368,122.41	生产中心	15	2009年10月28日	2024年9月28日	5.00	17,268,406.12	1,822,776.20
2009年9月28日	605,858,952.30	生产中心	15	2009年10月28日	2024年9月28日	5.00	30,292,947.62	3,197,588.91
2022年12月15日	170,000,000.00	生产中心	15	2023年1月15日	2037年12月15日	5.00	8,500,000.00	897,222.22
2012年12月1日	145,000,000.00	生产中心	15	2013年1月1日	2027年12月1日	5.00	7,250,000.00	765,277.78
2009年9月28日	137,458,604.00	生产中心	15	2009年10月28日	2024年9月28日	5.00	6,872,930.20	725,475.97
2021年12月1日	200,000,000.00	生产中心	15	2022年1月1日	2036年12月1日	5.00	10,000,000.00	1,055,555.56
2017年11月28日	6,596,450.00	生产中心	15	2017年12月28日	2032年11月28日	5.00	329,822.50	34,814.60
2017年11月28日	4,000,000.00	生产中心	15	2017年12月28日	2032年11月28日	5.00	200,000.00	21,111.11
2017年11月28日	5,368,085.30	生产中心	15	2017年12月28日	2032年11月28日	5.00	268,404.27	28,331.56

2. 业财分析

2023年1月应计提折旧24,119,061.27元，使固定资产的“累计折旧”增加；生产用厂房、机器设备应负担的折旧，是为公司产品制造而发生的，相关费用属于“制造费用”核算范畴。

风险控制 生产使用的固定资产折旧计入“制造费用”。折旧计算正确与否，会影响产品成本计算，因此，需认真分析影响折旧因素，合理预计固定资产的使用寿命、净残值、工作总量等，选择恰当的折旧方法，客观反映固定资产损耗，且一经确定，不得随意变更。加强固定资产折旧管理，有利于正确核算企业的成本费用。

任务实施

1. 单据审核

账务处理的核心单据为固定资产折旧清单，审核要点如下：

（1）固定资产范围是否完整、准确。是否有不应计提折旧的固定资产进行了折旧计提；是否有应当计提折旧的固定资产未进行折旧；

（2）固定资产使用年限是否合理、是否发生变更。根据会计信息质量的可比性要求，固定资产折旧年限一经确定不得随意变更，如果变更折旧年限，应当有充分的说明；

（3）固定资产残值率是否合理、是否发生变更；

（4）固定资产折旧方法是否选择合理、是否发生变更；

（5）折旧清单中标注的固定资产使用部门是否正确。

2. 固定资产折旧账务处理

2023年1月，根据审核无误的单据，进行如下账务处理：

借：制造费用　　24,119,061.27

　　贷：累计折旧　　24,119,061.27

2023年2月、3月，固定资产折旧核算同上。

3. 对会计科目的影响

本业务对于第一季度企业会计科目的影响如表6-6所示。

表6-6　固定资产折旧业务科目发生额及余额表　　单位：元

科目名称	期初余额		本期发生额		期末余额	
	借方	贷方	借方	贷方	借方	贷方
制造费用			72,357,183.81		72,357,183.81	
累计折旧		4,199,871,610.28		72,357,183.81		4,272,228,794.09

任务拓展

企业在生产经营过程中，可能将不适用或不需用的固定资产对外出售或转让，或因磨损、技术进步等原因对固定资产进行报废，或因遭受自然灾害而对毁损的固定资产进行处理，即固定资产的处置。

固定资产处置，是固定资产的终止确认，包括固定资产的出售、报废、毁损、对外投资、非货币性资产交换、债务重组等。

认知识别 在固定资产处置业务中，涉及的主要会计科目包括固定资产清理和资产处置损益。

1. 固定资产清理

为了反映和监督固定资产处置情况，应设置“固定资产清理”科目核算。该科目属于资产类科目，用来核算企业因出售、报废、毁损、对外投资、非货币性资产交换、债务重组等原因转入清理的固定资产价值以及在清理过程中发生的清理费用和清理收益。该科目借方登记转出的固定资产账面价值、清理过程中应支付的相关税费及其他费用，贷方登记出售固定资产取得的价款、残料价值和变价收入。固定资产清理完成，其借方登记转出的清理净收益，贷方登记转出的清理净损失。清理净损益结转后，“固定资产清理”科目无余额。该科目应按照被清理的固定资产项目设置明细账，进行明细核算。“固定资产清理”T型账户如图6-7所示。

借方　　固定资产清理	贷方
转出的固定资产账面价值 支付的清理费用 转出的清理净收益	转出的固定资产累计折旧 出售固定资产相关收入 转出的清理净损失
期末一般无余额	

图6-7 “固定资产清理”T型账户

2. 资产处置损益

“资产处置损益”科目主要用于核算企业出售、转让固定资产、无形资产、在建工程等非流动资产因各种原因产生的处置利得或损失。该科目属于损益类科目，借方登记出售或转让固定资产、在建工程及无形资产等非流动资产业务产生的净损失，贷方登记出售或转让非流动资产业务产生的净收益。年末，该账户期末余额转入“本年利润”账户。

资产处置一般分为流动资产处置和非流动资产处置两类，流动资产处置就是指处置应收账款、存货等流动性较强的资产，非流动资产处置指处置固定资产、无形资产以及其他非流动资产。“资产处置损益”T型账户如图6-8所示。

借方　　资产处置损益	贷方
发生的资产处置净损失 结转至本年利润的资产处置净收益	发生的资产处置净收益 结转至本年利润的资产处置净损失
期末一般无余额	

图6-8 “资产处置损益”T型账户

分析研判 公司处置固定资产时，根据该固定资产的原值，贷记“固定资产”，已累计提取的折旧，借记“累计折旧”，二者差额为固定资产账面价值，借记“固定资产清理”。

收到固定资产处置收益，贷记“固定资产清理”，收到的增值税销项税额，贷记“应交税费——应交增值税（销项税额）”；清理完成，“固定资产清理”如是借方余额为清理净损失，如是贷方余额为清理净收益，将其借方或贷方余额，结转至“资产处置损益”科目。结转后，“固定资产清理”科目无余额。

账务处理如下：

（1）将固定资产转入清理：

借：固定资产清理

　　累计折旧

　　贷：固定资产

（2）支付清理费用：

借：固定资产清理

　　应交税费——应交增值税（进项税额）

　　贷：银行存款

（3）收到处置收入：

借：银行存款

　　贷：固定资产清理

　　　　应交税费——应交增值税（销项税额）

（4）结转固定资产清理净损失：

借：资产处置损益

　　贷：固定资产清理

或：

结转固定资产清理净收益：

借：固定资产清理

　　贷：资产处置损益

任务2　无形资产

【教学重点】无形资产的确认与计量；无形资产取得账务处理；无形资产摊销账务处理。

【教学难点】无形资产取得账务处理。

随着全球经济的不断发展，企业竞争已经从传统的有形资产竞争转向无形资产竞争。无形资产，如品牌、专利、技术等，已经成为企业核心竞争力的重要组成部分。因此，加强无形资产管理，提升无形资产价值，对于企业在激烈的市场竞争中立于不败之地具有重要意义。

子任务 1 无形资产取得

任务导入

【场景 6-4】2022年9月15日公司中标东莞市自然资源和规划局挂牌出让的国有建设用地使用权一项。该地块位于东莞市麻涌镇广麻大道F20-4号，总面积26,666平方米。2023年1月11日取得非税收入统一票据，票据显示土地出让金150,000,000元，并于当日支付款项。

上述场景原始单据有国有建设用地交地确认书、国有土地出让或转让土地价款缴纳通知单、付款银行回单等。

业务发生前，相关科目期初余额如表6-7所示。

表6-7 相关科目期初余额表

单位：元

科目名称	期初余额	
	借方	贷方
银行存款	2,206,412,105.88	
无形资产	318,935,962.24	

认知识别

1. 无形资产的概念及特征

无形资产是指企业拥有或者控制没有实物形态的可辨认非货币性资产。包括专利权、非专利技术、商标权、著作权、土地使用权、特许权等。

无形资产具有三个主要特征：

（1）不具有实物形态。无形资产是不具有实物形态的非货币性资产，区别固定资产、周转材料等有形资产。

（2）具有可辨认性。无形资产准则规定，资产满足下列条件之一的，成为可辨认性标准：

A.能够从企业分离或者划分出来，并能单独或者与相关合同、资产或负债一起，用于出售、转让、授予许可、租赁或者交换。

B.源自合同性权利或其他法定权利，无论这些权利是否可以从企业或其他权利和义务中转移或者分离。

2. 主要会计科目

企业持有的无形资产成本，应通过“无形资产”科目进行核算。该科目属于资产类科目，借方登记取得无形资产的实际成本，贷方登记出售无形资产转出的无形资产账面余额，期末借方余额，反映企业无形资产的成本。本科目应按无形资产项目设置明细科目，进行明细核算。“无形资产”T型账户如图6-9所示。

借方	无形资产 贷方
新增无形资产的成本	处置的无形资产账面余额
结存的无形资产成本	

图6-9 “无形资产”T型账户

分析研判

1. 业务流程

该场景为外购无形资产，其业务流程与采购原材料等外购资产业务流程类似。

2. 场景核心单据

无形资产取得业务的核心单据为国有建设用地交地确认书、国有土地出让或转让土地价款缴纳通知单等。从非税收入统一票据中可以辨析，企业取得国有土地使用权支付的金额等，财务人员可以据此对无形资产取得业务进行核算。本业务场景的国有建设用地交地确认书、土地价款缴纳通知单如图6-10、图6-11所示。

国有建设用地交地确认书

根据国有建设用地使用权出让合同，珠江纸业股份有限公司取得了宗地编号F20-4的国有建设用地使用权，广东省东莞市自然资源局于已将该宗地实际交付给珠江纸业股份有限公司，珠江纸业股份有限公司同意接受本确认书一式两份，珠江纸业股份有限公司执壹份，广东省东莞市自然资源局执壹份。

特此确认

交地方：东莞市自然资源局

受让方：珠江纸业股份有限公司

签收人：何宇阳　　　　签收日期：2023年1月11日

注：若无电子监管号，则为合同号。

图6-10 交地确认书

国有土地出让或转让土地价款缴纳通知单

珠江纸业股份有限公司

经市政府批准，你单位于10/1/2022通过招拍挂受让（竞得）位于东莞市****地块出让面积：26,666m²,国有土地使用权,【国土局签批单编号：20220017CRXQ】现对该宗地的缴款金额和缴款期限通知如下：

1.缴款金额15,000万元，其中：

（1）地价款	15,000万元	（备注：已缴定金金额　3,000.00万元）
（2）城市基础设施配套费	配套费按新政策征收	

2.缴款时限：按合同约定时间缴清相应土地价款，逾期未付清土地价款的，按合同约定处理。

联系人：陈红萍

联系电话：84529217

2022年12月5日

图6-11 国有土地出让或转让土地价款缴纳通知单

3. 业财分析

公司取得的土地使用权初始成本为150,000,000元，符合无形资产确认条件，增加公司“无形资产”；使用银行转账方式支付土地价款，使得“银行存款”减少。

风险控制 无形资产由于没有实物形态，对无形资产的确认和计量比其他有形资产更复杂，必须按照《企业会计准则——无形资产》规定的确认条件进行确认，并进行可靠计量。要建立严格的交付使用验收制度，明确无形资产的权属关系，并及时办理产权登记手续。

任务实施

1. 单据审核

（1）账务处理的核心单据为国有土地出让或转让土地价款缴纳通知单，审核要点如下：

（2）审核土地出让合同的条款与土地价款缴纳通知单上的信息一致，包括土地位置、面积、用途、出让金额等；

检查政府部门为企业出具的缴款金额、费用明细、缴费情况计算等信息与土地出让合同条款是否一致。

2. 无形资产取得的账务处理

2023年1月11日，根据审核无误的单据，进行如下账务处理：

借：无形资产——土地使用权　　150,000,000

　贷：银行存款　　150,000,000

3. 对会计科目的影响

本业务对于第一季度企业会计科目的影响如表6-8所示。

表6-8　无形资产取得业务科目发生额及余额表　单位：元

科目名称	期初余额		本期发生额		期末余额	
	借方	贷方	借方	贷方	借方	贷方
银行存款	2,206,412,105.88			150,000,000.00	2,056,412,105.88	
无形资产	318,935,962.24		150,000,000.00		468,935,962.24	

子任务2　无形资产摊销

任务导入

【场景6-5】沿用**【场景6-4】**，土地使用权的使用年限为50年，无残值，采用直线法对该土地使用权进行摊销。该项土地使用权的原值为150,000,000元。2023年1月开始进行摊销。

上述场景原始单据为无形资产摊销计算表。

业务发生前，相关科目期初（1月10日）余额见表6-9。

表6-9 相关科目期初（1月10日）余额表 单位：元

科目名称	期初余额	
	借方	贷方
管理费用		
累计摊销		104,265,830.10

认知识别

1. 摊销期限

企业应当于取得无形资产时分析判断其使用寿命。使用寿命有限的无形资产应当予以摊销。使用寿命不确定的无形资产不应摊销，但应当考虑计提无形资产减值准备。一般情况下，使用寿命有限的无形资产，其残值应当视为零。对于使用寿命有限的无形资产应当自可供使用（即其达到预定用途）当月起开始摊销，处置当月不再摊销。如预计使用年限超过了相关合同规定的受益年限或法律规定的有效年限，该无形资产的摊销年限按如下原则确定：

（1）合同规定了受益年限但法律没有规定有效年限的，摊销年限不应超过合同规定的受益年限。

（2）合同没有规定受益年限但法律规定了有效年限的，摊销年限不应超过法律规定的有效年限。

（3）合同规定了受益年限，法律也规定了有效年限的，摊销年限不应超过受益年限和有效年限二者之中较短者。

（4）如果合同没有规定受益年限，法律也没有规定有效年限的，摊销年限不应超过10年。

2. 摊销方法

无形资产摊销方法包括直线法、生产总量法等。企业选择无形资产的摊销方法，应当反映与该项无形资产有关的经济利益的预期实现方式。无法可靠确定预期实现方式的，应当采用直线法摊销。无形资产使用直线法摊销的计算公式，与固定资产使用直线法计提折旧的计算公式一致。

3. 会计处理

（1）企业管理用无形资产，其摊销金额计入管理费用。

（2）出租的无形资产，其摊销金额计入其他业务成本。

（3）某项无形资产包含的经济利益通过所生产的产品或其他资产实现的，其摊销金额应当计入相关资产成本（如生产成本、制造费用）。

4. 主要会计科目

为了反映无形资产计提的累计摊销情况，应设置“累计摊销”科目。该科目属于资产类科目，它是“无形资产”的备抵科目，贷方登记企业计提的无形资产摊销额，借方登记处置无形资产转出的累计摊销，期末余额在贷方，反映企业无形资产的累计摊销额。“累计摊销”T型账户如图6–12所示。

借方	累计摊销	贷方
处置无形资产结转的累计摊销	每期计提的无形资产摊销额	
	累计计提的无形资产摊销额	

图6–12 “累计摊销”T型账户

分析研判

1. 业务流程

无形资产摊销的业务流程与固定资产折旧的业务流程相同。

2. 场景核心单据

该场景核心单据为无形资产摊销计算表。无形资产摊销计算表中反映企业无形资产摊销的金额、无形资产摊销费用的承担部门等，财务人员据此对无形资产摊销业务进行核算。无形资产摊销计算表如表6–10所示。

表6–10 无形资产摊销计算表 2023年1月

序号	资产名称	费用归集	摊销起始日期	原值	摊销期限（年）	年摊销额（元）	月摊销额（元）	本月摊销额（元）
1	土地使用权	管理费用	2023年1月11日	150,000,000.00	50	3,000,000.00	250,000.00	175,000.00

注：无形资产摊销需按实际天数计算，月标准天数为30天，该土地使用权取得日期为2023年1月11日，故当月实际摊销天数为21天，本月摊销额=月摊销额 ÷ 30 × 21。

3. 业财分析

公司自用土地使用权随着使用年限需逐步摊销，使“累计摊销”增加；土地使用权摊销形成的费用属于为保障公司经营管理而产生的，在“管理费用”中进行核算。

风险控制 无形资产的摊销期限一经确定，不得任意变更。因为客观经济环境改变确实需要变更摊销年限的，应将该变更作为会计估计变更处理；随意变更摊销年限的属于滥用会计估计变更，视同重大会计差错处理。

三 任务实施

1. 单据审核

账务处理的核心单据为无形资产摊销计算表，无形资产摊销计算表的审核与固定资产折旧清单的审核要点相同。

2. 无形资产摊销核算的账务处理

2023年1月31日，根据审核无误的单据，进行如下账务处理：

借：管理费用——土地使用权摊销　　175,000

　　贷：累计摊销　　175,000

2023年2月、3月，无形资产摊销核算科目同上，金额为250,000元。

3. 对会计科目的影响

本业务对于第一季度企业会计科目的影响如表6-11所示。

表6-11　无形资产摊销业务科目发生额及余额表　单位：元

科目名称	期初余额		本期发生额		期末余额	
	借方	贷方	借方	贷方	借方	贷方
管理费用			675,000.00		675,000.00	
累计摊销		104,265,830.10		675,000.00		104,940,830.10

任务拓展

无形资产的处置，主要是指无形资产出售、对外出租、对外捐赠，或者是无法为企业带来未来经济利益时，应予终止确认并转销。无形资产的出售与固定资产出售相似，不同之处在于出售无形资产不需要经过资产清理账户进行核算，直接转销无形资产成本、累计摊销即可。

会计处理如下：

借：银行存款

　　累计摊销

　　贷：无形资产

　　　　应交税费——应交增值税（销项税额）

　　　　资产处理损益（或借方）

任务3　交易性金融资产

【教学重点】交易性金融资产主要经济业务的账务处理；转让金融商品应交增值税的核算。

【教学难点】交易性金融资产期末计量。

企业应当根据其管理金融资产的业务模式和金融资产的合同现金流量特征，将金融资产划分为以下三类：①以摊余成本计量的金融资产，如债权投资；②以公允价值计量且其变动计入其他综合收益的金融资产，如其他债权投资、其他权益工具投资；③以公允价值计量且其变动计入当期损益的金融资产，如交易性金融资产；上述分类一经确定，不得随意变更。

子任务 1　交易性金融资产取得

任务导入

【场景 6-6】2023 年 3 月 1 日，在股东会授权的投资总额以内，公司以 36 元/股的价格购入中际旭创 3,300 股股票，另支付佣金等交易费 29.70 元。公司将其分类为交易性金融资产。

上述场景原始单据为股票交割单等。

业务发生前，相关科目期初余额数据见表 6-12。

表 6-12　相关科目期初余额表　单位：元

科目名称	期初余额	
	借方	贷方
其他货币资金	344,450,938.23	
交易性金融资产	1,113,907.00	
投资收益		

认知识别

1. 交易性金融资产

交易性金融资产，是企业为了近期内出售而持有的金融资产，如企业以赚取差价为目的从二级市场购入的股票、债券、基金等。交易性金融资产的特点在于它是以“交易”为目的，仅仅是通过“交易性”活动，即频繁地购买和出售，从市场价格的短期波动中，赚取买卖差价，使企业闲置的资金能获得较高的投资回报。

2. 存出投资款

其他货币资金是指企业除现金和银行存款以外的货币资金。它包括外埠存款、银行汇票存款、银行本票存款、信用证存款、信用卡存款、存出投资款。存出投资款是指企业已经存入证券公司但尚未进行投资的货币资金。

3. 主要会计科目

（1）交易性金融资产。

“交易性金融资产”科目属于资产类科目，用来核算企业为交易目的所持有的债券投资、股票投资、基金投资等交易性金融资产的公允价值。该科目借方登记交易性金融资产取得成本以及资产负债表日其公允价值高于账面余额的差额；贷方登记资产负债表日其公允价值低于账面余额的差额以及企业出售交易性金融资产时结转的成本。该科目应按照交易性金融资产的类别和品种，分别设置“成本”“公允价值变动”等明细科目进行核算。“交易性金融资产”T型账户如图 6-13所示。

借方	交易性金融资产 贷方
交易性金融资产的取得成本 资产负债表日其公允价值高于账面余额的差额 企业出售交易性金融资产时结转公允价值低于账面余额的变动金额	出售交易性金融资产时结转的成本 资产负债表日其公允价值低于账面余额的差额 出售交易性金融资产时结转公允价值高于账面余额的变动金额
结存交易性金融资产的公允价值	

图6-13 “交易性金融资产”T型账户

（2）其他货币资金。

“其他货币资金”科目属于资产类科目。借方登记其他货币资金的增加。贷方登记其他货币资金的减少。期末余额在借方，表示企业实际持有的其他货币资金的金额。该科目应当按其种类设置明细科目进行核算。“其他货币资金”T型账户如图6-14所示。

借方	其他货币资金 贷方
出售交易性金融资产收回的资金	取得交易性金融资产支付的资金
结存的其他货币资金	

图6-14 “其他货币资金”T型账户

（3）投资收益。

“投资收益”科目属于损益类科目，用来核算企业在投资活动中所获得的收益，如股息收入、债券利息收入、股票交易收益等。借方登记投资损失或投资收益的转出；贷方登记取得的投资收益。期末，该账户的余额转入“本年利润”账户，以反映企业当期的投资净收益或净损失。“投资收益”T型账户如图6-15所示。

借方	投资收益 贷方
取得交易性金融资产时支付的交易费用 出售交易性金融资产等发生的投资损失 结转至本年利润的投资净收益	持有交易性金融资产等期间内取得的投资收益 出售交易性金融资产等实现的投资收益 结转至本年利润的投资净损失
期末结转后无余额	

图6-15 “投资收益”T型账户

分析研判

1. 业务流程

该场景为业务流程中的短期投资，业务流程一般为：确定投资目标——市场调研——资金准备——选择投资产品——风险评估——投资决策——执行投资——监控与调整——收益管理——退出投资——总结与反思。本环节为执行投资。

2. 场景核心单据

该场景的核心单据为证券交易市场的交割单。交割单中记载企业购入股票的数量、成交金额以及相关交易费用等，财务人员据此对业务进行核算。交易性金融资产交割单如表6-13所示。

表6-13 交易性金融资产交割单

成交日期	成交时间	证券代码	证券名称	买卖标志	成交价格	成交数量	成交编号	委托编号	股东代码	成交金额	佣金	印花税	过户费	备注
2023年3月1日	09：30：01	300308	中际旭创	买入	36	3,300	32671908	10359	A137252911	118,800	29.70	0	0	证券买入

3. 业财分析

公司从证券交易市场以36元/股的价格购入中际旭创股票3,300股，公司购买该股票的目的是进行出售赚取差价，应当划分为以公允价值计量且其变动计入当期损益的金融资产，即："交易性金融资产"；购买股票时支付的佣金29.7元，属于投资过程中损失，冲减"投资收益"；由于购买股票的价款和佣金是使用公司在证券交易所开立的专门账户支付的，因此，支付时"其他货币资金"减少。

风险控制 企业投资交易性金融资产时，应当防范由于股票市场价格的剧烈波动，导致的投资收益受损。为减少投资风险，企业应加强股票市场分析、财务分析、技术分析等，在选择投资对象时，尽可能考虑企业的长期增长潜力，实施价值投资。

任务实施

1. 单据审核

账务处理的核心单据为交易性金融资产交割单，审核要点如下：

（1）交易的日期、证券代码、证券名称等基本信息；

（2）交割的方向，是买入还是卖出；

（3）交割的股票数量、单价、金额、手续费等。

2. 购入交易性金融资产的账务处理

2023年3月1日，根据审核无误的单据，进行如下账务处理：

借：交易性金融资产——成本	118,800.00	
投资收益	29.70	
贷：其他货币资金——存出投资款		118,829.70

3. 对会计科目的影响

本业务对于第一季度企业会计科目的影响如表6-14所示。

表6-14 交易性金融资产取得业务科目发生额及余额表 单位：元

科目名称	期初余额		本期发生额		期末余额	
	借方	贷方	借方	贷方	借方	贷方
其他货币资金	344,450,938.23			118,829.70	344,332,108.53	
交易性金融资产	1,113,907.00		118,800.00		1,232,707.00	
投资收益			29.70		29.70	

任务拓展

企业购买交易性金融资产，如果支付价款包含已宣告但尚未发放的现金股利或已到付息期但未实际支付的利息应单独核算，分别计入“应收股利”或“应收利息”。账务处理如下：

借：交易性金融资产——成本（公允价值）

　　投资收益（交易费用）

　　应收股利（或应收利息）

　　贷：其他货币资金

子任务2　交易性金融资产持有

任务导入

【场景6-7】沿用**【场景6-6】**，公司持有中际旭创股票至2023年3月31日，证券交易所提供的股票明细对账单显示中际旭创收盘价为37.5元/股。

上述场景原始单据为股票明细对账单。

业务发生前，相关科目期初余额如表6-15所示。

表6-15 相关科目期初余额表 单位：元

科目名称	期初余额	
	借方	贷方
交易性金融资产	1,232,707.00	
公允价值变动损益		

认知识别

1. 主要会计科目

（1）公允价值变动损益。

该科目属于损益类科目，用来核算企业各种资产公允价值变动形成的应计入当期损益的利得或损失。借方登记资产负债表日企业持有的交易性金融资产等资产公允价值低于账面余额的差额；贷方登记资产负债表日企业持有的交易性金融资产等资产公允价值高于账面余额的差额。期末，企业应将“公允价值变动损益”科目的余额转入“本年利润”科目，结转后该科目无余额。“公允价值变动损益”T型账户如图6–16。

借方	公允价值变动损益	贷方
公允价值低于账面价值的差额 结转至本年利润的变动净收益		公允价值高于账面价值的差额 结转至本年利润的变动净损失
期末结转后无余额		

图6–16　“公允价值变动损益”T型账户

（2）应收股利（或应收利息）。

为了反映和监督企业应收取的现金股利和应收利息，企业应设置“应收股利（或应收利息）”科目。该科目的借方登记应收股利（或应收利息）的增加，贷方登记收到的现金股利或利息，期末余额一般在借方，反映企业尚未收到的现金股利或利息。“应收股利（或应收利息）”T型账户如图6–17所示。

借方	应收股利（或应收利息）	贷方
被投资单位宣告发放的现金股利计息期计算应收利息		实际收到的被投资单位现金股利（或利息）
尚未收到的现金股利（或利息）		

图6–17　“应收股利（或应收利息）”T型账户

2. 交易性金融资产持有期间主要经济业务

（1）收回购买时支付的已宣告但尚未发放的现金股利或已到付息期但未实际支付的利息。

借：银行存款

　　贷：应收股利（或应收利息）

（2）在持有期间，如果被投资单位宣告发放现金股利或计息期计算应收利息，企业应当确认投资收益。

借：应收股利（或应收利息）

　　贷：投资收益

（3）资产负债表日，交易性金融资产以公允价值计量，确认公允价值变动损益。如果交易性金融资产的公允价值高于账面余额，说明交易性金融资产公允价值上升，借记“交易性金融资产”，贷记“公允价值变动损益”；反之，则说明公允价值下降，借记“公允价值变动损益”，贷记“交易性金融资产”。

分析研判

1. 业务流程

该场景为短期投资业务流程中的收益管理环节，根据持有期间股利分配或应计利息以及公允价值变动情况，确认投资收益。

2. 场景核心单据

该场景的核心单据为股票明细对账单，股票明细对账单中记载股票持有数量、当前价格等信息，财务人员据此对交易性金融资产持有业务进行核算。本业务场景的股票明细对账单如表6-16所示。

表6-16 股票明细对账单

日期	证券代码	证券名称	当前数量	可用数量	最新价	市值	币种
2023年3月31日	300308	中际旭创	3,300	3,300	37.50	123,750.00	人民币

3. 业财分析

公司持有中际旭创期间，其价格由36元/股上升至37.5元/股，表明公司持有的3,300股中际旭创股票公允价值上升4,950（1.5×3,300）元，企业拥有的“交易性金融资产”价值上升，且该项上升是由于公允价值变化产生的，应计入“公允价值变动损益”。

任务实施

1. 单据审核

账务处理的核心单据为股票明细对账单，其审核要点与交易性金融资产交割单相似，具体内容如下：

（1）证券代码、证券名称等基本信息；

（2）结存股票的数量、单价、金额等；

（3）是否有相关单位的签章。

2. 交易性金融资产持有业务的账务处理

2023年3月31日，根据审核无误的单据，进行如下账务处理：

借：交易性金融资产——公允价值变动　　4,950

　　贷：公允价值变动损益　　4,950

3. 对会计科目的影响

本业务对于第一季度企业会计科目的影响如表6-17所示。

表6-17 交易性金融资产取得业务科目发生额及余额表　　单位：元

科目名称	期初余额		本期发生额		期末余额	
	借方	贷方	借方	贷方	借方	贷方
交易性金融资产	1,232,707.00		4,950.00		1,237,657.00	
公允价值变动损益				4,950.00		4,950.00

任务拓展

（1）2023年4月5日，收到购买时已宣告但尚未发放的现金股利。

账务处理如下：

借：其他货币资金

　　贷：应收股利

（2）2023年5月1日，中际旭创宣告发放现金股利0.1元/股。

借：应收股利　　330

　　贷：投资收益　　330

（3）2023年5月31日，收到中际旭创发放的现金股利。

借：其他货币资金　　330

　　贷：应收股利　　330

子任务 3　交易性金融资产处置

任务导入

【场景6-8】沿用【场景6-6】【场景6-7】，假设2023年5月20日，公司将从证券交易所购入的3,300股中际旭创股票全部出售，价格为40元/股，支付印花税、手续费等交易费用共计99元。

上述场景原始单据为交易性金融资产交割单。

本业务不影响公司2023年第一季度财务数据。

认知识别　交易性金融资产的处置方式包括以下几种：

（1）出售：将交易性金融资产以现金或其他金融资产的形式出售给他人。

（2）到期兑付：持有到期的交易性金融资产，等待其到期后按约定兑付。

（3）赎回：如果交易性金融资产是债券或其他可赎回的金融工具，企业可以选择在规定的时间内将其赎回。

（4）转换：将交易性金融资产转换为其他类型的金融资产。

（5）资产置换：通过交易或协商将交易性金融资产与其他资产进行置换。

（6）抵债：将交易性金融资产用于抵债。

（7）资产回购：企业可以与他人进行资产回购协议，将交易性金融资产出售给对方，并在约定的时间内以约定的价格回购。

分析研判

1. 业务流程

该场景为业务流程中的交易性资产处置环节，其必要的前置环节为交易性金融资产的取得。

2. 场景核心单据

该场景的核心单据为交易性金融资产处置交割单，从交割单中可以辨析，处置的股票数量、单价、金额等，财务人员可以据此对交易性金融资产处置业务进行核算。本场景的交易性金融资产处置交割单如表6-18所示。

表6-18　　交易性金融资产处置交割单

成交日期	成交时间	证券代码	证券名称	买卖标志	成交价格	成交数量	成交编号	委托编号	股东代码	成交金额	佣金	印花税	过户费	备注
2023年3月1日	09：30：01	300308	中际旭创	买入	36	3,300	32671908	10359	A137252911	118,800	29.70	0	0	证券买入
2023年5月20日	10：01：38	300308	中际旭创	卖出	40	3,300	32672809	20369	A137252911	132,000	33.00	66	0	证券卖出

3. 业财分析

公司出售交易性金融资产，实际收到价款131,901元（40×3,300−99）存入公司在证券交易所的账户中，使“其他货币资金”增加；售出股票，“交易性金融资产”减少，应当转销全部金额123,750元（118,800+4,950）；处置收入与股票原账面价值之间的差额，是持有股票投资产生的“投资收益”；出售股票过程中产生的手续费抵减“投资收益”。

风险控制　企业应当注意防范交易性金融资产因市场条件不利而无法及时卖出，导致价值下降的风险，必要时可购买期权进行风险对冲。同时，在买卖交易性金融资产时应当由专人进行操作，避免操作错误导致的损失。

任务实施

1. 单据审核

账务处理的核心单据为交易性金融资产处置交割单，审核要点前面已作说明。

2. 交易性金融资产处置业务的账务处理

2023年5月20日，根据审核无误的单据，进行如下账务处理：

借：其他货币资金——存出投资款　　131,901
　贷：交易性金融资产——成本　　118,800
　　　　——公允价值变动　　4,950
　　投资收益　　8,151

出售股票应交增值税为：（132,000−118,800）÷（1+6%）×6%=747.17（元）

借：投资收益　　747.17
　贷：应交税费——转让金融商品应交增值税　　747.17

3. 场景业务对会计科目的影响

本业务对于第一季度企业会计科目无影响。

任务 4　长期股权投资

【教学重点】长期股权投资的确认；取得长期股权投资的账务处理。

【教学难点】取得长期股权投资的账务处理。

长期股权投资是指投资方对被投资单位实施控制、有重大影响的权益性投资，以及对其合营企业的权益性投资。包括对子公司的投资、合营企业的投资和联营企业的投资。

任务导入

【场景 6-9】2022 年 7 月 11 日，公司经股东大会通过有关收购非同一控制下的浙江香舍园林市政建设有限公司 100% 股权的决议，并于 2022 年 7 月 20 日与香舍园林股东刘国、伍鸣飞签署股权转让协议。公司与香舍园林股东协商确定香舍园林 100% 股权的最终作价为 934,000,000 元。

上述场景原始单据包括董事会决议、股权转让协议、银行付款回单等。

业务发生前，相关科目期初余额如表 6-19 所示。

表 6-19　相关科目期初余额表　单位：元

科目名称	期初余额	
	借方	贷方
银行存款	2,056,412,105.88	
长期股权投资	2,558,328,447.11	

认知识别

1. 长期股权投资的范围

（1）对子公司投资。

对子公司投资是指投资方能够对被投资单位实施控制的权益性投资。拥有 100% 股权的公司叫全资子公司。

（2）对合营企业投资。

对合营企业投资是指投资方与其他合营方一同对投资单位实施共同控制且对被投资单位净资产享有权利的权益性投资。

（3）对联营企业投资。

对联营企业投资是指投资方对被投资单位具有重大影响的权益性投资。

2. 长期股权投资的取得方式

（1）同一控制下企业合并形成的长期股权投资。参与合并的企业在合并前后均受同一方或相同的多方最终控制且该控制并非暂时性的。

（2）非同一控制下企业合并形成的长期股权投资。合并之前，购买方和被购买方不在同一个集团。

（3）合并以外的方式取得的长期股权投资，包括合营企业和联营企业。

3. 主要会计科目

"长期股权投资"科目属于资产类科目，用于记录投资企业购买被投资企业股权的原始投资成本。该科目借方登记取得长期股权投资成本和权益法下核算长期股权投资的初始投资成本小于投资时应享有被投资单位可辨认净资产公允价值份额的差额，以及权益法下被投资单位实现的净利润或经调整的净利润计算应享有的份额等；贷方登记资产负债表日被投资单位发生亏损超过长期股权投资而冲减长期权益账面价值的部分，以及长期股权投资出售时的账面余额及成本法下被投资单位宣告发放的现金股利或利润中属于本企业在取得投资前实现净利润的分配额；期末余额在借方，表示企业持有长期股权投资的价值。该科目可按被投资企业设立明细核算。"长期股权投资"T型账户如图6–18所示。

借方 长期股权投资	贷方
购入的长期股权投资初始成本 长期股权投资价值增加	处置的长期股权投资成本 长期股权投资价值减少
结存长期股权投资的价值	

图6–18 "长期股权投资"T型账户

分析研判

1. 业务流程

该场景为业务流程中的长期股权投资，业务流程一般包括：对被投资单位全面调查——投资决策——投资实施——后续计量——减值测试——追加投资——投资收回——资产核销——退出机制——信息披露等。

2. 场景核心单据

该场景的核心单据为董事会决议、股权转让协议、银行付款回单等，从以上核心单据可以辨析，企业将购入股权的被投资企业名称、股权数量、股权占比、投资金额等，财务人员据此对取得长期股权投资业务进行核算。本业务场景的董事会决议、股权转让协议、银行付款回单如图6–19至图6–21所示。

珠江纸业股份有限公司

第八届董事会第二十一次会议决议

一、会议时间：2022年7月8日

二、会议地点：珠江纸业股份有限公司会议室

三、出席人员：本次会议应到董事5人，实际参加会议董事5人，符合公司章程规定

四、会议主持：王旗

五、会议主题：

关于公司与刘国、伍鸣飞签署股权转让协议的议案。

六、会议决议内容：

经董事会全体董事举手表决一致通过，作出如下决定：

会议审议通过了《关于公司与刘国、伍鸣飞签署股权转让协议的议案》

公司拟收购浙江香舍园林市政建设有限公司（以下简称“香舍园林”）100%股权并与香舍园林股东刘国、伍鸣飞签署股权转让协议。

公司与香舍园林股东协商确定香舍园林100%股权的最终作价为93,400万元。

董事签字：王旗、刘许阳、曹陈丽、高子轩、刘李燕

2022年7月8日

图6-19　董事会决议

刘国与珠江纸业股份有限公司签订股权转让协议

2022年7月20日

本股份转让协议由以下双方于2022年7月20日在中国东莞市签订：

转让方（以下亦称“甲方”)：刘国

住所：浙江省宁波市江东区宁穿路2159号

身份证号码：330201197802080553

受让方（以下亦称“乙方”)：珠江纸业股份有限公司

住所：广东省东莞市东莞楼区城陵矶阳光路

法定代表人：王旗

统一社会信用代码：91441900MA3CCA2C89

鉴于：

1.浙江香舍园林市政建设有限公司为一家依据中国法律成立的有限公司，注册资本为人民币12,017万元。

2.乙方拟受让甲方持有的香舍市政建设有限公司（以下简称“目标股份”)62%股份，而甲方亦愿意向乙方转让目标股份。

为此，甲、乙双方就目标股份转让事宜，根据《中华人民共和国公司法》等有关法律法规以及香舍市政建设有限公司公司章程的规定，遵循平等互利、诚实信用和等价有偿的基本原则，达成如下协议以资信守：

第一条　转让标的

1.1 甲方同意，其转让给乙方的目标股份为62%股份，包括附属于目标股份的全部权利和义务。

1.2 乙方同意按照本协议约定受让甲方持有的目标股份。

第二条　股份转让金额、付款方式

2.1 股份转让金额

甲乙双方同意，乙方受让目标股份的62%股权，转让金额共计人民币579,080,000元。

2.2 付款方式

自本合同签署之日起的15个工作日内本公司支付人民币14,000,000元作为收购意向金；本公司本次非公开发行股票募集资金到账并完成验资手续起15个工作日内，支付转让总价款的90%；自目标股权完成工商变更登记之日起满10个工作日内，本公司将转让总价款扣除收购意向金及已支付的股权转让款的剩余部分支付完毕。

户名：刘国

银行账户：955550159634

开户行：招商银行中山支行

……

图6-20 股权转让协议（部分）

注:《伍鸣飞与珠江纸业股份有限公司签订股权转让协议》与此单据基本内容相似，在此不展示。完整合同扫码获取。

ICBC 中国工商银行 业务回单付款 凭证

日期：2023年03月15日 回单编号：415083403

收款人户名：刘国 收款人开户行：招商银行重庆路分行营业部

收款人账号：230189009810060

付款人户名：珠江纸业股份有限公司 付款人开户行：中国工商银行东莞市长安支行

付款人账号：1901322412455631285

金额合计（大写）：伍亿零柒佰壹拾柒万贰仟元整 小写：507172000

业务（产品）种类：网银互联 凭证种类：5417764 凭证号码：8332962873201

摘要：应付款 用途：无 币种：人民币

交易机构：0190010180 记账柜员：00132 交易代码：52139 渠道：网上银行

附言：无

支付交易序号：18421560 报文种类：小额客户发起普通 委托日期：2023-03-15 00:00

业务类型（种类）：普通汇兑 指令编号：HQP71611148 提交人：0920101905200002

最终授权人：无

本回单为第一次打印，注意重复 打印日期：2023-03-15 打印柜员：10 验证码：789G5XXDGL3

图6-21 银行付款回单

注：珠江纸业向刘国和伍鸣飞购买股权，分笔支付款项，2022年7月20日，向刘国支付1,400万元，向伍鸣飞支付1,000万元；2023年3月15日向刘国支付507,172,000元，向伍鸣飞支付309,428,000元；2023年3月30日向刘国支付57,908,000元，向伍鸣飞支付35,492,000元。图6-21为3月15日向刘国支付507,172,000元的银行付款回单，其他银行付款回单不再展示。

3. 业财分析

投资方拥有被投资方100%股权，能够对被投资方实施控制，属于对子公司的投资，纳入“长期股权投资”的核算范围。使用银行存款支付股权购买价款，使“银行存款”减少。

风险控制 长期股权投资通常具有投资大、投资期限长、风险大以及能为企业带来较大利益等特点。企业在进行长期股权投资时，一定要事先进行充分调研和论证，与被投资单位建立密切关系，以免因被投资单位经营状况不佳，给企业带来风险。

任务实施

1. 单据审核

账务处理的核心单据为银行付款回单，审核要点前面已作说明。

2. 取得长期股权投资业务的账务处理

2023年3月18日，根据审核无误的单据，进行如下账务处理：

借：长期股权投资——香舍园林　　816,600,000

　　贷：银行存款　　816,600,000

3月30日，向刘国和伍鸣飞购买股权共支付9,340万元。

借：长期股权投资——香舍园林　　93,400,000

　　贷：银行存款　　93,400,000

3. 对会计科目的影响

本业务对于第一季度企业会计科目的影响如表6-20所示。

表 6-20　长期股权投资业务发生额及余额表　单位：元

科目名称	期初余额		本期发生额		期末余额	
	借方	贷方	借方	贷方	借方	贷方
银行存款	2,056,412,105.88			910,000,000	1,146,412,105.88	
长期股权投资	2,558,328,447.11		910,000,000		3,468,328,447.11	

任务拓展

1. 长期股权投资的后续计量

（1）成本法。

成本法是指长期股权投资日常核算按投资成本计价的一种方法。其特点是除追加投资或收回投资外，长期股权投资的账面价值一般应当保持不变。除取得投资时实际支付的价款或对价中包含的已宣告但尚未发放的现金股利或利润外，投资企业应当按照被投资单位宣告发放的现金股利或利润中应享有的份额确认投资收益。

（2）权益法。

权益法是指取得长期股权投资以初始投资成本计价，后续根据投资企业享有被投资单位所有者权益份额的变动相应对其投资的账面价值进行调整的一种方法。其特点是，长期股权投资的账面价值随被投资单位所有者权益的变动而变动，在股权持有期间，长期股权投资的账面价值与享有被投资单位所有者权益的份额相对应。

沿用【场景6-9】，假设香舍园林2023年5月1日宣告分配现金股利100万元。5月20日收到现金股利，存入银行。公司采用成本法核算对香舍园林的长期股权投资，根据以上场景，账务处理如下：

5月1日，宣告发放股利时：

借：应收股利　　1,000,000

　　贷：投资收益　　1,000,000

5月20日，收到宣告发放的股利时：

借：银行存款　　1,000,000

　　贷：应收股利　　1,000,000

2. 长期股权投资处置的会计处理

处置长期股权投资时，应按实际收到的金额，借记“银行存款”等科目，原已计提减值准备的，借记“长期股权投资减值准备”科目，按其账面余额，贷记“长期股权投资”科目，按尚未领取的现金股利或利润，贷记“应收股利”科目，按其差额，贷记或借记“投资收益”科目。处置采用权益法核算的长期股权投资时，应当采用与被投资单位直接处置相关资产或负债相同的基础，对相关的其他综合收益进行会计处理。对于应转入当期损益的其他综合收益，应按结转的长期股权投资的投资成本比例结转原计入“其他综合收益”科目的金额，借记或贷记“其他综合收益”科目，贷记或借记“投资收益”科目。处置采用权益法核算的长期股权投资时，还应按结转的长期股权投资的投资成本比例结转原计入“资本公积——其他资本公积”科目的金额，借记或贷记“资本公积——其他资本公积”科目，贷记或借记“投资收益”科目。

沿用【场景6-9】，2024年12月31日，假设公司出售浙江香舍园林市政建设有限公司股权，获得处置价款100,000万元，连同尚未领取的现金股利500万元进行转让，不考虑处置期间发生的其他相关税费支出。其账务处理如下：

12月31日，处置长期股权投资时：

借：银行存款　　1,000,000,000

　　贷：长期股权投资——香舍园林　　934,000,000

　　　　应收股利　　5,000,000

　　　　投资收益　　61,000,000

项目总结

1. 对企业会计科目影响汇总

该项目场景对公司会计科目的影响汇总如表6-21所示。

表6-21　投资业务相关科目发生额及余额表　单位：元

科目名称	期初余额		本期发生额		期末余额	
	借方	贷方	借方	贷方	借方	贷方
银行存款	2,210,412,105.88			1,064,000,000.00	1,146,412,105.88	
预付账款	298,153,785.69		2,000,000.00	800,000.00	299,353,785.69	
在建工程	36,468,829.15		2,568,807.34		39,037,636.49	
应交税费		42,847,335.35	231,192.66			42,616,142.69
其他货币资金	344,450,938.23			118,829.70	344,332,108.53	
累计折旧		4,199,871,610.28		72,357,183.81		4,272,228,794.09
无形资产	318,935,962.24		150,000,000.00		468,935,962.24	
累计摊销		104,265,830.10		675,000.00		104,940,830.10
交易性金融资产	1,113,907.00		123,750.00		1,237,657.00	
长期股权投资	2,558,328,447.11		910,000,000.00		3,468,328,447.11	
投资收益			29.70		29.70	
公允价值变动损益				4,950.00		4,950.00
管理费用			675,000.00		675,000.00	
制造费用			72,357,183.81		72,357,183.81	

2. 对报表项目影响汇总

本项目对于第一季度公司会计报表项目影响如表6-22和表6-23所示。

表6-22　资产负债表（受投资业务影响部分）　单位：元

资产	期末余额	负债和所有者权益	期末余额
货币资金	-1,064,118,829.70	应交税费	-231,192.66
存货	72,357,183.81	盈余公积	-67,007.97
预付账款	1,200,000.00	未分配利润	-603,071.73
固定资产	-72,357,183.81		
在建工程	2,568,807.34		
无形资产	149,325,000.00		
交易性金融资产	123,750.00		
长期股权投资	910,000,000.00		
合计	-901,272.36	合计	-901,272.36

表6-23 利润表（受投资业务影响部分）

项目	本期金额
减：	
管理费用	675,000.00
加：公允价值变动损益	+4,950.00
投资收益	−29.70
三、营业利润	−670,079.70

3.涉及账务处理汇总

固定资产、无形资产、交易性金融资产、长期股权投资等业务的核算，账务处理汇总如表6-24所示。

表6-24 投资业务相关账务处理

<table>
<tr><th>项目</th><th>业务类型</th><th colspan="2">账务处理</th></tr>
<tr><td rowspan="3">固定资产</td><td>外购</td><td>1.不需安装
借：固定资产
应交税费——应交增值税（进项税额）
贷：银行存款/应付账款/应付票据</td><td>2.需要安装
①购入时：
借：在建工程
应交税费——应交增值税（进项税额）
贷：银行存款等
②发生安装费用：
借：在建工程
应交税费——应交增值税（进项税额）
贷：银行存款/原材料/应付职工薪酬等
③安装完成：
借：固定资产
贷：在建工程</td></tr>
<tr><td>折旧</td><td colspan="2">借：管理费用（销售费用、制造费用、其他业务成本、研发支出等）
贷：累计折旧</td></tr>
<tr><td>处置</td><td>1.结转固定资产账面价值：
借：固定资产清理
累计折旧
固定资产减值准备
贷：固定资产
2.发生清理费用：
借：固定资产清理
应交税费——应交增值税（进项税额）
贷：应付职工薪酬
银行存款
原材料</td><td>3.发生残料收入、应收赔款等：
借：银行存款（变价收入）
原材料（残料入库）
其他应收款（应收赔款）
贷：固定资产清理
应交税费——应交增值税（销项税额）
4.结转清理净损益
①出售、转让的净损失
借：资产处置损益
贷：固定资产清理
②出售、转让的净收益
借：固定资产清理
贷：资产处置损益
③报废或因自然灾害导致的损失
借：营业外支出
贷：固定资产清理</td></tr>
</table>

续表

<table>
<tr><th>项目</th><th colspan="2">业务类型</th><th>账务处理</th></tr>
<tr><td rowspan="4">无形资产</td><td colspan="2">外购</td><td>借：无形资产
应交税费——应交增值税（进项税额）
贷：银行存款</td></tr>
<tr><td colspan="2">摊销</td><td>借：管理费用
销售费用
制造费用
其他业务成本
在建工程
贷：累计摊销</td></tr>
<tr><td rowspan="2">处置</td><td>出售</td><td>借：银行存款
累计摊销
无形资产减值准备
资产处置损益［净损失］
贷：无形资产
资产处置损益［净收益］
借：银行存款
贷：应交税费——应交增值税（销项税额）</td></tr>
<tr><td>报废</td><td>借：累计摊销
无形资产减值准备
营业外支出
贷：无形资产</td></tr>
<tr><td rowspan="5">交易性金融资产</td><td colspan="2">购入股票
（初始计量）</td><td>借：交易性金融资产——成本（公允价值）
投资收益（发生的交易费用）
应收股利（已宣告但尚未发放的现金股利）
应收利息（已到付息期尚未领取的利息）
贷：银行存款等</td></tr>
<tr><td rowspan="3">后续计量</td><td>确认持有期间的股利或利息</td><td>借：应收股利（应收利息）
贷：投资收益</td></tr>
<tr><td>收到现金股利或利息</td><td>借：银行存款
贷：应收股利（应收利息）</td></tr>
<tr><td>资产负债表日公允价值变动</td><td>借：交易性金融资产——公允价值变动
贷：公允价值变动损益（或反向）</td></tr>
<tr><td colspan="2">出售股票
（处置）</td><td>借：银行存款
贷：交易性金融资产——成本
——公允价值变动（或借方）
投资收益（差额，或借方）</td></tr>
<tr><td>长期股权投资</td><td colspan="2">取得</td><td>成本法：
借：长期股权投资
贷：银行存款</td></tr>
</table>

项目 7　利润与利润分配业务核算

学习目标

知识目标

1. 了解利润形成及分配业务流程和资金运动；
2. 熟悉利润形成及分配业务内容；
3. 掌握利润形成及分配业务核算方法。

技能目标

1. 能认知分配活动业务流和数据流；
2. 能对利润形成相关业务进行账务处理；
3. 能对利润分配相关业务进行账务处理。

素质目标

1. 具备防范和规避财务风险，保护企业和相关利益者合法权益的意识；
2. 坚持高度的职业诚信，确保利润与利润分配核算的公正、客观和准确，树立维护会计信息真实可靠的意识；
3. 养成利用会计数据为企业创造价值的意识。

利润与利润分配活动是企业财务管理中的重要组成部分。企业利润分配受到多种因素的影响，在经济繁荣时期，企业可能会增加利润分配以回馈投资者；而在经济衰退期，企业则可能减少利润分配以保留资金应对风险。通过合理的利润分配，企业可以平衡内外部利益，促进企业的可持续发展和整体经济的繁荣。

【场景 7-1】利润分配是指企业根据国家有关规定和企业章程、投资者协议等，对企业当年可供分配的利润进行的分配。分配业务的先后顺序为：第一步，本年利润形成。第二步，对特殊业务进行纳税调整后，计提所得税。第三步，计提法定盈余公积，以保证企业后续经营。第四步，根据企业发展需要，计提任意盈余公积。第五步，测算股利分配金额及形式对企业的影响，董事会提出利润分配方案。第六步，股东会对利润分配方案进行决议。第七步，根据股东会决议通过的利润分配方案发放股利。利润形成及分配业务中业务流、数据流、财税流、知识流的融合如图 7-1 所示。

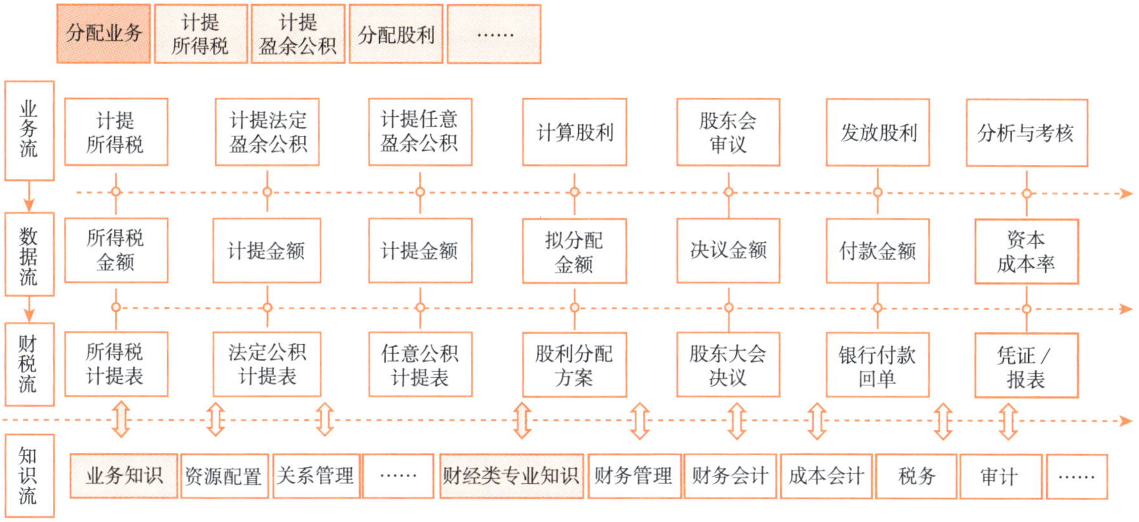

图 7-1　四流融合——分配

认知识别

1. 利润的形成

利润是企业在销售商品、提供劳务过程中产生的收入扣除费用后的余额，它是衡量企业经营效益的主要指标，体现了企业经营成果。利润是企业经营效果的综合反映，也是其最终成果的具体体现。利润包括营业利润、利润总额和净利润。

（1）营业利润。

营业利润是指企业从事生产经营活动中取得的利润，是企业利润的主要来源。计算公式为：

营业利润＝营业收入－营业成本－税金及附加－销售费用－管理费用－研发费用－财务费用＋其他收益＋投资收益（－投资损失）＋公允价值变动收益（－公允价值变动损失）－资产减值损失－信用减值损失＋资产处置收益（－资产处置损失）

（2）利润总额。

利润总额是指企业在所得税前一定时期内经营活动的总成果，也称为“税前利润”。利润总额是衡量企业经营业绩的重要经济指标之一。当利润总额为负时，说明企业发生亏损；当利润总额为零时，说明企业盈亏平衡；当利润总额为正数时，说明企业实现盈利。计算公式为：

利润总额＝营业利润＋营业外收入－营业外支出

（3）净利润。

净利润是指在利润总额中按规定交纳了所得税后公司的利润留存，一般也称为税后利润或净收入。净利润是一个企业经营的最终成果，净利润多，企业的经营效益就好；净利润少，企业的经营效益就差，它是衡量一个企业经营效益的主要指标。计算公式为：

净利润＝利润总额－所得税费用

2. 利润分配的程序

根据《中华人民共和国公司法》等有关法规的规定，企业当年实现的净利润，一般应按照下列内容、顺序和金额进行分配：

（1）计算可供分配的利润。

将本年净利润（或亏损）与年初未分配利润（或亏损）进行合计，计算出可供分配的利润。如果可供分配的利润为负数（即亏损），则不能进行后续分配；如果可供分配利润为正数（即本年累计盈利），则进行后续分配。

（2）提取法定盈余公积。

在不存在年初累计亏损的前提下，法定盈余公积按照税后净利润的10%提取。法定盈余公积已达注册资本的50%时可不再提取。提取的法定盈余公积用于弥补以前年度亏损或转增资本。但转增资本后留存的法定盈余公积不得低于企业注册资本的25%。

（3）提取任意盈余公积。

任意盈余公积计提标准由股东会确定，如确因需要，经股东会同意后，也可用于分配。

（4）向股东（投资者）支付股利（分配利润）。

企业以前年度未分配的利润，可以并入本年度分配。

公司股东会或董事会违反上述利润分配顺序，在抵补亏损和提取法定公积之前向股东分配利润的，必须将违反规定发放的利润退还公司。

分析研判 与利润形成及分配业务相关的财务报表项目及会计科目，如表7-1所示。

表7-1 与利润分配业务相关的财务报表项目及会计科目

财务报表	会计要素	报表项目	会计科目
资产负债表	资产	货币资金	银行存款
	负债	应付账款	应付账款
		应付票据	应付票据
		应交税费	应交税费——应交增值税（进项税额）
		应付股利	应付股利
	所有者权益	盈余公积	盈余公积
		未分配利润	利润分配——未分配利润
利润表	收入（利得）	营业收入	主营业务收入
			其他业务收入
		投资收益	投资收益
		公允价值变动损益	公允价值变动损益
		营业外收入	营业外收入

续表

财务报表	会计要素	报表项目	会计科目
利润表	费用（损失）	营业成本	主营业务成本
			其他业务成本
		税金及附加	税金及附加
		销售费用	销售费用
		管理费用	管理费用
		财务费用	财务费用
		资产减值损失	资产减值损失
		营业外支出	营业外支出
		所得税费用	所得税费用
	利润结转		本年利润
			利润分配——提取法定盈余公积
			利润分配——应付现金股利或利润

任务 1　利润形成

【教学重点】销售费用核算账务处理；管理费用核算账务处理；税金及附加核算账务处理；营业外收支核算账务处理；所得税费用计算；所得税账务处理。

【教学难点】营业外收支核算账务处理；所得税费用计算；所得税账务处理。

利润是企业健康运转和可持续发展的重要支撑。通过获得利润，企业可以增加资本积累，进一步扩大规模、提升竞争力，并投资于新技术、研发创新以及市场开拓等方面。利润的持续增长有助于企业保持良性循环，促进企业在市场中的长期竞争优势。

子任务 1　期间费用

一、销售费用

任务导入

【场景 7-2】2023 年 2 月 1 日，公司与山西飞速速运有限公司（以下简称“山西飞速”）签订物流合作年度合同，约定由山西飞速为公司承担部分销售商品的运输服务，运输费用按次结算。2 月 5 日山西飞速为公司提供一次运输服务，并于当日开具金额为 5,190.57 元，税额为 311.43 元的增值税专用发票。公司于 2 月 8 日支付款项。

上述场景原始单据有服务合同、增值税专用发票、银行回单等。

业务发生时，相关科目期初余额如表7–2所示。

表7–2 销售费用业务科目期初余额表 单位：元

科目名称	期初余额	
	借方	贷方
销售费用		
应交税费		42,616,142.69
应付账款		206,728,331.17
银行存款	1,146,412,105.88	

认知识别

1. 费用

费用，是指企业在日常活动中发生的、会导致所有者权益减少的、与向所有者分配利润无关的经济利益的总流出。费用包括营业成本、税金及附加和期间费用。其中：

（1）营业成本，是指企业为生产产品、提供服务等发生的可归属于产品成本、服务成本等的费用，包括主营业务成本和其他业务成本。例如：公司销售各类纸品时，纸品的成本即为主营业务成本。主营业务成本和其他业务成本已在项目三销售业务核算中进行说明。

（2）期间费用，是指企业日常活动发生的不能计入特定核算对象的成本，而应计入发生当期损益的费用，包括管理费用、销售费用和财务费用。例如：公司发生的行政部人员工资、办公楼的折旧、财务部购买的打印纸等支出均属于期间费用。

2. 销售费用

销售费用是指企业销售商品和材料、提供服务的过程中发生的各种费用，包括企业在销售商品过程中发生的保险费、包装费、展览费、广告费、商品维修费、预计产品质量保证损失、运输费、装卸费等以及为销售本企业商品而专设的销售机构（含销售网点、售后服务网点等）的职工薪酬、业务费、折旧费等经营费用。企业发生的与专设销售机构相关的固定资产修理费用等后续支出也属于销售费用。例如：该场景中山西飞速为公司提供的运输服务，是为了将企业销售的纸品运送到客户手中，属于销售商品过程中发生的运输费。

销售费用是与企业销售商品活动有关的费用，但不包括销售商品本身的成本，该成本属于主营业务成本。

3. 主要会计科目

企业应设置“销售费用”科目，核算销售费用的发生和结转情况。该科目属于损益类科目，借方登记企业所发生的各项销售费用。贷方登记期末转入利润结转账户的销售费用，期末结转后该科目应无余额。该科目应按销售费用的费用项目进行明细核算。“销售费用”的T型账户如图7–2所示。

借方	销售费用	贷方
本期发生的销售费用		期末转入本年利润的销售费用
期末结转后无余额		

图7-2 “销售费用”T型账户

分析研判

1. 业务流程

该场景为业务流程中的销售费用核算，业务流程一般为：确定广告、运输、展览等业务需求——市场调研——通过招标等方式确定服务方——接受相关服务——服务效果分析——费用结算——总结与反思。

2. 场景核心单据

销售费用核算业务的核心单据为增值税发票、银行回单。增值税发票中记载了企业产生的销售费用金额、可抵扣的增值税进项税额等；银行回单记载了企业支付的销售费用，财务人员可以据此对业务进行核算。销售费用增值税发票、银行回单如图7-3、图7-4所示。

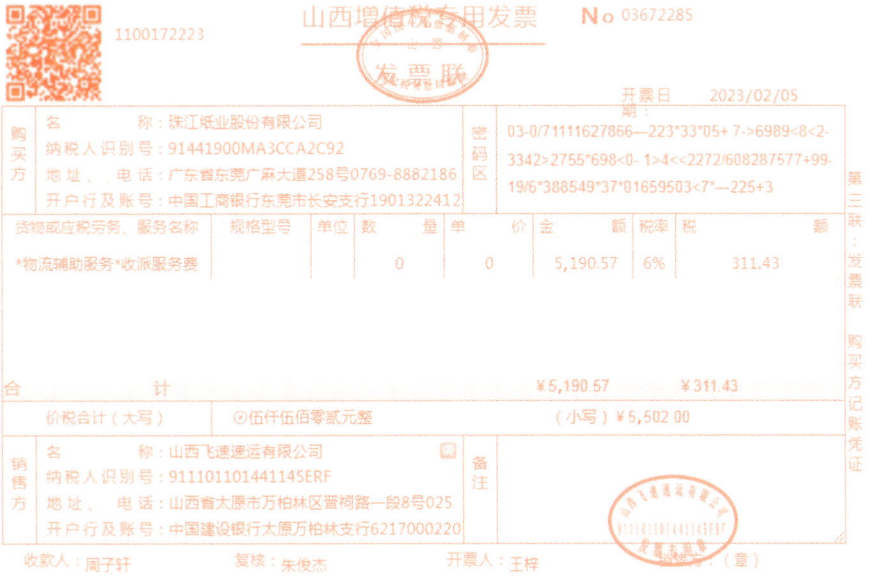
山西增值税专用发票 No 03672285
1100172223
发票联
开票日期：2023/02/05

购买方
名称：珠江纸业股份有限公司
纳税人识别号：91441900MA3CCA2C92
地址、电话：广东省东莞广麻大道258号0769-8882186
开户行及账号：中国工商银行东莞市长安支行1901322412

密码区
03-0/71111627866—223*33*05+ 7->6989<8<2-
3342>2755*698<0- 1>4<<2272/608287577+99-
19/6*388549*37*01659503<7*—225+3

货物或应税劳务、服务名称	规格型号	单位	数量	单价	金额	税率	税额
*物流辅助服务*收派服务费			0	0	5,190.57	6%	311.43
合计					¥5,190.57		¥311.43

价税合计（大写） ⊗伍仟伍佰零贰元整 （小写）¥5,502.00

销售方
名称：山西飞速速运有限公司
纳税人识别号：911101101441145ERF
地址、电话：山西省太原市万柏林区晋祠路一段8号025
开户行及账号：中国建设银行太原万柏林支行6217000220

备注

收款人：周子轩 复核：朱俊杰 开票人：王梓 销售方：（章）

第三联：发票联 购买方记账凭证

图7-3 运输费用发票

3. 业财分析

公司运输费用5,190.57元是为运输销售的商品而产生，属于“销售费用”；购买运输服务取得增值税专用发票，对应税额311.43元，可以在计算应交增值税时进行抵扣，使得“应交税费”减少；收到发票时，未进行快递费支付，形成“应付账款”。使用工商银行存款支付5,502元快递费，“银行存款”减少；同时应当向山西飞速支付但未支付的“应付账款”减少。

ICBC 中国工商银行 业务回单付款 凭证

日期：2023年02月08日　　回单编号：85967845

收款人户名：山西飞速速运有限公司　　收款人开户行：中国建设银行太原万柏林支行

收款人账号：6217000220252021

付款人户名：珠江纸业股份有限公司　　付款人开户行：中国工商银行东莞市长安支行

付款人账号：1901322412455631285

金额合计（大写）：伍仟伍佰零贰元整　　小写：5502

业务（产品）种类：网银互联　　凭证种类：6859706　　凭证号码：66602187858

摘要：快递费　　用途：无　　币种：人民币

交易机构：132　　记账柜员：10　　交易代码：52139　　渠道：网上银行

附言：无

支付交易序号：82294264　　报文种类：小额客户发起普通贷记业务　　委托日期：2023-02-08 00:00:00

业务类型（种类）：普通汇兑　　指令编号：　　提交人：

最终授权人：7551020712

本回单为第一次打印，注意重复　　打印日期：2023-02-08 00:00:00　　打印柜员：10　　验证码：

图7-4　支付运输费用银行回单

风险控制　企业在经营过程中，务必高度警惕广告费、宣传费等销售费用支出中的潜在风险，特别是要细心甄别其中是否隐含了赞助性质的支出，以及是否存在未充分记录或低估此类费用的情形。为确保财务数据的准确性和合规性，企业应建立健全严格的审批机制，对每一笔销售费用支出进行细致审查，同时加强对相关发票的把控，确保其真实性、合法性和完整性。

任务实施

1. 单据审核

账务处理的核心单据为增值税发票和银行回单，审核要点前面已作说明。

2. 销售费用核算的账务处理

2023年2月5日，根据审核无误的增值税发票，进行如下账务处理：

借：销售费用——运杂费　　5,190.57

　　应交税费——应交增值税（进项税额）　　311.43

　　贷：应付账款——山西飞速速运有限公司　　5,502.00

2023年2月8日，根据审核无误的银行回单，进行如下账务处理：

借：应付账款——山西飞速速运有限公司　　5,502.00

　　贷：银行存款　　5,502.00

3. 对会计科目的影响

本业务对于第一季度企业会计科目的影响如表7-3所示。

表 7-3　销售费用核算业务科目发生额及余额表　单位：元

科目名称	期初余额		本期发生额		期末余额	
	借方	贷方	借方	贷方	借方	贷方
销售费用			5,190.57		5,190.57	
应交税费		42,616,142.69	311.43			42,615,831.26
应付账款		206,728,331.17	5,502.00	5,502.00		206,728,331.17
银行存款	1,146,412,105.88			5,502.00	1,146,406,603.88	

二、管理费用

任务导入

【场景 7-3】2023 年 1 月 3 日，公司收到中泰财产保险股份有限公司东莞公司的续保清单，清单显示公司党政办后勤使用的 77 辆车的保险将于 1 月 10 日到期。77 辆车中，用于园区货物及材料运输的自卸车 28 台，厢式货车 18 台，皮卡车 14 台，环卫垃圾车 7 台，洒水车 10 台。公司党政办申请为 77 辆车购买交强险及商业险。1 月 3 日申请工作签报获得批准。1 月 5 日向保险公司投保，并收到投保单。1 月 6 日收到车辆交强险及商业险的保险单，车辆保险费共计 358,905.55 元，对应增值税进项税额 21,534.33 元。

上述场景原始单据有保险单、增值税专用发票、银行回单等。

业务发生时，相关科目期初余额如表 7-4 所示。

表 7-4　管理费用核算业务科目期初余额表　单位：元

科目名称	期初余额	
	借方	贷方
管理费用	675,000.00	
应交税费		42,615,831.26
银行存款	1,146,406,603.88	

认知识别

1. 管理费用

管理费用是指企业为组织和管理生产经营发生的各种费用，包括企业在筹建期间内发生的开办费、董事会和行政管理部门在企业的经营管理中发生的以及应由企业统一负担的公司经费（包括行政管理部门职工薪酬、物料消耗、低值易耗品摊销、办公费和差旅费等）、行政管理部门负担的工会经费、董事会费（包括董事会成员津贴、会议费和差旅费等）、聘请中介机构费、咨询费（含顾问费）、诉讼费、业务招待费、技术转让费、研究费用等。

例如：该场景中需要续保的 77 辆机动车为党政办后勤处使用，在公司车辆属于行政管理部门统一管理，其费用与企业生产产品没有直接关系，属于管理费用的核算范围。

2. 车船税

车船税，是指在中华人民共和国境内的车辆、船舶的所有人或者管理人按照中华人民共和国车船税法应缴纳的一种税。其中车辆缴纳的车船税因车辆类型和吨位的不同而有所差异，车辆的排量越大、使用年限越长，应缴纳的税额就越高。

根据我国有关法律规定，从事机动车第三者责任强制保险业务的保险机构是机动车车船税的扣缴义务人。也就是说保险公司在销售交强险时，有义务代收车船税，并通常在增值税发票的备注栏中注明车船税的金额。例如：该场景增值税发票备注栏中标注的8,095.76元，就是代扣代缴的车船税金额。

3. 主要会计科目

（1）管理费用

企业应设置“管理费用”科目，核算管理费用的发生和结转情况。“管理费用”科目借方登记企业发生的各项管理费用，贷方登记期末转入利润结转账户的管理费用，期末结转后该科目应无余额。该科目按管理费用的费用项目进行明细核算。“管理费用”的T型账户如图7–5所示。

借方　管理费用	贷方
本期发生的销售费用	期末转入本年利润的销售费用
期末结转后无余额	

图7–5 “管理费用”T型账户

（2）应交税费——应交车船税

企业应设置“应交税费——应交车船税”科目，核算车船税的计提和缴纳情况。“应交税费——应交车船税”科目贷方登记企业应当缴纳的车船税，借方登记企业缴纳的车船税，如果期末余额在贷方表示企业尚未缴纳的车船税。“应交税费——应交车船税”的T型账户如图7–6所示。

借方　应交税费——应交车船税	贷方
已缴纳的车船税	企业应当缴纳的车船税
	尚未缴纳的车船税

图7–6 “应交税费——应交车船税”T型账户

分析研判

1. 业务流程

该场景为业务流程中的管理费用核算，业务流程一般为：确定保险、保洁、办公用品采购等业务需求——市场调研——通过招标等方式确定供应商——执行相关业务——费用结算——总结与反思。

2. 场景核心单据

管理费用核算业务的核心单据为增值税发票、银行回单等。增值税发票中记载了企业产生的管理费用金额、可抵扣的增值税进项税额等；付款银行回单记载了企业支付的管理费用，财务人员可以据此对业务进行核算。管理费用的增值税发票、银行回单如图7–7、图7–8所示。

广东增值税专用发票

发票联

1400154839
机器编码：
889598563216

No 00189632
1400154839
00189632
开票日期：2023/01/06

购买方
名称：珠江纸业股份有限公司
纳税人识别号：91441900MA3CCA2C89
地址、电话：广东省东莞广麻大道258号0769-8882185
开户行及账号：中国工商银行东莞市长安支行1901322412

密码区
03-0/71111627866—223*33*05+ 7->6989<8<2-3342>2755*698<0- 1>4<<2272/608287577+99-19/6*388549*37*01659503<7*—225+3

货物或应税劳务、服务名称	规格型号	单位	数量	单价	金额	税率	税额
*保险服务*机动车交通事故强	**	单	77	1,112.26	856,44.34	0.06	5,138.66
*保险服务*机动车商业保险条	**	单	77	3,548.85	273,261.21	0.06	16,395.67
合计					¥358,905.55		¥21,534.33

价税合计（大写）⊗叁拾捌万零肆佰叁拾玖元捌角捌分 （小写）¥380,439.88

销售方
名称：中泰财产保险股份有限公司东莞中心支公司
纳税人识别号：914419S5868D32569D
地址、电话：广东省东莞市鸿福西路财富广场G座8层07
开户行及账号：中国工商银行东莞市长安支行1901322412

备注
交强险保单号：144190330202328590７，商业险保单号：244190380202318000１，车牌号粤SCB687，等77台车，代扣代缴车船税8095.76元，税款所属期2023-01-01至2023-12-31

第三联：发票联 购买方记账凭证

收款人：李商任 复核：郑妙曼 开票人：黄翠翠 销售方：（章）

图7–7 车辆保险费发票

ICBC 中国工商银行 业务回单 收款 凭证

日期 2023年01月06日 回单编号 038315698

收款人户名：中泰财产保险股份有限公司东莞 收款人开户行：中国建设银行股份有限公司东莞

收款人账号：43001963569856986321

付款人户名：叁拾捌万捌仟伍佰捌拾伍元陆角肆分 付款人开户行：中国工商银行东莞市长安支行

付款人账号：1901322412455631285

金额合计（大写）：叁拾捌万捌仟伍佰捌拾伍元陆角肆分 小写：388585.64

业务（产品）种类：网银互联 凭证种类：9129137 凭证号码：6953846963265

摘要：保险费 用途：无 币种：人民币

交易机构：0190010180 记账柜员：00132 交易代码：52139 渠道：网上银行

附言：无

支付交易序号：13443662 报文种类：小额客户发起普通 委托日期：2023-01-06 00:00

业务类型（种类）：普通汇兑 指令编号：HQP69537578 提交人：092010190520000２

最终授权人：无

本回单为第一次打印，注意重复 打印日期：2023-01-31 打印柜员：10 验证码：402Z8FEPHX26

图7–8 支付保险费用银行回单

3. 业财分析

公司为管理部门车辆支付的保险费358,905.55元，属于“管理费用”；购买保险服务取得增值税专用发票，对应税额21,534.33元，可以在计算应交增值税时进行抵扣，使得“应交税费”减少；使用工商银行存款支付保险费用，“银行存款”减少；支付的保险费用中，包含增值税发票备注栏里注明的代扣代缴车船税8,095.76元，使得应该交但未交的“应交税费”减少。

风险控制 在企业进行管理费用核算的精细化操作中，务必严格审核原始单据，确保每一笔费用均有据可查、合理合规。这要求财务人员遵循会计准则的严谨性，运用专业判断进行精准的账务处理，以维护企业财务信息的真实性和准确性。具体而言，应避免管理费用明细科目的随意设置与挂账现象，确保每一类费用都能准确归类，清晰反映企业运营的实际成本结构。同时，严禁将股东个人消费纳入企业报销范畴，以防范资金滥用与财务风险，维护企业与股东之间的财务界限清晰。

任务实施

1. 单据审核

账务处理的核心单据为增值税发票和银行回单，审核要点前面已作说明。

2. 管理费用核算的账务处理

2023年1月6日，根据审核无误的单据，进行如下账务处理：

借：管理费用——保险费 358,905.55

应交税费——应交增值税（进项税额） 21,534.33

——应交车船税 8,095.76

贷：银行存款 388,535.64

特别说明：

企业计提车船税的账务处理，将在子任务2税金及附加中进行说明。

3. 对会计科目的影响

本业务对于第一季度企业会计科目的影响如表7–5所示。

表7–5 管理费用核算业务科目发生额及余额表 单位：元

科目名称	期初余额		本期发生额		期末余额	
	借方	贷方	借方	贷方	借方	贷方
管理费用	675,000.00		358,905.55		1,033,905.55	
应交税费		42,615,831.26	29,630.09			42,586,201.17
银行存款	1,146,406,603.88			388,535.64	1,146,018,068.24	

三、财务费用

【场景7-4】2022年8月27日，公司为满足日常经营需要向中信银行股份有限公司万江分行借款45,000,000元。合同约定借款期1年，年利率3.65%，每月21日支付利息，到期还本。2023年3月21日，企业计提并支付本月利息。

上述场景原始单据有利息计算表、利息划款回单等。

业务发生时，相关科目期初余额如表7-6所示。

表7-6 财务费用核算业务科目期初余额表 单位：元

科目名称	期初余额	
	借方	贷方
财务费用	48,553.56	
银行存款	1,146,018,068.24	

分析研判

1. 业务流程

该场景为业务流程中的财务费用核算，财务费用通常在债务筹资过程中产生，债务筹资业务流程一般为：全面预算——资金需求——融资计划——授信计划——贷款申请——贷款合同——收到贷款——计提、支付利息——还本付息——分析与考核。本环节为计提、支付利息。

2. 场景核心单据

财务费用核算业务的核心单据为利息计算单、利息划款回单等。利息计算单记载了企业借款的本金、利率、计息时间、利息金额等；利息划款回单记载了已支付的利息金额，财务人员可以据此对业务进行核算。利息计算表、利息划款回单如表7-7、图7-9所示。

表7-7 利息计算表

日期：2023年3月21日 编号：LX-JS551326592172202 金额：元

合同号	贷款金融机构名称	贷款本金	币种	贷款期限（月）	利息计算起始日（含）	利息计算终止日（含）	年利率（%）	本月应计利息	结算周期	是否资本化	用途	备注
019012456007-2022年字851号	中信银行股份有限公司万江分行	45,000,000	人民币	12	2023-02-21	2023-03-20	3.65	127,750	月结	否	满足受信人依法合规正常经营的业务需要	利息=本金×年利率÷360×实际天数计算
合计	（大写）人民币	人民币壹拾贰万柒仟柒佰伍拾元整					（小写）	127,750				

中信银行 CHINA CITIC BANK

客户回单

业务类型：普通汇兑　　　　交易日期：2023-03-21 12:17:00

付款人	名称	珠江纸业股份有限公司	收款人	户名	中信银行股份有限公司万江分行
	账号	6625129894465355984		账号	6625129894165210218
	开户行名	中信银行股份有限公司万江分行		开户行名	中信银行股份有限公司万江分行
	开户行号			开户行号	
币种及金额		人民币　127,750.00			
其他信息	摘要或附言:				
	摘要	支付利息			
	附言	无			

图 7-9　利息划款回单

3. 业财分析

公司借款目的为满足日常经营需要，应当费用化处理，利息计算表中的本月应计利息127,750元，应当确认为“财务费用”；同时通过银行支付该利息费用，使得“银行存款”减少。

风险控制　企业应当区分哪些借款是为建造固定资产等项目发生的，哪些借款是为日常经营活动而发生的，前者产生的利息应当予以资本化，计入资产成本；后者应当费用化计入财务费用。只有正确划分资本化与费用化的利息支出，企业才能合理确定资产入账成本以及本期利润金额，才能符合会计中谨慎性原则要求，不高估资产或者收益，低估负债或者费用。

任务实施

1. 单据审核

账务处理的核心单据为利息计算表、利息划款回单，审核要点前面已作说明。

2. 财务费用核算的账务处理

2023年3月21日，根据审核无误的单据，进行如下账务处理：

本月利息费用=45,000,000 × 3.65% ÷ 360 × 28=127,750（元）

借：财务费用——利息支出　　　　127,750.00

　　贷：银行存款　　　　　　　　　127,750.00

3. 对会计科目的影响

本业务对于第一季度企业会计科目的影响如表7–8所示。

表7-8 财务费用核算业务科目发生额及余额表 单位：元

科目名称	期初余额		本期发生额		期末余额	
	借方	贷方	借方	贷方	借方	贷方
财务费用	48,553.56		127,750.00		176,303.56	
银行存款	1,146,018,068.24			127,750.00	1,145,890,318.24	

子任务2 税金及附加

任务导入

【场景7-5】2023年1月31日，公司进行当月增值税纳税申报表的填制，申报表中显示本月增值税税额19,586,878.05元，企业无消费税有关业务。同时，企业根据增值税信息，填报附列资料（五）附加税费情况表。本月企业需缴纳城市维护建设税1,371,081.46元，教育费附加587,606.34元，地方教育附加391,737.56元。

上述场景原始单据有增值税纳税申报表附列资料（五）等。

业务发生时，相关科目期初余额如表7-9所示。

表7-9 税金及附加业务科目期初余额表 单位：元

科目名称	期初余额	
	借方	贷方
税金及附加		
应交税费		42,586,201.17

认知识别

1. 税金及附加

税金及附加是指企业经营活动应负担的相关税费，包括消费税、城市维护建设税、教育费附加、资源税、土地增值税、房产税、环境保护税、城镇土地使用税、车船税、印花税等。

2. 城市维护建设税

城市维护建设税是以纳税人依法实际缴纳的增值税、消费税税额为计税依据所征收的一种税，主要目的是筹集城镇设施建设和维护资金。

（1）税率。

城市维护建设税实行差别比例税率。按照纳税人所在地区的不同，设置了3档比例税率，即：

A.纳税人所在地在市区的，税率为7%；

B.纳税人所在地在县城、镇的，税率为5%；

C.纳税人所在地不在市区、县城或者镇的，税率为1%。

纳税人所在地，是指纳税人住所地或者与纳税人生产经营活动相关的其他地点，具体地点由省、自治区、直辖市确定。

（2）计税依据。

城市维护建设税的计税依据为纳税人实际缴纳的增值税、消费税税额。在计算计税依据时，应当按照规定扣除期末留抵退税退还的增值税税额。

（3）应纳税额的计算。

城市维护建设税的应纳税额按照纳税人实际缴纳的增值税、消费税税额合计乘以适用税率计算。其计算公式为：

应纳税额=（实际缴纳的增值税+实际缴纳的消费税）×适用税率

3. 教育费附加

教育费附加是以各单位和个人实际缴纳的增值税、消费税的税额为计征依据而征收的一种费用，其目的是加快发展教育事业，扩大教育经费资金来源。

（1）征收比率。

按照1994年2月7日《国务院关于教育费附加征收问题的紧急通知》的规定。现行教育费附加征收比率为3%。

（2）计征依据。

教育费附加以纳税人实际缴纳的增值税、消费税税额之和为计征依据。

（3）应纳教育费附加的计算。

应纳教育费附加=实际缴纳的增值税、消费税税额之和×征收比率

4. 地方教育附加

地方教育附加是指根据国家有关规定，为实施“科教兴省”战略，增加地方教育的资金投入，促进各省、自治区、直辖市教育事业发展，开征的一项地方政府性基金。

（1）征收比率。

现行地方教育附加征收比率为2%。

（2）计征依据。

地方教育附加以纳税人实际缴纳的增值税、消费税税额之和为计征依据。

（3）应纳教育费附加的计算。

应纳地方教育附加=实际缴纳的增值税、消费税税额之和×征收比率

5. 增值税应纳税额计算

对于一般纳税人来说，通常实际缴纳的增值税即为应纳税额。应纳税额的计算公式为：应纳税额=当期销项税额–当期进项税额。

6. 主要会计科目

（1）税金及附加。

企业应当设置“税金及附加”科目，核算企业经营活动发生的消费税、城市维护建设税、教育费附加、资源税、房产税、环境保护税、城镇土地使用税、车船税、印花税等相关税费。其中，按规定计算确定的与经营活动相关的消费税、城市维护建设税、资源税、教育费附加、房产税、环境保护税、城镇土地使用税、车船税等税费，企业应借记“税金及附加”科目，贷记“应交税费”科目。期末，应将“税金及附加”科目余额转入利润结转账户，期末结转后该科目无余额。

该科目一般不设明细项目。“税金及附加”的T型账户如图7–10所示。

借方　　税金及附加　　贷方

本期发生的城市维护建设税等税金及附加	期末转入本年利润的税金及附加
期末结转后无余额	

图 7–10　“税金及附加”T 型账户

（2）应交税费——应交城市维护建设税。

企业为进行城市维护建设税的核算，应当专门开设“应交税费——应交城市维护建设税”科目。该科目属于负债类科目，贷方登记计提的城市维护建设税，借方登记已交纳的城市维护建设税。期末贷方余额反映尚未缴纳的城市维护建设税，期末如为借方余额则反映多交的城市维护建设税。“应交税费——应交城市维护建设税”的T型账户如图7–11所示。

借方　　应交税费——应交城市维护建设税　　贷方

已缴纳的城市维护建设税	应缴纳的城市维护建设税
	尚未缴纳的城市维护建设税

图 7–11　“应交税费——应交城市维护建设税”T 型账户

（3）应交税费——应交教育费附加。

企业为进行教育费附加的核算，应当专门开设“应交税费——应交教育费附加”科目，其T型账户与“应交税费——应交城市维护建设税”一致。

（4）应交税费——应交地方教育附加。

企业为进行地方教育附加的核算，应当专门开设“应交税费——应交地方教育附加”科目，其T型账户与“应交税费——应交城市维护建设税”一致。

分析研判

1. 业务流程

该场景为业务流程中的税金及附加核算环节，业务流程一般为：确定纳税基数——确定税率——计算应纳税额——税费申报——税款缴纳。

2. 场景核心单据

税金及附加核算业务的核心单据为增值税及附加税费纳税申报表附列资料（五）等。申报表中记载了企业附加税费的税率、计税（费）依据、减免情况等，财务人员可以据此对业务进行核算。增值税及附加税费纳税申报表附列资料（五）如表7-10所示。

表7-10 增值税及附加税费纳税申报表附列资料（五）

（附加税费情况表）

税（费）款所属时间：　　年　　月　　日至　　　年　　月　　日

纳税人名称：（公章）　　　　　　　　　　　　　　　　　　金额单位：元（列至角分）

税（费）种		计税（费）依据			税（费）率（%）	本期应纳税（费）额	本期减免税（费）额		试点建设培育产教融合型企业		本期已缴税（费）额	本期应补（退）税（费）额
		增值税税额	增值税免抵税额	留抵退税本期扣除额			减免性质代码	减免税（费）额	减免性质代码	本期抵免金额		
		1	2	3	4	5=（1+2-3）×4	6	7	8	9	10	11=5-7-9-10
城市维护建设税	1	19,586,878.05			7	1,371,081.46			—	—	0	1,371,081.46
教育费附加	2	19,586,878.05			3	587,606.34					0	587,606.34
地方教育附加	3	19,586,878.05			2	391,737.56					0	391,737.56
合计	4	—	—	—	—	2,350,425.36	—		—			2,350,425.36

本期是否适用试点建设培育产教融合型企业抵免政策	□是 □否	当期新增投资额	5		
		上期留抵可抵免金额	6		
		结转下期可抵免金额	7		
可用于扣除的增值税留抵退税额使用情况		当期新增可用于扣除的留抵退税额	8		
		上期结存可用于扣除的留抵退税额	9		
		结转下期可用于扣除的留抵退税额	10		

3. 业财分析

公司本期需要缴纳的附加税费2,350,425.36元，属于企业发生的各类“税金及附加”；由于附加税费还没有缴纳，公司“应交税费”增加，其中应交但未交的城市维护建设税1,371,081.46元、教育费附加587,606.34元、地方教育附加391,737.56元。

风险控制　企业缴纳附加税费时，根据企业的类型及注册地选择与企业相匹配的税率，对于税收优惠政策，应当对照相关法规政策进行逐项分析，尽可能做到“应享尽享”，同时不断提升财务人员的业务水平，加大企业税务筹划力度，尽可能地降低企业税务成本，但须符合国家法律法规及税法政策，不能出现偷税、漏税行为，企业应积极履行社会责任，从整体上把控企业的财税风险。

任务实施

1. 单据审核

计算城市维护建设税、教育费附加及地方教育费附加的依据是实际缴纳的增值税、消费税税额之和，而实际缴纳的增值税和消费税分布在各业务场景之中，故该场景无直接需要审核的单据。

2. 税金及附加核算的账务处理

2023年1月31日，根据实际缴纳的增值税和消费税之和，进行如下账务处理：

城市维护建设税=19,586,878.05 × 7%=1,371,081.46（元）

教育费附加=19,586,878.05 × 3%=587,606.34（元）

地方教育附加=19,586,878.05 × 2%=391,737.56（元）

借：税金及附加　　2,350,425.36

　　贷：应交税费——应交城市维护建设税　　1,371,081.46

　　　　　　　　——应交教育费附加　　587,606.34

　　　　　　　　——应交地方教育附加　　391,737.56

3. 对会计科目的影响

本业务对于第一季度企业会计科目的影响如表7-11所示。

表 7-11　税金及附加核算业务科目发生额及余额表　单位：元

科目名称	期初余额		本期发生额		期末余额	
	借方	贷方	借方	贷方	借方	贷方
税金及附加			2,350,425.36		2,350,425.36	
应交税费		42,586,201.17		2,350,425.36		44,936,626.53

任务拓展

1. 一般本月计提的附加税费将在下月进行支付。下月公司支付附加税费时，根据取得的电子缴税回单，做如下账务处理：

借：应交税费——应交城市维护建设税　　1,371,081.46
　　　　　——应交教育费附加　　587,606.34
　　　　　——应交地方教育附加　　391,737.56
　贷：银行存款　　2,350,425.36

2. 企业计提车船税也应在"税金及附加"科目中进行核算。因此，【场景7-3】管理费用业务场景中的车船税应当先进行计提，计提车船税时，相关业务处理如下：

借：税金及附加　　8,095.76
　贷：应交税费——应交车船税　　8,095.76

子任务3　营业外收支

一、营业外收入

任务导入

【场景7-6】2023年4月5日公司有一批台式电脑及激光打印机因设备老化丧失使用功能，进行报废处理。需处理的台式电脑及激光打印机原值60,640元，残值3,032元，已提足折旧。4月7日处理报废资产，开具增值税发票，变价收入4,500元，增值税销项税额585元，并收到款项。

上述场景原始单据有固定资产清理单、增值税发票、收款银行回单等。

本业务不影响公司2023年第一季度会计科目。

认知识别

1. 营业外收入

营业外收入，是指企业确认的与其日常活动无直接关系的各项利得。营业外收入并不是企业经营资金耗费所产生的，实际上是经济利益的净流入，不需要与有关的费用进行配比。主要包括与企业日常活动无关的政府补助、盘盈利得、捐赠利得、罚没利得、非流动资产毁损报废收益等。

（1）政府补助，指企业从政府无偿取得与企业日常活动无关的补助，包括货币性资产和非货币性资产形成的利得，不包括政府作为投资者对企业的投入。

（2）盘盈利得，主要指清查盘点中盘盈的现金等，报经批准后计入营业外收入的金额。

（3）捐赠利得，指企业接受捐赠产生的利得。

（4）罚没利得，指企业取得的各项罚款，在弥补由于违反经济合同或协议而造成的经济损失后的罚款净收益。

（5）非流动资产毁损报废收益，是指因自然灾害等发生毁损，已丧失使用功能而报废的固定资产等非流动资产的净清理收益。

2. 主要会计科目

（1）固定资产清理。

企业为清理固定资产，应当设置“固定资产清理”科目。该科目是资产类科目，用来核算企业因出售、报废和毁损等原因转入清理的固定资产价值以及在清理过程中所发生的清理费用和清理收入。借方登记固定资产转入清理的净值和清理过程中发生的费用；贷方登记出售固定资产取得的价款、残料价值和变价收入。其借方余额表示清理后的净损失；贷方余额表示清理后的净收益。清理完毕后净收益按资产还有无价值转入“营业外收入”或“资产处置损益”账户；净损失转入“营业外支出”账户或“资产处置损益”账户。“固定资产清理”账户应按被清理的固定资产设置明细账。“固定资产清理”的T型账户如图7–12所示。

借方　　固定资产清理	贷方
转入清理的固定资产累计折旧 产生的清理费用 结转的清理净收益	转入清理的固定资产原值 产生的清理收入 结转的清理净损失
该科目无余额	

图 7–12　“固定资产清理”T型账户

（2）营业外收入。

为了反映和监督营业外收入的取得及结转情况，企业应设置“营业外收入”科目进行核算，该科目属于损益类科目，贷方登记企业确认的各项营业外收入，借方登记期末结转入本年利润的营业外收入，结转后该科目期末应无余额。企业可按照营业外收入的项目进行明细核算。“营业外收入”的T型账户如图7–13所示。

借方　　营业外收入	贷方
期末转入本年利润的营业外收入	本期发生的各类营业外收入
期末结转后无余额	

图 7–13　“营业外收入”T型账户

分析研判

1. 业务流程

该场景为业务流程中的营业外收入核算环节，业务流程一般为：提出业务需求——相关部门审批——业务执行——总结与反思。

2. 场景核心单据

营业外收入核算业务的核心单据为固定资产清理单、增值税发票、收款银行回单等。固定资产清理单中记载了报废资产的名称、编号、原值、残值、已提折旧等信息；增值税发票中记载了处理报废资产的变价收入和对应税额；银行回单记载了款项是否已经收到，财务人员据此对业务进行核算。固定资产清理单、增值税发票、收款银行回单如表7-12、图7-14和图7-15所示。

表7-12 固定资产报废单 单据编号：BFQD-2023010501

序号	资产名称	规格型号	单位	购置日期	资产原值	使用部门	已使用年限	账面残值	已计提折旧	处置费用
1	台式电脑	联想	台	2013-12-20	3,070	仓储部	5	153.50	2,916.50	0
2	台式电脑	联想	台	2013-12-20	3,070	仓储部	5	153.50	2,916.50	0
3	台式电脑	联想	台	2013-12-20	3,070	仓储部	5	153.50	2,916.50	0
4	台式电脑	联想	台	2013-12-20	3,070	仓储部	5	153.50	2,916.50	0
5	台式电脑	联想	台	2013-12-20	3,070	仓储部	5	153.50	2,916.50	0
6	台式电脑	联想	台	2013-12-20	3,070	仓储部	5	153.50	2,916.50	0
7	台式电脑	联想	台	2015-3-26	5,000	仓储部	5	250.00	4,750.00	0
8	台式电脑	联想	台	2013-12-20	3,070	设备管理部	5	153.50	2,916.50	0
9	台式电脑	联想	台	2013-12-20	3,070	设备管理部	5	153.50	2,916.50	0
10	台式电脑	联想	台	2013-12-20	3,070	设备管理部	5	153.50	2,916.50	0
11	台式电脑	戴尔	台	2015-12-23	3,800	生产中心	5	190.00	3,610.00	0
12	台式电脑	联想	台	2013-12-20	3,070	生产中心	5	153.50	2,916.50	0
13	台式电脑	联想	台	2013-12-20	3,070	生产中心	5	153.50	2,916.50	0
14	台式电脑	联想	台	2013-12-20	3,070	生产中心	5	153.50	2,916.50	0
15	台式电脑	戴尔	台	2015-12-23	3,800	生产中心	5	190.00	3,610.00	0
16	激光打印机	联想 LJ2655DN	台	2017-12-26	1,400	生产中心	5	70.00	1,330.00	0
17	激光打印机	联想 LJ2655DN	台	2017-12-26	1,400	生产中心	5	70.00	1,330.00	0
18	激光打印机	联想 LJ2655DN	台	2017-12-26	1,400	生产中心	5	70.00	1,330.00	0
19	激光打印机	联想 LJ2655DN	台	2017-12-26	1,400	生产中心	5	70.00	1,330.00	0
20	激光打印机	联想 LJ2655DN	台	2017-12-26	1,400	生产中心	5	70.00	1,330.00	0
21	激光打印机	联想 LJ2655DN	台	2017-12-26	1,400	生产中心	5	70.00	1,330.00	0
22	激光打印机	联想 LJ2655DN	台	2017-12-26	1,400	生产中心	5	70.00	1,330.00	0
23	激光打印机	联想 LJ2655DN	台	2017-12-26	1,400	生产中心	5	70.00	1,330.00	0

广东增值税专用发票 发票联

4400509400
机器编码：
889589456547

No 738445389
4400509400
738445389
开票日期：2023/04/07

购买方	名称：东莞市典城通讯有限责任公司 纳税人识别号：91441900338078235H 地址、电话：广东省东莞市东城中路南161号102铺0769 开户行及账号：中国建设银行东莞城区阳光支行43674236	密码区	03-0/71111627866—223*33*05+7->6989<8<2- 3342>2755*698<0-1>4<<2272/608287577+99- 19/6*388549*37*01659503<7*—225+3

货物或应税劳务、服务名称	规格型号	单位	数量	单价	金额	税率	税额
*电子产品*二手电脑		台	15	270.5	4,057.52	0.13	527.48
*电子产品*二手打印机		台	8	55.31	442.48	0.13	57.52
合计					¥4,500.00		¥585.00
价税合计（大写）	⊙伍仟零捌拾伍元整				（小写）¥5,085.00		

销售方	名称：珠江纸业股份有限公司 纳税人识别号：91441900MA3CCA2C89 地址、电话：广东省东莞市东城中路南161号102铺0769 开户行及账号：广东省东莞广麻大道258号0769-8882185	备注	

收款人：唐伯瑞　复核：柳淑婷　开票人：廖峰　销售方：（章）

第三联：发票联 购买方记账凭证

图7-14　增值税发票

ICBC 中国工商银行 业务回单收款 凭证

日期：2023年04月07日　回单编号：198561596

收款人户名：珠江纸业股份有限公司　收款人开户行：中国工商银行东莞市长安支行
收款人账号：1901322412455631285
付款人户名：东莞市典城通讯有限责任公司　付款人开户行：中国建设银行东莞城区阳光支行
付款人账号：4367423632548799987
金额合计（大写）：伍仟零捌拾伍元　小写：5085
业务（产品）种类：网银互联　凭证种类：9786653　凭证号码：6875060229211
摘要：货款　用途：无　币种：人民币
交易机构：0230021456　记账柜员：01332　交易代码：13896　渠道：网上银行

附言：无
支付交易序号：65203247　报文种类：小额客户发起普通贷　委托日期：
业务类型（种类）：普通汇兑　指令编号：HQP87362355　提交人：0554601908300002
最终授权人：无

本回单为第一次打印，注意重复　打印日期：2023-04-07　打印柜员：03　验证码：304Z8FXPHX23

图7-15　收款银行回单

3. 业财分析

固定资产报废使得公司的固定资产减少，“固定资产”原值及已计提的“累计折旧”需一并转销。出售报废资产共收到5,085元，“银行存款”增加；出售货物产生585元增值税纳税义务，引起“应交税费”增加。处置报废资产的变价收入与固定资产账面价值之间的差额属于报废处理损益，损失属于公司的“营业外支出”，收益属于公司的“营业外收入”。

风险控制　企业应严格进行固定资产报废管理，应当有明确的报废资产清单、报废原因、处理方式、时间表和责任人等。资产报废应符合企业的财务、税务和环保政策。资产报废申请应提交给相关部门进行审批，如财务部门、审计部门和管理层等，并进行存档，以备日后审计或检查。

任务实施

1. 单据审核

账务处理的核心单据为固定资产清理单、增值税发票、收款银行回单。增值税发票和银行回单的审核要点前面已作说明。固定资产清理单的审核要点主要如下：

（1）核对清理的固定资产名称、规格型号、原值、已提折旧、净值等基本信息是否准确无误；

（2）审核固定资产清理的原因是否合理，是否属于正常报废、损坏、出售、捐赠、抵债、投资转出等合法合规的范畴；

（3）检查清理是否经过相关部门审批，审批流程是否符合企业内控制度要求，审批手续是否齐全。

2. 营业外收入核算的账务处理

2023年4月5日，根据审核无误的固定资产清理单，进行如下账务处理：

借：固定资产清理　　3,032.00

　　累计折旧　　57,608.00

　　贷：固定资产　　60,640.00

2023年4月7日，根据审核无误的增值税发票和收款银行回单，进行如下账务处理：

（1）出售报废资产

借：银行存款　　5,085.00

　　贷：固定资产清理　　4,500.00

　　　　应交税费——应交增值税（销项税额）　　585.00

（2）结转报废损益

借：固定资产清理　　1,468.00

　　贷：营业外收入　　1,468.00

3. 对会计科目的影响

本业务对于第一季度企业会计科目无影响。

二、营业外支出

任务导入

【场景7-7】2023年3月10日，公司董事会决议通过凉山州红十字会向四川省凉山彝族自治州新市坝镇莲花中学捐款200,000元，用于为学校配备教学电脑。双方签署捐赠合同并捐赠该款项。

上述场景原始单据有公益事业捐赠统一票据、捐赠银行回单等。

业务发生时，相关科目期初余额见表7–13。

表7–13 营业外支出核算业务科目期初余额表 单位：元

科目名称	期初余额	
	借方	贷方
营业外支出		
银行存款	1,145,890,318.24	

认知识别

1. 捐赠

捐赠通常是指某个单位或个人（捐赠人）自愿地将现金或其他资产无偿地转让给另一单位或个人（受赠人），或者无偿地清偿或取消该单位或个人（受赠人）的负债。捐赠可以分为公益性捐赠和非公益性捐赠，两种不同捐赠方式在法律定义、税务处理以及社会影响等方面均存在显著差异。

（1）公益性捐赠。

公益性捐赠是指企业通过公益性社会团体或者县级以上人民政府及其部门，用于《中华人民共和国公益事业捐赠法》规定的公益事业的捐赠。根据企业所得税相关规定，企业公益性捐赠支出，可以在企业所得税前限额扣除，从而减少需缴纳的企业所得税。

例如：该场景中红十字会开具的公益事业捐赠统一票据可以识别企业的此项捐赠属于公益性捐赠。

（2）非公益性捐赠。

非公益性捐赠则是指捐赠人向不具备公益性质的组织或个人进行的捐赠。这类捐赠可能出于个人情感、社会关系或其他非公益性目的。在税务处理上，非公益性捐赠支出并不能享受与公益性捐赠相同的税收优惠政策。这是因为非公益性捐赠支出也并未直接用于社会公益事业，因此在税收上不予优惠。

2. 营业外支出

营业外支出是指企业发生的与其日常活动无直接关系的各项损失，主要包括捐赠支出、非常损失、盘亏损失、罚款支出、非流动资产毁损报废损失等。

（1）捐赠支出，指企业对外进行捐赠发生的支出，包括公益性捐赠和非公益性捐赠。

（2）非常损失，指企业对于因客观因素（如自然灾害等）造成的损失，在扣除保险公司赔偿后应计入营业外支出的净损失。

（3）盘亏损失，主要指对于财产清查盘点中盘亏的资产，在查明原因处理时按确定的损失计入营业外支出的金额。

（4）罚款支出，指企业由于违反税收法规、经济合同等而支付的各种滞纳金和罚款。

（5）非流动资产毁损报废损失，指固定资产、在建工程等非流动资产毁损报废的残料价值和变价收入，不足以抵补其账面价值、清理费用等而产生的净损失。

3. 主要会计科目

企业为了核算营业外支出的发生及结转情况，应设置“营业外支出”科目。该科目属于损益类科目，借方登记企业发生的各项营业外支出，贷方登记期末结转至本年利润的营业外支出，结转后该账户期末应无余额。企业可按照营业外支出的项目进行明细核算。“营业外支出”的T型账户如图7-16所示。

借方　　营业外支出　　贷方

借方	贷方
发生的各类营业外支出金额	损益结转转出的营业外支出金额

图7-16 “营业外支出”T型账户

分析研判

1. 业务流程

该场景为业务流程中的营业外支出核算环节，业务流程一般为：提出业务需求——相关部门审批——业务执行——总结与反思。

2. 场景核心单据

营业外支出业务的核心单据为公益事业捐赠统一票据、捐赠银行回单。公益事业捐赠统一票据记载了企业捐赠的项目、金额、数量等信息，并且通过公益事业捐赠统一票据也可以证明捐赠为公益性捐赠。财务人员据此对业务进行核算。公益事业捐赠统一票据、捐赠银行回单如图7-17和图7-18所示。

四川省公益事业捐赠统一票据
SICHUAN UNIFIED INVOICE OF DONATON FOR PUBLIC WELFARE

捐赠人：Donor 珠江纸业股份有限公司　　年 Y　/2 月 M　23 日 D　　No.0022963245

捐赠项目 For purpose	实物（外币）种类 Material objects(Currency)	数量 Amount	金额 Total amount
捐赠款	人民币		200,000

金额合计（小写）In Figures200000

金额合计（大写）In Words 贰拾万元整

接受单位（盖章）Receiver's　　复核人：Verified by 凉山州红十字会　　开票人：Handling Person 凉山州红十字会

感谢您对公益事业的支持！ Thank you for support of public welfare!

电脑打印，手写无效　　第二联 收据

图7-17 公益事业捐赠统一票据

ICBC 中国工商银行 业务回单 付款 凭证

日期：2023年03月10日 回单编号：896326962

收款人户名：凉山州红十字会 收款人开户行：凉山州商业银行金财支行

收款人账号：0603030900000177

付款人户名：珠江纸业股份有限公司 付款人开户行：中国工商银行东莞市长安支行

付款人账号：1901322412455631285

金额合计（大写）：贰拾万元整 小写：200000

业务（产品）种类：网银互联 凭证种类：6369686 凭证号码：1263265498633

摘要：凉山州红十字会现金捐赠20万元 用途：无 币种：人民币

交易机构：0190010180 记账柜员：00132 交易代码：52139 渠道：网上银行

附言：无

支付交易序号：95632673 报文种类：小额客户发起普通贷 委托日期：2023-03-10 00:00

业务类型（种类）：普通汇兑 指令编号：HQP74367951 提交人：0920101905200002

最终授权人：无

本回单为第一次打印，注意重复 打印日期：2023-03-29 打印柜员：10 验证码：368S8XWNOES

图7-18 捐赠银行回单

3. 业财分析

企业捐款行为是非日常活动，捐款支出200,000元，属于公司的“营业外支出”；捐款通过银行转账支付，使得公司的“银行存款”减少。

风险控制 企业应积极参与慈善事业，但须采用适当的方式来传递爱心。根据《中华人民共和国慈善法》第一百零一条规定，非慈善组织进行公开募捐的，不仅面临捐赠无法实现的风险，还可能面临被认定为非法集资受到法律惩戒。因此企业应尽可能选择公益性捐赠，在传递爱心的同时，享受税收优惠，减少企业所得税纳税负担。

任务实施

1. 单据审核

账务处理的核心单据为公益事业捐赠统一票据和银行回单。银行回单的审核前面已作说明。公益事业捐赠统一票据审核的要点如下：

（1）核对受赠对象，明确捐赠类别。根据受赠对象确定捐赠属于公益性捐赠还是非公益性捐赠，根据《企业所得税法》第九条规定：“企业发生的公益性捐赠支出，在年度利润总额12%以内的部分，准予在计算应纳税所得额时扣除。”因此确定捐赠类别对会计处理非常关键。

（2）核对捐赠方式及金额与实际捐赠是否一致。企业捐赠形式多样，会计人员要认真核对捐赠方式与实际捐赠的一致性，如果是现金以外的捐赠还需要核对其数量、规格等。

（3）核对捐赠收据的签章等信息是否清晰，确保印章与开票单位名称一致且清晰，如模糊不清的情况，需及时与开票方联系。

2. 营业外支出的账务处理

2023年3月15日，根据审核无误的单据，进行如下账务处理：

借：营业外支出——公益性捐赠支出　　200,000.00

　　贷：银行存款　　200,000.00

3. 对会计科目的影响

本业务对于第一季度企业会计科目的影响如表7-14所示。

表7-14　营业外支出核算业务科目发生额及余额表　　单位：元

科目名称	期初余额		本期发生额		期末余额	
	借方	贷方	借方	贷方	借方	贷方
营业外支出			200,000.00		200,000.00	
银行存款	1,145,890,318.24			200,000.00	1,145,690,318.24	

子任务4　所得税

任务导入

【场景7-8】2023年1月5日，公司计算调整2022年所得税费用，公司2022年全年利润总额（即税前会计利润）为485,564,385.93元，其中包括当年实现的国债利息收入200,000元；同时企业由于排污不达标，被罚款5,000元。2023年1月，企业进行所得税汇算清缴，填制企业所得税汇算清缴表。所得税税率为25%。假定公司无其他纳税调整因素。2022年1~12月企业已经预缴所得税65,219,879.80元。

上述场景原始单据有所得税汇算清缴表等。

业务发生时，相关科目期初余额见表7-15。

表7-15　所得税核算业务科目期初余额表　　单位：元

科目名称	期初余额	
	借方	贷方
以前年度损益调整		
应交税费		44,936,626.53

认知识别

1. 企业所得税费用

企业的所得税费用包括当期所得税和递延所得税两个部分，其中，当期所得税是指当期应交所得税。递延所得税包括递延所得税资产和递延所得税负债。递延所得税资产是指以未来期间很可能取得用来抵扣可抵扣暂时性差异的应纳税所得额为限确认的一项资产。递延所得税负债是指根据应纳税暂时性差异计算的未来期间应付所得税的金额。

2. 应交所得税的计算

应交所得税是指企业按照企业所得税法规定计算确定的针对当期发生的交易和事项应缴纳给税务部门的所得税金额，即当期应交所得税。

企业当期应交所得税的计算公式为：

应交所得税＝应纳税所得额 × 所得税税率

其中，应纳税所得额是在企业税前会计利润（即利润总额）的基础上调整确定的，计算公式为：

应纳税所得额＝税前会计利润＋纳税调整增加额－纳税调整减少额

3. 纳税调整

（1）纳税调整增加额。

纳税调整增加额主要包括企业所得税法规定允许扣除项目中，企业已计入当期费用但超过税法规定扣除标准的金额：

A. 职工福利费、工会经费、职工教育经费。分别按照工资、薪金总额的14%、2%、8%扣除，其中对于职工教育经费超过部分准予结转以后纳税年度扣除。

B. 业务招待费按照当年发生额的60%扣除，但最高不超过当年销售额的5‰。

C. 公益性捐赠支出按照年度利润总额的12%扣除。

D. 广告费和业务宣传费按照当年销售额的15%扣除，超过部分准予结转以后纳税年度扣除。

以及企业已计入当期损失但企业所得税法规定不允许扣除项目的金额（如税收滞纳金、罚金、罚款、非公益性捐赠等）。

（2）纳税调整减少额。

纳税调整减少额主要包括按企业所得税法规定允许弥补的亏损和准予免税的项目，如前5年内未弥补亏损和国债利息收入等。

4. 主要会计科目

企业在所得税汇算清缴时需要比较本年应纳所得税额与1~12月已经预缴的所得税合计金额。如果发现应缴纳的企业所得税金额超出了预缴时所计算的金额，需要进行补缴，例如：本业务中公司在汇算清缴2022年企业所得税时发现的56,122,466.68元需补缴差额。在会计账务上，应借记“以前年度损益调整”，贷记“应交税费——应交企业所得税”账户记录该项税费的补缴。

“以前年度损益调整”科目借方是表示调整减少以前年度利润或增加以前年度亏损。贷方是表示调整增加以前年度的利润或减少以前年度的亏损。该科目期末无余额。

以前年度损益调整科目用于调整以前年度损益类科目金额。以前年度多、少计费用或多、少计收益时，应通过“以前年度损益调整”科目来代替原相关损益科目，对方科目不变。“以前年度损益调整”“应交税费——应交企业所得税”的T型账户如图7-19和图7-20所示。

借方	以前年度损益调整 贷方
需调整减少以前年度损益的金额 结转调整增加的以前年度损益	需调整增加以前年度损益的金额 结转调整减少的以前年度损益
一般无余额	

图7-19 “以前年度损益调整”T型账户

借方	应交税费——应交企业所得税 贷方
已缴纳的企业所得税	应缴纳的企业所得税
	尚未缴纳的企业所得税

图7-20 “应交税费——应交企业所得税”T型账户

分析研判

1. 业务流程

该场景为业务流程中的计提所得税环节，它是利润形成过程中的一个重要环节。在未计提所得税前，企业形成的利润为利润总额，计提所得税后，企业形成的利润为净利润。所得税核算业务流程如图7–21所示。

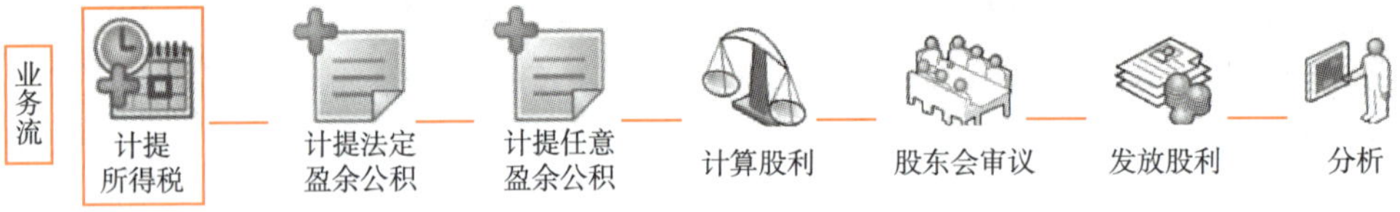

图7-21 利润形成及分配业务流程

2. 场景核心单据

所得税核算业务的核心单据为企业所得税年度纳税申报表等。企业所得税年度纳税申报表中记载了企业利润总额、纳税调整增加事项及金额、纳税调整减少事项及金额、本年累计实际已缴纳的所得税额等，财务人员据此对业务进行核算。企业所得税年度纳税申报表如表7–16所示。

表7-16 A100000 中华人民共和国企业所得税年度纳税申报表（A类） 单位：元

行次	类别	项目	金额
1	利润总额计算	一、营业收入（填写A101010\101020\103000）	5,856,586,773.85
2		减：营业成本（填写A102010\102020\103000）	4,623,034,439.21
3		减：税金及附加	37,756,176.45
4		减：销售费用（填写A104000）	283,273,498.09
5		减：管理费用（填写A104000）	339,221,830.41

续表

行次	类别	项目	金额
6	利润总额计算	减：财务费用（填写 A104000）	178,837,443.97
7		减：资产减值损失	1,278,942.55
8		加：公允价值变动收益	
9		加：投资收益	41,435,576.12
10		二、营业利润（1-2-3-4-5-6-7+8+9）*	484,088,436.57
11		加：营业外收入（填写 A101010\101020\103000）	4,142,607.94
12		减：营业外支出（填写 A102010\102020\103000）	2,666,658.58
13		三、利润总额（10+11-12）	485,564,385.93
14	应纳税所得额计算	减：境外所得（填写 A108010）	
15		加：纳税调整增加额（填写 A105000）	5,000.00
16		减：纳税调整减少额（填写 A105000）	200,000.00
17		减：免税、减计收入及加计扣除（填写 A107010）	
18		加：境外应税所得抵减境内亏损（填写 A108000）	
19		四、纳税调整后所得（13-14+15-16-17+18）	485,369,385.93
20		减：所得减免（填写 A107020）	
21		减：弥补以前年度亏损（填写 A106000）	
22		减：抵扣应纳税所得额（填写 A107030）	
23		五、应纳税所得额（19-20-21-22）	485,369,385.93
24	应纳税额计算	税率（25%）	25%
25		六、应纳所得税额（23×24）	121,342,346.48
26		减：减免所得税额（填写 A107040）	
27		减：抵免所得税额（填写 A107050）	
28		七、应纳税额（25-26-27）	121,342,346.48
29		加：境外所得应纳所得税额（填写 A108000）	
30		减：境外所得抵免所得税额（填写 A108000）	
31		八、实际应纳所得税额（28+29-30）	121,342,346.48
32		减：本年累计实际已缴纳的所得税额	65,219,879.80
33		九、本年应补（退）所得税额（31-32）	56,122,466.68
34		其中：总机构分摊本年应补（退）所得税额（填写 A109000）	
35		财政集中分配本年应补（退）所得税额（填写 A109000）	

注：*根据国家税务总局公布的A100000《中华人民共和国企业所得税年度纳税申报表（A类，2019年版）》填报说明，在《利润表》中归集的“其他收益”“资产处置收益”“信用减值损失”“净敞口套期收益”项目无须填报，同时第10行“二、营业利润”不执行“第10行=第1-52-3-4-5-6-7+8+9行”的表内关系，按照《利润表》“营业利润”项目直接填报。

3. 业财分析

公司应补所得税额56,122,466.68元，使“应交税费”增加；同时，由于需要补缴的所得税为2022年的所得税，因此对应“以前年度损益调整”。

风险控制

企业在计算所得税费用时，应当逐项对照纳税申报表查看企业是否有纳税调整事项，对于应当纳税调增、调减的事项应当准确计算，及时调整，避免未规范申报纳税带来的损失。

任务实施

1. 单据审核

账务处理的核心单据为所得税计算表。所得税计算表是会计人员自制单据，主要用于所得税费用的计算，其审核要点主要如下：

（1）核对收入类、费用类账户是否已全部合计且准确。如收入与费用类账户未全部合计准确，则无法准确计算会计利润（利润总额）。

（2）核对纳税调整事项是否完整且准确。纳税调整事项影响所得税费用计算的准确性，在计算所得税费用前会计人员须逐项核对。

（3）核对所得税费用的计算是否准确。所得税费用的计算影响企业净利润及后续股利分配等事项的准确性，如计算错误有偷税漏税的嫌疑，因此会计人员要认真检查。

（4）核对审核人员是否签章。不同人员的签章是内部控制的必要流程，也是计提所得税的前提和依据之一。

2. 所得税核算的账务处理

本业务中，国债利息收入200,000元属于纳税调整减少额，应当从利润总额中减去；罚款5,000元属于纳税调整增加额，应当在利润总额中增加。

因此，应纳税所得额=485,564,385.93−200,000+5,000=485,369,385.93（元）

应交所得税=485,369,385.93×25%=121,342,346.48（元）

应补缴企业所得税=121,342,346.48−65,219,879.80=56,122,466.68（元）

2023年1月5日，根据审核无误的原始凭证，进行如下会计处理：

借：以前年度损益调整　　56,122,466.68

　　贷：应交税费——应交所得税　　56,122,466.68

3. 对会计科目的影响

本业务对于第一季度企业会计科目的影响如表7-17所示。

表7-17　所得税核算业务科目发生额及余额表　单位：元

科目名称	期初余额		本期发生额		期末余额	
	借方	贷方	借方	贷方	借方	贷方
以前年度损益调整			56,122,466.68		56,122,466.68	
应交税费		44,936,626.53		56,122,466.68		101,059,093.21

任务拓展

企业1~12月需进行企业所得税的预缴，在所得税预缴时不考虑纳税调整事项。如果利润总额为正数，应预缴所得税＝利润总额 × 所得税税率。

企业应设置“所得税费用”科目，核算企业所得税费用的确认及其结转情况。期末应将“所得税费用”科目的余额转入利润结转科目，结转后，“所得税费用”科目无余额。

假设公司2023年4月利润总额为51,832,747.63元，所得税税率为25%，不考虑其他事项，应当预缴的企业所得税为12,958,186.91元，相关会计处理如下：

借：所得税费用　　12,958,186.91

　　贷：应交税费——应交企业所得税　　12,958,186.91

任务2　利润结转

【教学重点】结转本年利润的方法；结转本年利润的账务处理。

【教学难点】结转本年利润的账务处理。

结转本年利润业务是企业会计期末的一项重要财务工作，旨在将企业在本期内实现的各项收入和费用进行汇总，并计算出净利润或净亏损，最终将这一结果反映到企业的利润分配中。

任务导入

【场景7-9】2023年3月31日，公司根据科目汇总表进行损益结转。根据前述项目二至项目七有关业务，第一季度企业发生主营业务收入10,438,717.30元，投资收益–29.70元，公允价值变动损益4,950.00元；发生主营业务成本44,584,434.64元，税金及附加2,350,425.36元，销售费用5,190.57元，管理费用1,033,905.55元，财务费用176,303.56元，营业外支出200,000元。

业务发生时，相关科目期初余额如表7-18所示。

表7-18　利润结转核算业务科目期初余额表　单位：元

科目名称	期初余额	
	借方	贷方
主营业务收入		10,438,717.30
主营业务成本	44,584,434.64	
税金及附加	2,350,425.36	
销售费用	5,190.57	

续表

科目名称	期初余额	
	借方	贷方
管理费用	1,033,905.55	
财务费用	176,303.56	
投资收益	29.70	
公允价值变动损益		4,950.00
营业外支出	200,000.00	
本年利润		
利润分配		997,612,873.83

认知识别

1. 结转本年利润的方法

会计期末，结转本年利润的方法有表结法和账结法两种。

（1）表结法。

表结法下，各损益类科目每月月末只需结计出本月发生额和月末累计余额，不结转到“本年利润”科目，只有在年末时才将全年累计余额结转入“本年利润”科目。但每月月末要将损益类科目的本月发生额合计数填入利润表的本月数栏，同时将本月月末累计余额填入利润表的本年累计数栏，通过利润表计算反映各期的利润（或亏损）。表结法下，年中损益类科目无须结转入“本年利润”科目，从而减少了转账环节和工作量，同时并不影响利润表的编制及有关损益指标的利用。

（2）账结法。

账结法下，每月月末均需将在账上结计出的各损益类科目的余额结转入“本年利润”科目。结转后“本年利润”科目的本月余额反映当月实现的利润或发生的亏损，“本年利润”科目的本年余额反映本年累计实现的利润或发生的亏损。账结法在各月均可通过“本年利润”科目提供当月及本年累计的利润（或亏损）额，但增加了转账环节和工作量。

假设公司采用账结法进行本年利润的结转。

2. 主要会计科目

（1）本年利润。

企业采用账结法结转损益，应当设置“本年利润”科目。“本年利润”科目，属于所有者权益类科目。“本年利润”科目贷方登记企业当期所实现的各项收入；借方登记企业当期所发生的各项费用与支出。借贷方发生额相抵后，若为贷方余额则表示企业本期经营活动实现的净利润，若为借方余额则表示企业本期发生的亏损。

会计期末，企业应将“主营业务收入”“其他业务收入”“其他收益”“营业外收入”等科目的余额分别转入“本年利润”科目的贷方，将“主营业务成本”“其他业务成本”“税金及附加”“销售费用”“管理费用”“财务费用”“信用减值损失”“资产减值损失”“营业外支出”“所得税费用”等科目的余额分别转入“本年利润”科目的借方。企业还应将“投资收益”“公允价值变动损益”“资产处置损益”科目的净收益转入“本年利润”科目的贷方，将“投资收益”“公允价值变动损益”“资产处置损益”科目的净损失转入“本年利润”科目的借方。例如：本业务中公司月末进行的损益结转。结转后“本年利润”科目如为贷方余额，表示当年实现的净利润；如为借方余额，表示当年发生的净亏损。

年度终了，企业还应将“本年利润”科目的本年累计余额转入“利润分配——未分配利润”科目。如“本年利润”为贷方余额，借记“本年利润”科目，贷记“利润分配——未分配利润”科目；如为借方余额，作相反的会计分录，借记“利润分配——未分配利润”科目，贷记“本年利润”科目。结转后，“本年利润”科目应无余额。

“本年利润”科目的T型账户如图7–22所示。

借方　本年利润	贷方
结转的收入类科目发生额 转出的本年度净利润	结转的费用类科目发生额 转出的本年度净损失
该科目期末无余额	

图7–22　“本年利润”T型账户

（2）利润分配——未分配利润。

年度终了，企业应将全年实现的净利润或发生的净亏损，自“本年利润”科目转入“利润分配——未分配利润”科目，并将“利润分配”科目所属其他明细科目的余额，转入“未分配利润”明细科目。结转后，“利润分配——未分配利润”科目如为贷方余额，表示累积未分配的利润金额；如为借方余额，则表示累积未弥补的亏损金额。“利润分配——未分配利润”的T型账户如图7–23所示。

借方　利润分配——未分配利润	贷方
转入的本年度净损失 结转提取的盈余公积 结转需分配的现金股利	转入的本年度净利润
历年累计发生的净亏损	历年累计实现的净利润

图7–23　“利润分配——未分配利润”T型账户

分析研判

1. 业务流程

该场景为业务流程中的结转本年利润环节，它介于计提所得税费用和计提法定盈余公积之间，是利润形成的最后一个环节。经过本环节后，净利润形成。

2. 业财分析

期末，会计人员应当汇总公司取得的收入和利得、发生的费用和损失，测算公司是盈利还是亏损。

任务实施

1. 利润结转核算的账务处理

2023年3月31日，进行如下账务处理：

（1）结转各项收入、利得类科目。

借：主营业务收入	10,438,717.30	
公允价值变动损益	4,950.00	
贷：本年利润		10,443,637.60
投资收益		29.70

（2）结转各项费用、损失类科目。

借：本年利润	48,350,259.68	
贷：主营业务成本		44,584,434.64
税金及附加		2,350,425.36
销售费用		5,190.57
管理费用		1,033,905.55
财务费用		176,303.56
营业外支出		200,000.00

（3）结转净利润。

借：利润分配——未分配利润	37,906,622.08	
贷：本年利润		37,906,622.08

2. 对会计科目的影响

本业务对于第一季度企业会计科目的影响如表7-19所示。

表7-19 利润结转业务科目发生额及余额表 单位：元

科目名称	期初余额		本期发生额		期末余额	
	借方	贷方	借方	贷方	借方	贷方
主营业务收入		10,438,717.30	10,438,717.30			
主营业务成本	44,584,434.64			44,584,434.64		
税金及附加	2,350,425.36			2,350,425.36		
销售费用	5,190.57			5,190.57		
管理费用	1,033,905.55			1,033,905.55		
财务费用	176,303.56			176,303.56		
投资收益	29.70			29.70		
公允价值变动损益		4,950.00	4,950.00			

续表

科目名称	期初余额		本期发生额		期末余额	
	借方	贷方	借方	贷方	借方	贷方
营业外支出	200,000.00			200,000.00		
本年利润			48,350,259.68	48,350,259.68		
利润分配		997,612,873.83	37,906,622.08			959,706,251.75

任务拓展

如果企业按月预提了所得税费用，所得税费用也需结转。

结转所得税费用科目账务处理如下：

借：本年利润

　　贷：所得税费用

任务 3　利润分配

【教学重点】提取法定盈余公积业务账务处理；分配现金股利业务账务处理。

【教学难点】分配现金股利业务账务处理。

利润分配核算是对企业所实现利润分配去向、顺序和金额的核算。利润分配反映了企业如何将其净利润进行分配或用于弥补亏损的过程。

子任务 1　盈余公积

任务导入

【场景 7-10】2022 年 12 月 31 日，公司实现净利润 420,344,506.13 元，公司按 10% 比例计提法定盈余公积。

上述场景原始单据为盈余公积计算表。

本业务不影响公司 2023 年第一季度会计报表。

认知识别

1. 留存收益

留存收益，是指企业从历年实现的净利润中提取或形成的留存于企业内部的积累，包括盈余公积和未分配利润。

2. 盈余公积

盈余公积是指企业按照有关规定从净利润中提取的积累资金。公司制企业的盈余公积包括：

（1）法定盈余公积。按照《公司法》有关规定，公司制企业应当按照净利润（减弥补以前年度亏损）的10%提取法定盈余公积。计提的法定盈余公积累计达到注册资本的50%时，可以不再提取。非公司制企业法定盈余公积的提取比例可超过净利润的 10%。

（2）任意盈余公积。公司制企业可根据股东会的决议按照规定的比例从净利润中提取任意盈余公积，其提取比例由企业自行决定。非公司制企业经类似权力机构批准，也可提取任意盈余公积。

企业提取的盈余公积经批准可用于弥补亏损、转增资本、发放现金股利或利润等。

3. 未分配利润

未分配利润是指企业实现的净利润经过弥补亏损、提取盈余公积和向投资者分配利润后留存在企业的、历年结存的利润。相对于所有者权益的其他部分来说，企业对于未分配利润的使用有较大的自主权。

上述过程中的利润分配，是指企业根据国家有关规定和企业章程、投资者协议等对企业当年可供分配的利润所进行的分配。利润分配以可供分配利润为基础，按以下顺序进行：①提取法定盈余公积；②提取任意盈余公积；③向投资者分配利润。其中，可供分配利润的计算公式如下：

可供分配利润 = 当年实现的净利润（或净亏损）+ 年初未分配利润（或 − 年初未弥补亏损）+ 其他转入

4. 主要会计科目

（1）盈余公积。

为了反映和监督盈余公积的形成和使用情况，企业应设置“盈余公积”科目。该科目贷方登记按规定提取的盈余公积数额，借方登记用盈余公积弥补亏损和转增资本的实际数额；贷方余额反映企业的盈余公积。“盈余公积”科目应按照盈余公积形成的来源分设“法定盈余公积”和“任意盈余公积”两个明细科目。“盈余公积”的T型账户如图7-24所示。

借方　　　　盈余公积	贷方
转增实收资本（股本）的盈余公积	提取的盈余公积
	结存的盈余公积

图7-24 “盈余公积”T型账户

（2）利润分配。

企业为了核算净利润的分配或亏损的弥补情况以及历年净利润分配（或亏损弥补）后的结存余额，企业应设置“利润分配”科目。该科目贷方登记因提取法定盈余公积、任意盈余公积、发放股利或利润等分配活动引起的未分配利润的减少；贷方登记从“本年利润”等科目转入的待分配利润。“利润分配”科目应设置“提取法定盈余公积”“提取任意盈余公积”“应付现金股利或利润”“盈余公积补亏”“未分配利润”等明细科目进行明细计算。例如，该场景中，公司为结转提取的法定盈余公积设置的“利润分配——提取法定盈余公积”明细科目。“利润分配”的T型账户如图7-25所示。

利润分配

借方	贷方
提取分配的利润	结转增加的利润
	结存的利润

图7-25 “利润分配”T型账户

分析研判

1. 业务流程

该场景为业务流程中的“计提法定盈余公积——计提任意盈余公积”环节，此环节的前期环节为利润形成，后期可能有“计算股利——股东会审议——发放股利”等环节。提取盈余公积为利润分配中的对内分配。盈余公积核算业务流程如图7-26所示。

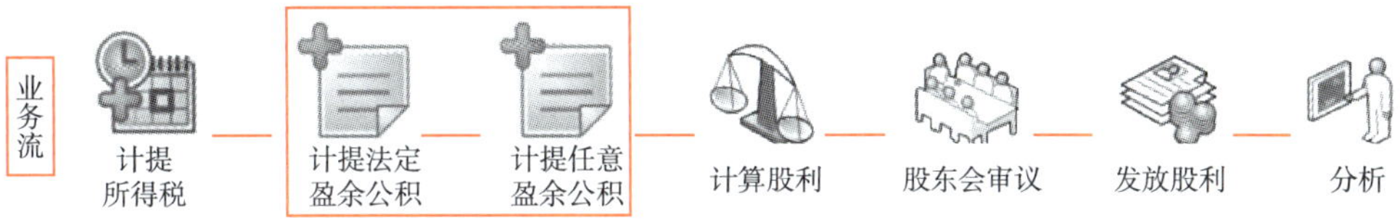

图7-26 利润形成及分配业务流程

2. 场景核心单据

盈余公积核算业务的核心单据为利润表等。财务人员从利润表中可以辨析，本年度企业是否盈利，再结合以前年度是否有需要弥补的亏损，可以判断本年度是否应当计提的盈余公积以及应当计提的金额。2022年利润表部分信息如表7-20所示。

表7-20 2022年利润表（部分）

项目	本期金额	上期金额
二、营业利润（亏损以“-”号填列）	484,088,436.57	214,640,052.12
三、利润总额（亏损总额以“-”号填列）	485,564,385.93	226,134,328.58
减：所得税费用	65,219,879.80	22,404,456.34
四、净利润（净亏损以“-”号填列）	420,344,506.13	203,729,872.24

3. 业财分析

公司取得盈利，且以前年度没有需要弥补的亏损时，根据法律规定，需要从盈利中拿出一部分作为“盈余公积”，以便满足公司以后经营、发展的需要。留存部分收益，属于一种分配行为，使得公司未分配的“利润分配”减少。

风险控制 按照《公司法》规定，公司制企业应当按照净利润（减弥补以前年度亏损，下同）的10%提取法定盈余公积，不得在不计提法定盈余公积的情况下，直接进行利润对外分配，因为这样严重损害了债权人的利益。但任意盈余公积的提取可以根据企业实际情况进行，法律法规暂无明确规定。

任务实施

1. 盈余公积核算的账务处理

2022年12月31日，根据审核无误的盈余公积计算表，进行如下账务处理：

（1）提取法定盈余公积：

借：利润分配——提取法定盈余公积 42,034,450.61

　　贷：盈余公积——法定盈余公积 42,034,450.61

（2）结转法定盈余公积：

借：利润分配——未分配利润 42,034,450.61

　　贷：利润分配——提取法定盈余公积 42,034,450.61

注：补充上年提取并结转法定盈余公积的会计处理。

2. 对会计科目的影响

本业务不影响公司2023年第一季度会计科目。

任务拓展

如果公司股东会决议通过提取5%任意盈余公积，则相关账务处理如下：

借：利润分配——提取任意盈余公积 21,017,225.31

　　贷：盈余公积——提取任意盈余公积 21,017,225.31

子任务2　分配股利

任务导入

【场景7-11】公司股份有限公司2023年3月13日对外公布2022年度的会计报表。公司结合2023年的财务规划，制定了“每10股派送现金红利0.8元，总计拟派送现金149,062,382.24元”的现金股利分配方案。4月10日董事会决议通过该利润分配方案，并向股东会提交议案。4月23日股东会决议通过2022年利润分配方案。4月30日，公司发布权益分派实施公告，宣告发放现金股利。

上述场景原始单据有股东会决议、权益分派实施公告等。

本业务不影响公司2023年第一季度会计报表。

认知识别

1. 应付股利

应付股利是指企业根据股东会或类似机构审议批准的利润分配方案，确定分配投资者的现金股利或利润。

2. 主要会计科目

（1）应付股利。

企业应设置“应付股利”科目核算企业确定或宣告发放但尚未实际支付的现金股利或利润。该科目贷方登记应支付的现金股利或利润，借方登记实际支付的现金股利或利润，期末贷方余额反映企业应付未付的现金股利或利润。例如：本业务中4月30日宣告发放的现金股利149,062,382.24元应登记在贷方；实际发放时应登记在借方。本科目应按照投资者设置明科目进行明细核算。“应付股利”的T型账户如图7–27所示。

应付股利

借方	贷方
实际发放的现金股利	已宣告但尚未发放的现金股利
	尚未支付的现金股利

图7–27　“应付股利”T型账户图

（2）利润分配——应付现金股利或利润。

企业根据股东会或类似机构审议批准的利润分配方案，确认应付给投资者的现金股利或利润时，借记“利润分配——应付现金股利（利润）”科目，贷记“应付股利”科目；向投资者实际支付现金股利或利润时，借记“应付股利”科目，贷记“银行存款”等科目。“利润分配——应付现金股利（利润）”的T型账户与“利润分配——提取法定盈余公积”类似。

分析研判

1. 业务流程

该场景为业务流程中的“计算股利——股东会审议——发放股利”环节，此环节为利润分配的最后一个环节，是对外分配利润的环节。分配股利业务流程如图7–28所示。

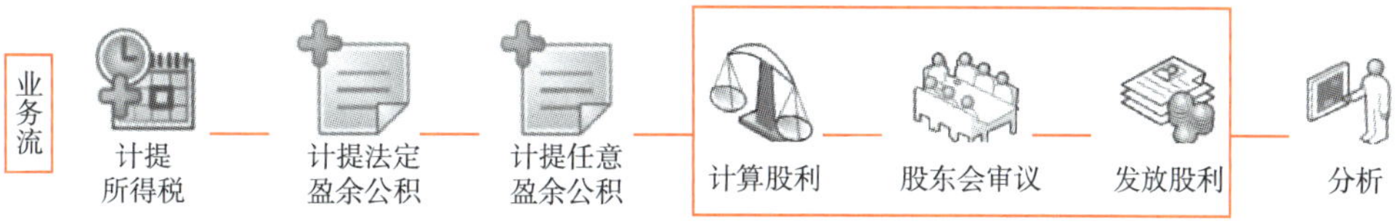

图7–28　利润形成及分配业务流程

2. 场景核心单据

分配股利业务的核心单据为权益分派实施公告等。公司权益分派实施公告记载了企业发放股利的方案，财务人员据此对业务进行核算。公司权益分派实施公告如图7–29所示。

证券代码：888888　　证券简称：珠江纸业　　公告编号：2023–025

珠江纸业股份有限公司2022年年度权益分派实施公告

本公司董事会及全体董事保证本公告内容不存在任何虚假记载、误导性陈述或者重大遗漏，并对其内容的真实性、准确性和完整性承担法律责任。

重要内容提示：

- **每股分配比例，每股转增比例**

每股转增股份0.2股，A股每股现金红利0.08元

……

- **相关日期**

股份类别	股权登记日	最后交易日	除权（息）日	新增无限售条件流通股份上市日	现金红利发放日
A股	2023年5月6日	—	2023年5月7日	2023年5月8日	2023年5月15日

- **差异化分红送转：否**

一、通过分配、转增股本方案的股东大会届次和日期

本次利润分配及转增股本方案经公司2023年4月23日的2022年度股东大会审议通过。

二、分配、转增股本方案

1.发放年度：2022年度

2.分派对象：

截至股权登记日下午上海证券交易所收市后，在中国证券登记结算有限责任公司上海分公司（以下简称“中国结算上海分公司”）登记在册的本公司全体股东。

- 分配方案：

本次利润分配以方案实施前的公司总股本1,552,733,148股为基数，
以股利分配后的公司总股本1,863,279,778股为基数每股派发现金红利0.08元（含税），共计派发现金红利149,062,382.24元。

三、相关日期

股份类别	股权登记日	最后交易日	除权（息）日	现金红利发放日
A股	2023年5月6日	—	2023年5月7日	2023年5月15日

图7–29　权益分派实施公告（节选）

注：完整公告扫码获取。

3. 业财分析

公司发布权益分派实施公告，宣告发放149,062,382.24元股利，但暂时还未发放，使得“应

付股利”增加。发放股利属于一种分配行为，使得公司未分配的“利润分配”减少。

任务实施

1. 单据审核

账务处理的核心单据为权益分派实施公告。权益分派实施公告为上市公司在证券交易所网站公开发布的信息，审核时注意公告内容准确性，在此不详细赘述。

2. 分配股利核算的账务处理

2023 年 4 月 30 日，根据审核无误的单据，进行如下账务处理：

（1）宣告发放现金股利：

借：利润分配——应付现金股利 149,062,382.24

　　贷：应付股利 149,062,382.24

（2）结转现金股利：

借：利润分配——未分配利润 149,062,382.24

　　贷：利润分配——应付现金股利 149,062,382.24

3. 对会计科目的影响

本业务对于第一季度企业会计科目不产生影响。

任务拓展

1. 发放现金股利

公司 5 月 15 日发放现金股利时，账务处理如下：

借：应付股利 149,062,382.24

　　贷：银行存款 149,062,382.24

2. 股票股利

除发放现金股利外，企业还可能依据需要发放股票股利。股票股利亦称“股份股利”，是指股份公司以股份方式向股东支付的股利。采取分配股票股利时，通常由公司将股东应分得的股利金额转入资本金，发行与此相等金额的新股票，按股东的持股比例进行分配。一般来说，普通股股东分派给普通股票，优先股股东分派给优先股票。

若分配股票股利，其账务处理为：

借：利润分配——转作股本的股利

　　贷：股本

期末，将“利润分配”科目所属其他明细科目的余额结转至“未分配利润”明细科目：

借：利润分配——未分配利润

　　贷：利润分配——转作股本的股利

项目总结

1. 对公司会计科目影响汇总

本项目场景对企业会计科目的影响汇总如表7–21所示。

表7–21　利润及利润分配业务相关科目发生额及余额表　单位：元

科目名称	期初余额		本期发生额		期末余额	
	借方	贷方	借方	贷方	借方	贷方
银行存款	1,146,412,105.88			721,787.64	1,145,690,318.24	
应付账款		206,728,331.17	5,502.00	5,502.00		206,728,331.17
应交税费		42,616,142.69	29,941.52	58,472,892.04		101,059,093.21
以前年度损益调整			56,122,466.68		56,122,466.68	
主营业务收入		10,438,717.30	10,438,717.30			
主营业务成本	44,584,434.64			44,584,434.64		
税金及附加			2,350,425.36	2,350,425.36		
销售费用			5,190.57	5,190.57		
管理费用	675,000.00		358,905.55	1,033,905.55		
财务费用	48,553.56		127,750.00	176,303.56		
投资收益	29.70			29.70		
公允价值变动损益		4,950.00	4,950.00			
营业外支出			200,000.00	200,000.00		
本年利润			48,350,259.68	48,350,259.68		
利润分配		997,612,873.83	37,906,622.08			959,706,251.75

2. 对企业报表项目影响汇总

本项目对于第一季度企业财务报表项目影响如表7–22和表7–23所示。

表7–22　资产负债表（受利润及利润分配业务影响部分）　单位：元

资产	期末余额	负债和所有者权益	期末余额
货币资金	−721,787.64	应付账款	+0
		应交税费	+58,442,950.52
		盈余公积	−304,227.15
		未分配利润	−58,860,511.00
合计	−721,787.64	合计	−721,787.64

注：由于损益结转仅仅是对发生损益的汇总和计算，未产生新的损益，因此不考虑损益结转分录对财务报表的影响。

表7-23 利润表（受利润及利润分配业务影响部分）*

项目	本期金额
减：税金及附加	+2,350,425.36
销售费用	+5,190.57
管理费用	+358,905.55
财务费用	+127,750.00
二、营业利润（亏损以“–”号填列）	–2,842,271.48
加：营业外收入	
减：营业外支出	+200,000.00
三、利润总额（亏损总额以“–”号填列）	–3,042,271.48
减：所得税费用	
四、净利润（净亏损以“–”号填列）	–3,042,271.48

注：由于损益结转仅仅是对发生损益的汇总和计算，未产生新的损益，因此不考虑损益结转分录对财务报表的影响。

3.涉及账务处理汇总

本项目重点学习了利润的形成和分配等业务的核算，账务处理如表7–24所示。

表7-24 利润及利润分配业务相关账务处理

项目	业务类型	账务处理
本年利润的形成	期间费用	1.发生销售费用 借：销售费用 应交税费——应交增值税（进项税额） 贷：银行存款 2.发生管理费用 借：管理费用 应交税费——应交增值税（进项税额） 贷：银行存款 3.发生财务费用 借：财务费用 贷：应付利息或银行存款
	税金及附加	1.发生相关税费 借：税金及附加 贷：应交税费——应交××税（城市维护建设税等） 2.缴纳相关税费 借：应交税费——应交××税 贷：银行存款
	营业外收支	1.发生资产报废等营业外收入 借：固定资产清理 贷：营业外收入 2.发生捐赠等营业外支出 借：营业外支出——公益性捐赠支出 贷：银行存款

续表

项目	业务类型	账务处理
本年利润的形成	所得税费用	计提所得税费用 借：所得税费用 　　贷：应交税费——应交所得税
	利润结转	1.结转各项收入、利得类科目： 借：主营业务收入 　　其他业务收入 　　其他收益 　　投资收益 　　营业外收入 　　贷：本年利润 2.结转各项费用、损失类科目： 借：本年利润 　　贷：主营业务成本 　　　　其他业务成本 　　　　税金及附加 　　　　销售费用 　　　　管理费用 　　　　财务费用 　　　　营业外支出 3.结转所得税费用科目： 借：本年利润 　　贷：所得税费用 4.结转净利润： 借：本年利润 　　贷：利润分配——未分配利润
利润分配	提取盈余公积	1.提取法定盈余公积 借：利润分配——提取法定盈余公积 　　贷：盈余公积——法定盈余公积 2.提取任意盈余公积 借：利润分配——提取任意盈余公积 　　贷：盈余公积——任意盈余公积
	分配现金股利	1.分配时： 借：利润分配——应付现金股利或利润 　　贷：应付股利 2.发放时： 借：应付股利 　　贷：银行存款
	“利润分配”科目所属其他明细科目的余额结转	借：利润分配——未分配利润 　　贷：利润分配——提取法定盈余公积 　　　　　　　　——提取任意盈余公积 　　　　　　　　——应付现金股利（利润）

项目 8　业财会计工作程序

学习目标

知识目标

1. 了解业财会计工作流程；
2. 了解会计凭证的内容及填制方法；
3. 熟悉会计账簿的结构和内容；
4. 掌握会计报表的编制方法；
5. 掌握财务指标的意义及计算方法。

技能目标

1. 能识别与审核原始凭证；
2. 能根据原始凭证编制记账凭证；
3. 会登记会计账簿并能根据需要查询和使用相关会计账簿；
4. 会编制会计报表；
5. 会计算财务指标并进行分析。

素质目标

1. 养成自觉维护国家利益、社会利益和集体利益的职业意识；
2. 坚持遵守法纪、廉洁自律、照章办事、诚实守信的会计品格；
3. 树立与银行、税务、审计等外部机构进行积极沟通和协调的意识。

会计核算工作，是企事业单位等各类会计主体的一种经常性工作。在一定期间，总是从一个起点开始，经过若干步骤，到一个终点完成。一般来说，会计核算工作有着相对固定的工作程序，依次包括填制会计凭证、登记会计账簿、编制会计报表等主要工作。更完整的会计工作程序，如一个完整会计年度的会计核算工作会更加全面：首先要设置会计科目表，并确定各科目账户的年初余额；日常根据取得并审核无误的原始凭证填制记账凭证，用借贷记账法描述业务引起的会计科目内容的变化；记账凭证要及时登记入账，以反映会计账户的最新记录；每月结账，编制月度报表；年度终了，要进行年末结账，并编制年末资产负债表和年度损益表等报表，进行会计报表分析，提交完整的年度财务报告。这些工作月复一月，年复一年，周而复始，构成会计循环。

任务1 填制会计凭证

【教学重点】原始凭证识别和审核；记账凭证填制和审核。

【教学难点】原始凭证填制的基本内容及要求；记账凭证填制的基本内容及要求。

会计凭证是用来记录经济业务发生和完成情况、明确经济责任的书面证明，也是登记账簿的依据。企业发生任何一项经济业务都必须按照规定的程序和要求取得和填制会计凭证，以书面形式反映经济业务的发生或完成情况。会计凭证按其填制程序和用途不同，可分为原始凭证和记账凭证两大类。

子任务1 原始凭证

任务导入

【场景8-1】沿用【场景3-2】【场景3-4】和【场景3-6】，公司执行采购业务流程，在不同时间节点取得一系列原始单据，如采购合同、增值税专用发票、发货通知单、送货单、质检单、验收入库单、付款申请单、银行付款回单等原始单据，用来证明经济业务发生情况。以上单据如图8-1、图8-2、图8-3、图8-4、图8-5、图8-6、图8-7、图8-8所示。

采购合同

购买方（甲方）：珠江纸业股份有限公司　　合同编号：HT20230226012

签订地点：东莞市

销售方（乙方）：广东丰云绳网带有限公司　　签订时间：2023年2月26日

经双方友好协商，就甲方向乙方采购引纸绳事项达成如下协议。

序号	商品名称	规格型号	品牌	单位	不含税单价	数量	不含税金额
1	引纸绳	12mm	—	米	5	12,800.38	64,001.90
不含税金额合计							64,001.90
价税合计人民币	柒万贰仟叁佰贰拾贰元壹角伍分　（¥72,322.15）						

一、产品质量：货物符合质量、安全要求。

二、交货地点、方式：珠江纸业股份有限公司仓库

三、运输方式及到达站港和费用负担：火车运输，费用由乙方承担。

四、交货时间：合同签订甲乙双方签字盖章，收到甲方发货通知单后4天内。

五、发票情况：13%增值税专用发票

六、包装标准、包装物的供应与回收：防水防潮防火。

七、结算方式：票到（或货到）月结30天

八、折扣优惠：购买方在信用期内10天付款，可享受2%的现金折扣

九、付款方式：电汇

十、违约责任：如果乙方逾期交货的，应向甲方按日支付相当于逾期交货部分0.5%的违约金，交货期到期后超过30天未交货，甲方有权解除合同，乙方需无条件全额退款。

十一、解决合同纠纷的方式：双方协商解决，协商不成向合同签订地人民法院起诉。

十二、其他约定事项

1.本合同产品数量因用料等影响会导致不同，以实际发货数量为准，合理损耗为按每批发货数量的0.5%。

2.下年付款方式与供应商评级有关，在供应商分级中被评为A级，贷款中10%将于3个月之后支付，被评为B级，货款中20%将于5个月之后支付，如果被评为C级，货款中30%将于6个月之后支付。

3.本合同一经订立，双方不得更改或擅自解除，如需修订，只能以双方盖章的书面文件（包括传真件）进行，该类文件是本合同的有效组成部分。

4.任何一方对于下列原因而导致不能或暂时不能履行全部或部分合同义务的不负责任，如水灾、火灾、地震、战争。

十三、本合同经双方签字、盖章后生效，传真件具有同等的法律效力。

甲方：珠江纸业股份有限公司
单位地址：广东省东莞广麻大道258号
法定代表人：王旗
委托代理人：卢宛玲
电话：1367782[illegible]6
传真：0769-88821858
开户银行：中国工商银行东莞市长安支行
账号：1901322412455631285
税号：91441900MA3CCA2C89

乙方：广东丰云绳网带有限公司
单位地址：广州市天河区车站100号
法定代表人：王旻
委托代理人：李翔
电话：136[illegible]68526
传真：020-85374268
开户银行：中国建设银行车站路支行
账号：62267506238824264175
税号：91440100MA4L75238Q

图8-1　采购合同

发货通知单

采购类型：零星采购	合同编号：HT20230226012	日期：2023年3月2日
供应商：广东丰云绳网带有限公司	部门：采购中心	交货地址：珠江纸业股份有限公司仓库
结算方式：票到（或货到）月结30天	付款方式：电汇	编号：FHTZ20230302001
运费：费用由供应商承担	运输方式：火车运输	税率：13%

序号	存货名称	规格型号	单位	数量	单价（不含税）	金额（不含税）	品牌	质量要求	计划到货日期
1	引纸绳	12mm	米	12,800.38	5	64,001.9	—	国家标准	2023年03月06日
合计	64,001.90								

日期	部门	岗位	人员	意见	备注
2023年3月2日	采购中心	副经理	蒋芸	同意	

图8-2　发货通知单

送货单

收货单位：珠江纸业股份有限公司　　电　话：13677821056　　编　号：SHD20230302001

日　　期：2023年3月2日　　地　址：广东省东莞广麻大道258号

产品	规格	品牌或厂家	单位	数量	不含税单价	金额	实收数量
引纸绳	12mm	–	米	12,800.38	5	64,001.90	12,800.38

收货人：于小小　　送货单位：广东丰云绳网带有限公司　　送货人：李翔　　制单：李翔

图8-3　送货单

珠江纸业股份有限公司产品质检报告

报告编号：ZJBG20230306012　　送货单编号：SHD20230302001　　检验日期　2023年3月6日

序号	产品名称	规格型号	数量	供应商	检验项目	检验依据	检测结果
1	引纸绳	12mm	12,800.38	广东丰云绳网带有限公司	线密度、断裂强度、断裂伸长率	GB[illegible] 88[illegible]4-1[illegible]88 标准	合格

质检员：赵青

审批日志

日期	部门	岗位	人员	意见	备注
2023年3月6日	质量管理事业部	经理	卢思云	同意	

图8-4　产品质检报告

珠江纸业股份有限公司验收入库单

日期：2023年3月6日　　编号：RKD20230306012

类别	材料名称	规格型号	单位	购入	入库	计划单价	计划金额
辅料	引纸绳	12mm	米	12,800.38	12,800.38	5.31	67,970.02
备注							

保管员：于小小

审批日志

日期	部门	岗位	人员	意见	备注
2023年3月6日	质量管理事业部	验收员	赵青	同意	
2023年3月6日	采购中心	采购员	卢宛玲	同意	

图8-5　验收入库单

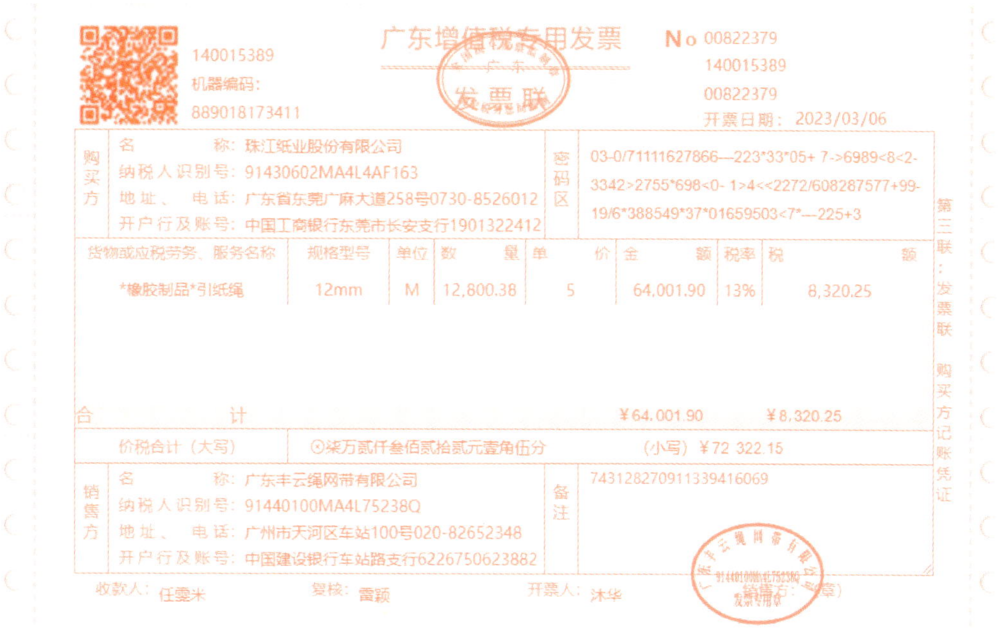

广东增值税专用发票　No 00822379

140015389
机器编码：
889018173411

140015389
00822379
开票日期：2023/03/06

发票联

购买方	名　称：珠江纸业股份有限公司 纳税人识别号：91430602MA4L4AF163 地址、电话：广东省东莞广麻大道258号0730-8526012 开户行及账号：中国工商银行东莞市长安支行1901322412			密码区	03-0/71111627866—223*33*05+ 7->6989<8<2- 3342>2755*698<0- 1>4<<2272/608287577+99- 19/6*388549*37*01659503<7*—225+3		
货物或应税劳务、服务名称	规格型号	单位	数量	单价	金额	税率	税额
*橡胶制品*引纸绳	12mm	M	12,800.38	5	64,001.90	13%	8,320.25
合计					¥64,001.90		¥8,320.25
价税合计（大写）	⊗柒万贰仟叁佰贰拾贰元壹角伍分				（小写）¥72 322.15		
销售方	名　称：广东丰云绳网带有限公司 纳税人识别号：91440100MA4L75238Q 地址、电话：广州市天河区车站100号020-82652348 开户行及账号：中国建设银行车站路支行6226750623882			备注	743128270911339416069		

收款人：任雯米　　复核：雷颖　　开票人：沐华　　销售方：（章）

第三联：发票联　购买方记账凭证

图8-6　增值税专用发票

付款申请单

单位：珠江纸业股份有限公司

申请部门	采购中心	申请人	卢宛玲		日期	2023年3月16日
收款单位	广东丰云绳网带有限公司				付款内容：货款	
付款方式	电汇					
开户银行	中国建设银行车站路支行					
账号	62267506238824264175					
付款金额（大写）	人民币	柒万零捌佰柒拾伍元柒角壹分	付款金额（小写）	70875.71	付款类型	应付款

日期	部门	岗位	人员	意见	备注
2023年3月16日	总经办	副总经理	赵云飞	同意	
2023年3月16日	财务部	材料会计	王云飞	同意	
2023年3月16日	财务部	财务经理	胡洋	同意	
2023年3月16日	总经办	财务总监	钟淮敏	同意	
2023年3月16日	财务部	出纳	唐伯瑞	同意	

图8-7　付款申请单

ICBC 中国工商银行 业务回单付款 凭证

日期：2023年03月16日 回单编号：341772091

收款人户名：广东丰云绳网带有限公司 收款人开户行：中国建设银行车站路支行

收款人账号：6226750623882426417 5

付款人户名：珠江纸业股份有限公司 付款人开户行：中国工商银行东莞市长安支行

付款人账号：1901322412455631285

金额合计（大写）：柒万零捌佰柒拾伍元柒角壹分 小写：70875.71

业务（产品）种类：网银互联 凭证种类：6420293 凭证号码：9766373623372

摘要：货款 用途：无 币种：人民币

交易机构：0190010180 记账柜员：00132 交易代码：52139 渠道：网上银行

附言：无

支付交易序号：91387893 报文种类：小额客户发起普通贷 委托日期：2023-03-16 00:00

业务类型（种类）：普通汇兑 指令编号：HQP06566385 提交人：0920101905200002

最终授权人：无

本回单为第一次打印，注意重复 打印日期：2023-03-16 打印柜员：10 验证码：130E3UUGKV1

图8-8 银行付款回单

认知识别

1. 原始凭证的概念

原始凭证又称单据，是在经济业务发生或完成时取得或填制的，用以记录或证明经济业务的发生或完成情况，明确经济责任的一种原始书面证明。它是进行会计核算的重要依据，是编制记账凭证和登记账簿的原始资料。如场景中的增值税专用发票、验收入库单、银行付款回单等。

凡是不能证明经济业务发生及完成情况的各种单据均不属于原始凭证，不能作为记账的原始凭证，如合同、协议、申请单、预算单等，不过这些单据虽然不作为原始凭证，但往往作为相关业务原始凭证的附件存在。

2. 原始凭证的分类

原始凭证按照不同的标准有许多分类方法。

（1）原始凭证按照来源不同可分为外来原始凭证和自制原始凭证。

A. 外来原始凭证：外来原始凭证是指在经济业务发生或完成时，从其他单位或个人直接取得的原始凭证。如供货单位开具的采购发票、银行的收款或付款回单、职工出差取得的车票等。

B. 自制原始凭证：自制原始凭证是指由本单位内部经办业务的部门和人员，在执行或完成某项经济业务时填制的，仅供本单位内部使用的原始凭证。如销售商品时由销售部门开出的发货单、材料验收入库时保管人员填制的验收入库单、仓库发出产品时填制的产品出库单等。

（2）原始凭证按填制手续不同可分一次原始凭证、累计原始凭证和汇总原始凭证。

A. 一次原始凭证：一次原始凭证是指填制手续一次完成，只记载一项或同时记载若干项同类经济业务的原始凭证。如发票、银行结算凭证等。

B. 累计原始凭证：累计原始凭证是指在一定时期内，连续记载同类重复发生的经济业务，填制手续在一张凭证中多次进行才能完成的原始凭证。累计原始凭证直到期末求出总数后才能够完成原始凭证的填制手续。对于经常的、大量重复发生的经济业务，可以运用累计原始凭证，如限额领料单，其格式如表8-1所示。

限额领料单上注明了某种材料在规定期限内的领用额度，用料单位的每次领料及退料数，由经手人逐笔记录、签单。限额领料单可以随时计算出发生额累计数和余额，便于同计划或定额比较，既起到了事前控制的作用，又减少了凭证数量，简化了会计核算手续。

表 8-1　　限额领料单

领料部门：　　　　编号：

发料仓库：

用途：　　日期：2023年1月1日　　金额单位：元

材料类别	材料名称	计量单位	计划投产量	单位耗用定额	领用限额	全月实际领用			
						数量		单价	金额
领用日期	请领		实发			退回			
	数量	领料单位负责人签章	数量	发料人签章	领料人签章	数量	收料人签章	退料人签章	限额结余
合计									

生产计划部门：　　供应部门：　　仓库：

C. 汇总原始凭证：汇总原始凭证，即原始凭证汇总表，是对于一些经常、重复发生的经济业务，根据同类原始凭证编制的汇总凭证。如领料汇总表，其格式如表8-2所示。

表 8-2　　领料汇总表

年　　月　　单位：元

领料部门及用途		材料名称		材料名称		材料名称		材料名称	
		数量	金额	数量	金额	数量	金额	数量	金额
基本生产车间									
基本车间一般耗用									
辅助车间耗用									
企业管理部门									
合计									

领料汇总表是月末根据月份内所有领料单汇总编制得到的。

（3）原始凭证按其格式不同可分为通用原始凭证和专用原始凭证。

A.通用原始凭证：通用原始凭证是指由有关部门统一印制、在一定范围内使用的、具有统一格式和使用方法的原始凭证。通用原始凭证的使用范围，因制作部门的不同而有所不同，可以是某一地区、某一行业，也可以是全国通用。

B.专用原始凭证：专用原始凭证是指由单位自行印制、仅在本单位内部使用的原始凭证。如领料单、差旅费报销单等。

3. 原始凭证的基本内容

经济业务的内容是多种多样的，记录经济业务的原始凭证的格式和内容也各不相同。但是，各种原始凭证都必须做到所载明的经济业务清晰、经济责任明确，这就决定了原始凭证必须具备下列基本内容，也叫原始凭证要素。

（1）原始凭证的名称。任何原始凭证都应有名称，如增值税专用发票、差旅费报销单、材料验收入库单、借款单等。通过名称可以了解该凭证的基本用途。

（2）填制原始凭证的日期。通过填制日期来表明经济业务发生或完成的时间。

（3）原始凭证的编号。表明凭证的顺序号。需要说明的是有些凭证已经有印刷好的号码，有些凭证是在填制时编写号码。

（4）填制原始凭证的单位名称或填制人姓名。表明发生经济业务的经办单位或个人。

（5）接受原始凭证的单位名称。表明发生经济业务的往来单位。

（6）经济业务基本内容。表明经济业务的数量、单价和金额等。

（7）填制原始凭证的单位（或个人）和经办人员的签章。为明确经济责任，加盖公章及经手人盖章。

4. 原始凭证填制要求

原始凭证是经济业务的初始载体，是具有法律效力的证明文件，是记账的原始依据。因此，原始凭证的填制是记账的起点，是会计核算的基础。原始凭证填制正确与否，与整个核算工作的质量有着密切的联系。在填制原始凭证时，必须符合下列要求。

（1）填制原始凭证内容要真实。

原始凭证上填列的日期、业务内容和数字必须反映经济业务的真实内容，不能弄虚作假，也不能估计或匡算。

（2）填制原始凭证要素要齐全。

原始凭证中规定的项目，必须逐笔填写，做到内容完整、齐全，不得遗漏或简略。

（3）填制原始凭证要及时。

一切原始凭证都应在经济业务发生或完成时及时填制，不得随意拖延。

（4）填制原始凭证书写要清楚规范。

填写原始凭证必须文字简要，字迹工整，易于辨认，凭证不得随意涂改、刮擦、挖补。若填写错误需要更正时，须划线更正，即将写错的文字或数字，用红线划掉，再将正确的数字或文字写在划线部分的上方，并加盖经手人印章。但提交银行的各种结算凭证上的数字大小写一律不得更改，如果填写错误，应加盖“作废”戳记，重新填写。根据《会计基础工作规范》的要求，原始凭证要用蓝黑墨水书写，一式几联的原始凭证用圆珠笔和双面复写纸套写。有关数字和汉字的书写要求见“会计核算书写规范”。采用机打原始凭证的，要做到字体、字号、行距等格式规范。

（5）填制原始凭证要连续编号。

若凭证已预先印定编号，在填错需要作废时，应当加盖“作废”戳记，并连同存根和其他各联全部保存，不得擅自撕毁。

（6）填制原始凭证责任要明确。

有关经办单位或经办人员都要在原始凭证上签字或盖章，以示负责。外来原始凭证必须加盖单位公章。

（7）采用电子凭证的，确保电子凭证的安全性和可验证性。

5. 原始凭证的审核

原始凭证的审核内容主要包括：

（1）合法性。

原始凭证合法性的审核，包括内容的合法性和形式的合法性两个方面。审核原始凭证内容的合法性，主要审查原始凭证所反映的经济业务内容是否符合国家的方针、政策、法律法规及财政、财务、会计制度的规定；审核原始凭证形式上的合法性，主要审查原始凭证的形式是否符合《全国发票管理办法》的规定。根据《全国发票管理办法》的规定，除某些专业票据如车船票等以外，其他一切发票和收款收据都必须印有税务机关的全国统一发票监制章。

（2）真实性。

原始凭证真实性的审核，即审查原始凭证所反映的经济业务的本来面貌，有无掩盖、伪造、歪曲和颠倒。

对于自制的原始凭证，如收料单、领料单、工资结算单等，应审查收料单所列材料是否确已验收入库；领料单所列领料用途是否虚构，是否将与生产无关的领料作为生产领用材料；工资结算单中姓名、出勤天数、加班天数是否真实等。

对于外来原始凭证，如发票、运费单、银行结算凭证等，真实性的审查应当包括以下3个方面内容：

A.经济业务的单位名称和经办人必须是真实的；

B.经济业务发生的时间、地点和填制原始凭证的日期必须是真实的；

C.经济业务的内容必须是真实的，包括数量、单价和金额等。

（3）合理性。

以国家的有关方针、政策、法规和相关计划、合同等为依据，审核原始凭证所记录经济业务是否符合企业生产经营活动的需要，是否符合有关的计划和预算，有无超支等。

（4）正确性。

主要审核原始凭证的填制方法和数字的计算是否正确。例如，原始凭证中的数量乘上单价是否等于金额，分项金额之和是否等于合计金额；差旅费报销时有关补贴的计算是否正确；工资结算单中工资计算是否正确等。

（5）完整性。

主要审核原始凭证各项基本构成要素是否齐全、是否有漏项情况、日期是否完整、数字是否清晰、手续是否完备等。

子任务2 记账凭证

任务导入

【场景8-2】同样沿用**【场景3-2】【场景3-4】**和**【场景3-6】**，公司执行采购业务流程，在不同时间节点取得的原始凭证传递给会计人员，会计人员识别经济业务作出账务处理，账务处理结果需反映在记账凭证上，即编制记账凭证。并把相关原始凭证作为记账凭证的附件。记账凭证如图8-9、图8-10、图8-11所示。

记账凭证

凭证字 记 凭证号 273 日期 2023-03-06 票据池 附件 附单据 1 张

摘要	会计科目	借方金额													贷方金额												
		佰	十	亿	千	百	十	万	千	百	十	元	角	分	佰	十	亿	千	百	十	万	千	百	十	元	角	分
采购材料	22210101 应交税费——应交增值税——进项税额								8	3	2	0	2	5													
采购材料	140102 材料采购——辅料——引纸绳							6	4	0	0	1	9	0													
采购材料	2202 应付账款——广东丰云绳网带有限公司																				7	2	3	2	2	1	5
合计：柒万贰仟叁佰贰拾贰元壹角伍分								7	2	3	2	2	1	5							7	2	3	2	2	1	5

会计主管： 出纳： 审核： 制单人：

图8-9 采购未付款业务记账凭证

记账凭证

凭证字 记　凭证号 301　日期 2023-03-06　票据池　附件　附单据 2 张

摘要	会计科目	借方金额	贷方金额
采购材料验收入库	140302 原材料——辅料——引纸绳	6797002	
采购材料验收入库	140102 材料采购——辅料——引纸绳		6400190
采购材料验收入库	140402 材料成本差异——辅料——引纸绳		396812
合计：陆万柒仟玖佰柒拾元零贰分		6797002	6797002

（金额栏：佰 十 亿 千 百 十 万 千 百 十 元 角 分）

会计主管：　出纳：　审核：　制单人：

图 8-10　材料验收入库业务记账凭证

记账凭证

凭证字 记　凭证号 311　日期 2023-03-16　票据池　附件　附单据 2 张

摘要	会计科目	借方金额	贷方金额
支付货款	2202 应付账款——广东丰云绳网带有限公司	7232215	
支付货款	660302 财务费用——手续费		144644
支付货款	100202 银行存款-人民币-中国工商银行股份有限公司长安支行　人民币　汇率:1 原币:0 金额:0		7087571
合计：柒万贰仟叁佰贰拾贰元壹角伍分		7232215	7232215

（金额栏：佰 十 亿 千 百 十 万 千 百 十 元 角 分）

会计主管：　出纳：　审核：　制单人：

图 8-11　采购结算业务记账凭证

认知识别

1. 记账凭证的概念

记账凭证，是会计人员根据审核无误的原始凭证按照经济业务事项的内容加以归类，并据以确定会计分录后所填制的会计凭证。它是登记账簿的直接依据。

由于原始凭证种类繁多、内容不同，而且大小不一，根据原始凭证直接记账容易产生差错，所以会计人员在登记账簿之前，要先按照原始凭证反映的内容进行归类和整理，填制记账凭证，在记账凭证上确定应借、应贷账户的名称和金额，然后再依据记账凭证登记账簿，将原始凭证作为记账凭证的附件附在记账凭证后面，以便日后核对和查账。

2. 记账凭证的基本内容

记账凭证的作用就是对原始凭证进行分类整理，按照复式记账的要求，编制会计分录，据以登记账簿。因此，记账凭证的基本内容主要包括：

（1）记账凭证的名称；

（2）填制记账凭证的日期；

（3）记账凭证的编号；

（4）经济业务事项的内容摘要；

（5）经济业务事项所涉及的会计科目及其记账方向；

（6）经济业务事项的金额；

（7）记账标记；

（8）所附原始凭证的张数；

（9）制单、审核、记账、会计主管等有关人员签章，收款和付款凭证还应当由出纳人员签名或盖章。

3. 填制记账凭证的要求

填制记账凭证是会计的一项重要工作，如果填制错误，则会影响到账簿登记，报表编制。即使发现后能够更正，也需要会计人员付出大量的时间和精力。所以填写记账凭证应按照一定的要求进行。

（1）必须以审核无误的原始凭证为依据。

除了结账和更正错账的记账凭证可以不附原始凭证外，其余记账凭证必须附有原始凭证。记账凭证可以根据每一张原始凭证填制，也可以根据若干张同类原始凭证汇总填制，还可以根据原始凭证汇总表填制。

（2）按照会计制度的规定正确填制会计科目，编制会计分录。

填写会计科目时，应当填写会计科目的全称和子目甚至细目。记账凭证中所编制的会计分录一般应是一借一贷、一借多贷或多借一贷，避免因多借多贷而带来账户的对应关系不清。对于一些特殊业务，只有多借多贷才能说明来龙去脉时，应按多借多贷填写一张记账凭证，而不能将其拆开。不得将不同内容和类别的经济业务汇总填制在一张记账凭证上。

（3）正确填写记账凭证的日期。

记账凭证上所记录的日期一般是填制记账凭证当天的日期。在实际工作中，也可以根据需要，填写经济业务发生的日期和月末日期。报销差旅费的记账凭证填写报销当日的日期；现金收付款业务的记账凭证应填写办理收付现金的日期；银行收付款业务的记账凭证以实际发生业务的日期填写；月末计提、分配费用、成本计算、结账等业务，一般记账凭证日期为当月最后一日。

（4）记账凭证按月编号。

对记账凭证进行编号，一方面为了分清记账凭证的先后顺序，便于登记账簿，并进行账证核对；另一方面，也可防止记账凭证的丢失，方便日后查找。将所有记账凭证进行统一编号，即分月按自然数1、2、3、4……顺序连续编号，一张记账凭证编一个号，不得跳号、重号。复杂的会计事项，一笔业务需要填制2张或2张以上记账凭证时，应编写分号，并将原始凭证附在第一张记账凭证的后面，分号编写时将原编号后面用分数的形式反映，如第12项业务需3张记账凭证，则第1张为$12\frac{1}{3}$，第2张编号为$12\frac{2}{3}$，第3号编号为$12\frac{3}{3}$。

（5）填写记账凭证内容摘要。

记账凭证摘要栏的填写没有统一要求，能反映经济业务的简要内容，真实准确即可。但也要按业务类型的不同，详略不同；另外对于同一类业务，摘要表述的基本内容可以遵循一定的规范。如对于收付款业务要写明收付款对象的名称、款项内容，使用银行支票的，还应填写支票号码；购买物资的，要写明供货方名称和主要品种、数量；对预收预付款项、应收应付的业务，应写明对方单位业务经手人，发生时间等内容；对于冲销和补充以前业务的摘要，应写明被冲销或被补充的记账凭证日期及编号。

（6）会计科目和会计分录的填写。

记账凭证中一项重要的工作就是将经济业务转化为会计语言，会计语言的记录形式即为会计分录。会计人员应把代表每一项经济业务的会计科目准确填写清楚。填写时，应填写会计科目的全称和编号，不得简写或只写编号不写名称，对于某些需登记明细账的业务，要求记账凭证上写明二级科目甚至三级科目。

（7）填写记账的金额。

记账凭证中填写的金额应与原始经济业务的金额一致，填写时使用阿拉伯数字，对准金额栏的位数，一直填写到分位，如果没有角、分，要用“0”代替，不能空位。将每笔经济业务填入金额数字后，要在合计栏填写合计金额，一笔经济业务因涉及会计科目较多需要在一张记账凭证上填写多行或填写多张记账凭证的，应在记账凭证的合计行填写合计金额，并在合计金额前面填写货币符号“￥”，不是合计数，则不填写货币符号。记账凭证应按行次逐行填写，不得跳行或留有空行，对记账凭证中的空行应该画斜线注销。画线应从金额栏最后一笔金额数字下的空行划到合计数行上面的空行，但要注意斜线两端都不能画到金额数字的行次上。

（8）所附原始凭证张数的计算。

记账凭证除结账和更正错账的原始凭证外，一律要附有原始凭证，并注明其张数。附件张数应用阿拉伯数字填写，张数的计算有两种方法：一种是按构成记账凭证金额的原始凭证（或原始凭证汇总表）计算张数，另一种是按原始凭证的自然张数为准，即凡是与记账凭证中的经济业务内容有关的每一张证件，都应作为记账凭证的附件。当一张或几张原始凭证涉及几张记账凭证时，可将原始凭证附在一张主要的记账凭证后面，在摘要栏注明“本凭证附件包括××号记账凭证业务”字样，在其他记账凭证上注明“原始凭证附在××号记账凭证后面”的字样。对需经上级批准的经济业务，应将批准文件作为记账凭证的附件。

（9）记账凭证的签章。

记账凭证填制完成后，需要由有关会计人员签名或盖章，填制人员签名盖章并经稽核人员审核签名或盖章后，交由会计主管人员签名或盖章，最后由记账人员根据审核无误的记账凭证登记账簿，并在记账凭证上签名或盖章，以表示该记账凭证已经由其登记入账。对于收付款业务的记账凭证，还必须由出纳人员签名或盖章，以表明出纳人员对所签名或盖章的记账上的款项进行了收付。对记账凭证签名或盖章的目的在于加强凭证管理，分清会计人员之间的经济责任，使会计工作岗位之间互相制约，互相监督。

在会计信息化方式下，记账凭证分手工录入和自动生成两种，无论是哪种方式，都要满足以上要求。

4. 记账凭证的审核

为了使记账凭证的填制符合记账要求，正确反映经济业务的内容，登记账簿前必须由专人对记账凭证进行审核。记账凭证的审核，是在对原始凭证审核基础上进行的再审核，要着重审核记账凭证的填制是否正确，是否符合规定要求，审核的主要内容有：

（1）审核是否按原始凭证填制记账凭证。主要审核所记录的内容与所附的原始凭证是否一致，金额是否相等；所附原始凭证的张数是否与记账凭证所列附件张数相符。

（2）审核记账凭证应借、应贷的会计科目（包括一级科目、明细科目）和金额是否正确；借贷双方的金额是否平衡；明细科目金额之和与相应的总账科目金额是否相等。

（3）审核记账凭证摘要是否填写清楚，日期、凭证编号、所附张数以及有关人员签章等各个项目填写是否齐全。

若发现记账凭证的填制有差错或者填列不完整，签章不齐全，应查明原因，责令更正、补充或者重填。只有经过审核无误的记账凭证，才能据以登记账簿。

【知识拓展】会计资料的保管

任务2　登记会计账簿

【教学重点】会计账簿登记与使用；对账与结账。

【教学难点】会计账簿的种类。

任务导入

【场景8-3】同样沿用【场景3-2】【场景3-4】和【场景3-6】，在【场景8-2】中，填制了相关记账凭证，按照会计核算工作流程，应登记总分类账和相关明细账，具体如图8-12至图8-24所示。

总 分 类 账

会计科目 原材料　　1

2023年 月	日	凭证号数	摘要	页数	借方（百十万千百十元角分）	贷方（百十万千百十元角分）	借或贷	余额（百十万千百十元角分）
3	6	记301	原材料验收入库		6797002		借	6797002

图 8-12　原材料总分类账

总 分 类 账

会计科目 材料采购　　1

2023年 月	日	凭证号数	摘要	页数	借方（百十万千百十元角分）	贷方（百十万千百十元角分）	借或贷	余额（百十万千百十元角分）
3	6	记273	采购引纸绳		6400190		借	6400190
3	6	记301	原材料验收入库			6400190	平	

图 8-13　材料采购总分类账

总 分 类 账

会计科目 应付账款　　1

2023年 月	日	凭证号数	摘要	页数	借方（百十万千百十元角分）	贷方（百十万千百十元角分）	借或贷	余额（百十万千百十元角分）
3	6	记273	采购引纸绳			7232215	贷	7232215
3	16	记311	支付货款		7232215		平	

图 8-14　应付账款总分类账

总分类账

会计科目 银行存款 1

2023年 月	日	凭证号数	摘要	页数	借方（百十万千百十元角分）	贷方（百十万千百十元角分）	借或贷	余额（亿千百十万千百十元角分）
3	16		期初余额				借	699858739.34
3	16	记311	支付货款			70875.71	借	699787863.63

图8-15 银行存款总分类账

总分类账

会计科目 应交税费 1

2023年 月	日	凭证号数	摘要	页数	借方（百十万千百十元角分）	贷方（百十万千百十元角分）	借或贷	余额（百十万千百十元角分）
3	6	记273	采购引纸绳		8320.25		借	8320.25

图8-16 应交税费总分类账

总分类账

会计科目 材料成本差异 1

2023年 月	日	凭证号数	摘要	页数	借方（百十万千百十元角分）	贷方（百十万千百十元角分）	借或贷	余额（百十万千百十元角分）
3	6	记301	原材料验收入库			3968.12	贷	3968.12

图8-17 材料成本差异总分类账

总 分 类 账

会计科目　财务费用　　1

2023年 月	日	凭证号数	摘要	页数	借方	贷方	借或贷	余额
					百十万千百十元角分	百十万千百十元角分		百十万千百十元角分
3	16	记311	支付货款			144644	贷	144644

图 8-18　财务费用总分类账

应交税费——应交增值税明细账

2023年 月	日	凭证 种类	编号	摘要	借方 合计	借方 进项税额	借方 已交税金	借方 转出未交增值税	贷方 合计	贷方 销项税额	贷方 出口退税	贷方 进项税额转出	借或贷	余额
					千百十万千百十元角分	千百十万千百十元角分	千百十万千百十元角分	千百十万千百十元角分	千百十万千百十元角分	千百十万千百十元角分	千百十万千百十元角分	千百十万千百十元角分		千百十万千百十元角分
3	6	记	273	采购引纸绳	832025	832025							借	832025

图 8-19　应交税费——应交增值税明细账

最高储存量　　　　　　　　　　　　　　　　　　　　本账页数

最低储存量　　　　　**原材料　明细账**　　　　　　本户页数

编号　　　规格　　　　　　　　　　单位　*M*　　名称　引纸绳

2023年 月	日	凭证 种类	号数	摘要	借方 数量	借方 单价	借方 金额（百十万千百十元角分）	贷方 数量	贷方 单价	贷方 金额（百十万千百十元角分）	结存 数量	结存 单价	结存 金额（百十万千百十元角分）
3	6	记	301	原材料验收入库	12800.38	5.31	6797002				12800.38	5.31	6797002

图 8-20　原材料数量金额式明细账

材料成本差异　明细账

科目

2023年 月	日	记账凭证号数	摘要	对方科目	借方	贷方	借或贷	余额
					千百十万千百十元角分	千百十万千百十元角分		千百十万千百十元角分
3	6	记301	原材料验收入库	原材料		396912	贷	396812

图 8-21　材料成本差异明细账

银 行 存 款 日 记 账

开户银行名称：中国工商银行长安支行

2023 年 月	日	凭证号数	摘要	结算票据号码	借方 百十万千百十元角分	贷方 百十万千百十元角分	√	余额 亿千百十万千百十元角分
3	16		期初余额					6998587393 4
3	16	记311	支付货款			7087571		69978786363

图 8-22 银行存款日记账

应付账款　　明细账

广东丰云绳网带有限公司　　科目____

2023年 月	日	记账凭证号数	摘要	对方科目	借方 千百十万千百十元角分	贷方 千百十万千百十元角分	借或贷	余额 千百十万千百十元角分
3	6	记273	采购引纸绳	材料采购		6400190	贷	6400190
3	6	记273	采购引纸绳	应交税费		832025	贷	7232215
3	16	记311	支付货款	财务费用	144644		贷	7087571
3	16	记311	支付货款	银行存款	7087571		平	

图 8-23 应付账款明细账

财务费用　　明细账

子目：

2023 年 月	日	凭单号	摘要	借方 千百十万千百十元角分	贷方 千百十万千百十元角分	借或贷	余额 千百十万千百十元角分	（借）方金额分析 现金折扣 百十万千百十元角分	百十万千百十元角分	百十万千百十元角分	百十万千百十元角分	百十万千百十元角分	百十万千百十元角分
3	16	记311	支付货款	144644		借	144644	144644					

图 8-24 财务费用明细账

认知识别

1. 会计账簿的概念

会计账簿是指由一定格式账页组成的，以经审核的会计凭证为依据，全面、系统、连续地记录各项经济业务的簿籍。

2. 会计账簿的种类

在账簿体系中，有各种不同功能和作用的账簿，他们各自独立，又相互补充，形成了一套完整的账簿体系。

（1）账簿按用途分序时账簿、分类账簿和备查账簿。

①序时账簿。序时账簿也称日记账，是按各项经济业务发生或完成时间的先后顺序，逐日、逐笔进行连续登记的账簿。

日记账一般有两种：一种是用来记录全部业务的日记账，称为“普通日记账”；另一种是用来记录某一类型经济业务的日记账，称为“特种日记账”。如记录现金收付业务及其结存情况的现金日记账，记录银行存款收付业务及其结存情况的银行存款日记账，以及专门记录转账业务的转账日记账。为了加强对货币资金的监督和管理，我国的大多数企业一般只设现金日记账和银行存款日记账，而不设转账日记账和普通日记账。

②分类账簿。分类账簿是对全部经济业务按照会计要素的具体类别而设置的分类账户进行登记的账簿。

分类账按照账户分类的层次分为总分类账和明细分类账。

按照总分类账户分类登记经济业务的是总分类账簿，简称总账，总分类账提供总括的会计信息；按照明细分类账户分类登记经济业务的是明细分类账簿，简称明细账，明细分类账提供详细的会计信息。明细账是对总账的补充和具体化，并受总分类账的控制和统驭。

③备查账簿。也称辅助账簿、备查簿。是对某些序时账簿和分类账簿不记载的经济业务或记载不全的项目进行补充登记的账簿。例如，租入固定资产登记簿等。

（2）账簿按账页格式分为三栏式、多栏式和数量金额式等。

①三栏式账簿是指设有借方、贷方和余额三个基本栏目的账簿。如总分类账以及资本、债权、债务明细账都可采用三栏式。格式如图 8-25 所示。

总 分 类 账

会计科目＿＿＿＿＿＿ 1

年		凭证号数	摘要	页数	借方	贷方	借或贷	余额
月	日				百十万千百十元角分	百十万千百十元角分		百十万千百十元角分

图 8-25　三栏式账页

②多栏式账簿是指在账簿的借方和贷方两个基本栏目下面，按需要分设若干专栏的账簿。如收入、成本费用、本年利润等明细账一般采用这种格式的账簿。格式如图8–26所示。

明细账

子目：

年		凭单号	摘要	借方	贷方	借或贷	余额	( )方金额分析					
月	日			千百十万千百十元角分	千百十万千百十元角分		千百十万千百十元角分	百十万千百十元角分	百十万千百十元角分	百十万千百十元角分	百十万千百十元角分	百十万千百十元角分	百十万千百十元角分

图8–26　多栏式账页

③数量金额式账簿是指在设置借方、贷方和余额三大栏目的基础上，在每一个大栏内都分设数量、单价和金额3个小栏目的账页组成的账簿。如原材料、库存商品等明细账。格式如图8–27所示。

最高储存量＿＿＿＿
最低储存量＿＿＿＿

明细账

本账页数	
本户页数	

编号＿＿＿＿ 规格＿＿＿＿　　单位＿＿＿＿ 名称＿＿＿＿

年		凭证		摘要	借方			贷方			结存		
月	日	种类	号数		数量	单价	百十万千百十元角分	数量	单价	百十万千百十元角分	数量	单价	百十万千百十元角分

图8–27　数量金额式账页

（3）按外表形式分订本式账簿、活页式账簿和卡片式账簿。

①订本式账簿简称订本账，是指在启用前就按顺序编号把账页装订成册的账簿。订本账的优点是可以防止账页的散失和被非法抽换，缺点是不便于记账人员分工记账，也不便于根据需要增减账页，会影响账簿记录的连续性或造成账页的浪费。在实际工作中。订本式账簿一般适用于重要事项的登记，如库存现金日记账、银行存款日记账和总分类账等。

②活页式账簿。也称活页账，是指账页在账簿登记完毕之前并不固定装订在一起，而是装在活页夹中，当账簿登记完毕之后（通常是一个会计年度结束之后），才将账页予以装订，加具封面，并给各账页连续编号的账簿。

采用活页式账簿，其优点是便于分工记账，可根据需要随时增减账页，对账户进行重新排列；缺点是账页容易散失和被抽换。这种账簿一般适用于各种明细分类账。

③卡片式账簿。也称卡片账，是指由许多分散的、具有一定格式的卡片组成的，存放在卡片箱中可随时取用的账簿。在我国，企业一般对固定资产明细账的核算采用卡片账形式。

3. 会计账簿的登记

随着会计信息化技术和财务机器人不断发展，会计账簿不再需要人工进行登记，而是可以实现自动生成，并且速度快、数据准，大大减少财务人员的工作量。会计人员的主要任务就是根据需要查询相关账簿进行直接使用。

4. 对账与结账

（1）对账。

所谓对账，就是对账簿记录进行核对，以保证账簿记录真实、完整和正确，为编制财务报表提供可靠的依据。对账包括账证核对、账账核对、账实核对等。

①账证核对。账证核对就是将各种账簿记录与原始凭证、记账凭证的时间、凭证字号、内容、金额、记账方向等进行核对，看其是否一致。账证核对要求会计人员在编制凭证和记账过程中认真进行复核，并通过定期或不定期地复查进行核对，以保证账证相符。

②账账核对。账账核对即核对不同会计账簿之间的账簿记录是否相符。一般是在账证核对的基础上进行的，其目的是保证账账相符。在会计信息化方式下，由于会计账簿是自动生成的，不同会计账簿之间的账簿记录肯定是相符的。但是在做会计信息初始化时，由于初始化数据大都由人工录入，通常需要进行账账核对。

③账实核对。账实核对是指各种财产物资的账面余额与实存数的核对。

账实核对的主要内容有：

A. 库存现金日记账的账面余额与库存现金数额核对相符；

B. 银行存款日记账的账面余额与银行对账单的余额核对相符；

C. 各种债权、债务明细账的账面余额应与有关单位的账面记录核对相符；

D. 各种财产物资明细账的账面余额应与其实存数额核对相符。

（2）结账。

结账是将账簿记录定期结算清楚的会计工作。 在一定时期结束时（如月末、季末或年末），为编制财务报表，需要进行结账，具体包括月结、季结和年结。结账的内容通常包括两个方面：一是结清各种损益类账户，据以计算确定本期利润；二是结出各资产、负债和所有者权益账户的本期发生额合计和期末余额。

任务 3　编制会计报表

【教学重点】资产负债表编制；利润表编制。

【教学难点】会计报表数据来源。

子任务1 资产负债表编制

任务导入

【场景8-4】自2023年1月1日至3月31日，公司发生了筹资、采购、生产、销售、投资、分配等一系列经济业务，会计人员对发生的每一笔经济业务进行了账务处理，账户余额发生了变化，对企业资产负债表各要素产生了一定的影响。为了如实反映公司2023年3月31日的财务状况，编制资产负债表。

认知识别 资产负债表"年初余额"栏内各项数字，应根据上年末资产负债表的"期末余额"栏内所列数字填列。"期末余额"栏主要有以下几种填列方法。

1. 根据总账账户余额直接填列

主要有"交易性金融资产""长期待摊费用""短期借款""应付票据""应付利息""应付职工薪酬""其他应付款""实收资本""资本公积""盈余公积"等项目。

一般情况下，资产类项目直接根据其总账账户的借方余额填列，负债及所有者权益类项目直接根据其总账账户的贷方余额填列。

2. 根据几个总账账户的期末余额分析计算填列

"货币资金"项目，需根据"库存现金""银行存款""其他货币资金"三个总账账户的期末余额的合计数填列。

"存货"项目，需要根据"原材料""材料采购""库存商品""周转材料"和"生产成本"等账户的期末余额合计数填列。

"未分配利润"项目，需要根据"利润分配"账户的期末余额填列。余额在贷方的，直接填列，余额在借方的，以"–"号填列。如果"本年利润"尚未结转到"利润分配"，根据"本年利润"科目分析填列。

3. 根据有关总账所属的明细账的期末余额分析计算填列

"应付账款"项目，需要根据"应付账款"和"预付账款"两个账户所属的相关明细账户的期末贷方余额计算填列。

"预付款项"项目，需要根据"预付账款"和"应付账款"两个账户所属的相关明细账户的期末借方余额计算填列。

"应收账款"项目，需要根据"应收账款"和"预收账款"两个账户所属的相关明细账户的期末借方余额计算填列。

"预收款项"项目，需要根据"预收账款"和"应收账款"两个账户所属的相关明细账户的期末贷方余额计算填列。

4. 根据有关总账和明细账的期末余额分析计算填列

“长期借款”项目，需要根据“长期借款”总账账户余额扣除“长期借款”账户所属的明细账户中将在1年内到期的长期借款后的金额计算填列。

“一年内到期的长期负债”项目，则根据“长期借款”账户的期末余额分析填列。

5. 根据有关资产类账户与其备抵账户抵销后的净额填列

资产负债表中的“应收账款”“固定资产”“无形资产”等项目，应当根据“应收账款”“固定资产”等账户的期末余额减去“坏账准备”“累计折旧”“累计摊销”等余额后的金额填列。

分析研判

（1）企业编制资产负债表前，需根据账簿的登记结果，编制试算平衡表，以检查账簿登记的正确性。试算平衡表包含期初余额、本期发生额以及期末余额三栏。每栏下面又分成了借方和贷方两个小栏目。试算平衡关系有：

全部账户期初借方余额合计=全部账户期初贷方余额合计

全部账户本期借方发生额合计=全部账户本期贷方发生额合计

全部账户期末借方余额合计=全部账户期末贷方余额合计

2023年第一季度会计科目余额发生额试算平衡表如表8-3所示。

表 8-3　　科目余额发生额试算平衡表

编制单位：珠江纸业股份有限公司　　2023年第一季度　　单位：元

科目编码	科目名称	期初余额		本期累计发生额		期末余额	
		借方	贷方	借方	贷方	借方	贷方
1001	库存现金	14,121.17			550.00	13,571.17	
1002	银行存款	1,120,456,472.87		2,861,256,010.91	3,230,564,943.41	751,147,540.37	
1012	其他货币资金	344,450,938.23		389,607,494.45	544,719,683.05	189,338,749.63	
1101	交易性金融资产	1,113,907.00		241,514.00	153,277.00	1,202,144.00	
1121	应收票据	141,090,084.64		189,925,220.91	224,176,863.48	106,838,442.07	
1122	应收账款	143,186,616.96		717,485,595.78	740,653,360.92	120,018,851.82	
1123	预付账款	298,153,785.69		500,921,997.95	518,771,093.12	280,304,690.52	
1131	应收股利	50,000,000.00				50,000,000.00	
1221	其他应收款	2,633,628,009.44		272,986.14	21,249.20	2,633,879,746.38	
1231	坏账准备		77,809,647.99	1,061,663.12			76,747,984.87
1401	材料采购			907,135,422.69	907,220,622.69	-85,200.00	
1403	原材料	381,298,345.51		1,322,613,769.42	1,268,612,847.95	435,299,266.98	
1404	材料成本差异			5,438,101.40	22,090,676.61	-16,652,575.21	
1405	库存商品	309,725,944.68		1,161,106,283.28	853,163,056.90	617,669,171.06	
1408	委托加工物资			23,020,444.00	23,020,444.00		
1411	周转材料	42,323,277.67		22,341,836.53	20,095,957.69	44,569,156.51	
1471	存货跌价准备		58,569.41		14,792,240.14		14,850,809.55

续表

科目编码	科目名称	期初余额		本期累计发生额		期末余额	
		借方	贷方	借方	贷方	借方	贷方
1506	债权投资	1,145,340.00				1,145,340.00	
1511	长期股权投资	2,558,328,447.11		914,000,000.00		3,472,328,447.11	
1521	投资性房地产	5,283,201.50		4,867,744.68		10,150,946.18	
1523	投资性房地产累计折旧		250,952.07		19,642.30		270,594.37
1601	固定资产	8,513,996,493.09		71,359,522.63		8,585,356,015.72	
1602	累计折旧		4,199,871,610.28		85,460,126.73		4,285,331,737.01
1603	固定资产减值准备		18,276,857.28				18,276,857.28
1604	在建工程	36,468,829.15		106,036,546.84	69,920,023.50	72,585,352.49	
1641	使用权资产	233,031,390.88				233,031,390.88	
1642	使用权资产累计折旧		33,206,973.12		5,534,495.52		38,741,468.64
1701	无形资产	318,935,962.24		150,000,000.00		468,935,962.24	
1702	累计摊销		104,265,830.10		4,136,736.00		108,402,566.10
1801	长期待摊费用	5,266,220.78			1,053,244.16	4,212,976.62	
1811	递延所得税资产	21,147,857.28			312,000.00	20,835,857.28	
1901	待处理财产损溢			2,284.37	2,284.37		
2001	短期借款		2,523,000,000.00	895,000,000.00	466,337,904.62		2,094,337,904.62
2201	应付票据		330,879,010.45	2,127,589.64	157,260,536.41		486,011,957.22
2202	应付账款		206,728,331.17	436,195,964.29	533,597,995.97		304,130,362.85
2204	合同负债				282,046.81		282,046.81
2211	应付职工薪酬		24,641,480.10	82,784,604.30	92,171,498.83		34,028,374.63
2221	应交税费		42,477,659.93	205,051,728.31	135,769,860.94		–26,804,207.44
2231	应付利息		0.00	1,358,833.32	6,633,572.66		5,274,739.34
2241	其他应付款		17,543,684.53	9,751,714.21	12,786,468.20		20,578,438.52
2271	租赁负债		143,967,576.27	15,353,692.17	1,709,614.97		130,323,499.07
2401	递延收益		21,220,000.00	2,080,000.00			19,140,000.00
2501	长期借款		1,854,000,000.00		146,520,000.00		2,000,520,000.00
2502	应付债券		418,497,905.75	697,743.45			417,800,162.30
4001	实收资本		1,397,733,148.00		155,000,000.00		1,552,733,148.00
4002	资本公积		4,775,884,697.61		829,250,670.75		5,605,135,368.36
4101	盈余公积		249,711,917.87				249,711,917.87
4103	本年利润		0.00	405,057,779.73	345,254,240.88		–59,803,538.85
4104	利润分配		997,612,873.83				997,612,873.83
4201	库存股	183,165,498.10				183,165,498.10	
5001	生产成本	95,427,981.77		1,946,775,969.99	1,956,181,639.63	86,022,312.13	
5101	制造费用			172,577,392.59	172,577,392.59		
5301	研发支出			29,733,372.55	7,411,961.65	22,321,410.90	
6001	主营业务收入			977,284,869.33	977,284,869.33		
6051	其他业务收入			206,554.24	206,554.24		

续表

科目编码	科目名称	期初余额		本期累计发生额		期末余额	
		借方	贷方	借方	贷方	借方	贷方
6101	公允价值变动损益			9,362.00	9,362.00		
6111	投资收益			32,092.30	32,092.30		
6117	其他收益			2,080,000.00	2,080,000.00		
6401	主营业务成本			853,163,056.85	853,163,056.85		
6402	其他业务成本			19,642.30	19,642.30		
6403	税金及附加			8,441,405.49	8,441,405.49		
6601	销售费用			52,663,355.73	52,663,355.73		
6602	管理费用			62,492,971.71	62,492,971.71		
660219	摊销费			2,232,592.86	2,232,592.86		
660220	研发费用			23,949,162.00	23,949,162.00		
6603	财务费用			47,334,028.82	47,334,028.82		
660302	手续费			−1,446.44	−1,446.44		
660304	利息支出			43,159,398.32	43,159,398.32		
660306	汇兑损益			4,176,076.94	4,176,076.94		
6701	资产减值损失			14,789,955.82	14,789,955.82		
6711	营业外支出			200,000.00	200,000.00		
6801	所得税费用			312,000.00	312,000.00		
	合计	17,437,638,725.76	17,437,638,725.76	15,572,270,118.24	15,572,270,118.24	18,373,635,064.95	18,373,635,064.95

说明："管理费用"下的明细账"摊销费"为自主研发无形资产摊销。

（2）资产负债表项目金额的计算以及与账户之间的关系如表8–4所示。

表8–4　资产负债表项目计算表　单位：元

序号	会计科目			资产负债表项目		计算说明
	名称	余额	余额方向	名称	金额	
1	库存现金	13,571.17	借方	货币资金	940,499,861.17	直接相加
2	银行存款	751,147,540.37	借方			
3	其他货币资金	189,338,749.63	借方			
4	交易性金融资产	1,202,144.00	借方	交易性金融资产	1,202,144.00	直接对应
5	应收票据	106,838,442.07	借方	应收票据	106,838,442.07	直接对应
6	应收账款	120,018,851.82	借方	应收账款	43,270,866.95	借方–贷方
7	坏账准备	76,747,984.87	贷方			
8	预付账款	280,304,690.52	借方	预付款项	280,304,690.52	直接对应
9	应收股利	50,000,000.00	借方	其他应收款	2,683,879,746.38	直接相加
10	其他应收款	2,633,879,746.38	借方			

续表

序号	会计科目			资产负债表项目		计算说明
	名称	余额	余额方向	名称	金额	
11	材料采购	-85,200.00	借方	存货	1,151,971,321.92	借方－贷方
12	原材料	435,299,266.98	借方			
13	材料成本差异	-16,652,575.21	借方			
14	库存商品	617,669,171.06	借方			
16	周转材料	44,569,156.51	借方			
17	生产成本	86,022,312.13	借方			
18	存货跌价准备	14,850,809.55	贷方			
19	债权投资	1,145,340.00	借方	债权投资	1,145,340.00	直接对应
20	长期股权投资	3,472,328,447.11	借方	长期股权投资	3,472,328,447.11	直接对应
21	投资性房地产	10,150,946.18	借方	投资性房地产	9,880,351.81	借方－贷方
22	投资性房地产累计折旧	270,594.37	贷方			
23	固定资产	8,585,356,015.72	借方	固定资产	4,281,747,421.43	借方－贷方
24	累计折旧	4,285,331,737.01	贷方			
25	固定资产减值准备	18,276,857.28	贷方			
26	在建工程	72,585,352.49	借方	在建工程	72,585,352.49	直接对应
27	使用权资产	233,031,390.88	借方	使用权资产	194,289,922.24	借方－贷方
28	使用权资产累计折旧	38,741,468.64	贷方			
29	无形资产	468,935,962.24	借方	无形资产	360,533,396.14	借方－贷方
30	累计摊销	108,402,566.10	贷方			
31	研发支出	22,321,410.90	借方	开发支出	22,321,410.90	直接对应
32	长期待摊费用	4,212,976.62	借方	长期待摊费用	4,212,976.62	直接对应
33	递延所得税资产	20,835,857.28	借方	递延所得税资产	20,835,857.28	直接对应
34	短期借款	2,094,337,904.62	贷方	短期借款	2,094,337,904.62	直接对应
35	应付票据	486,011,957.22	贷方	应付票据	486,011,957.22	直接对应
36	应付账款	304,130,362.85	贷方	应付账款	304,130,362.85	直接对应
37	合同负债	282,046.81	贷方	合同负债	282,046.81	直接对应
38	应付职工薪酬	34,028,374.63	贷方	应付职工薪酬	34,028,374.63	直接对应
39	应交税费	-26,804,207.44	贷方	其他流动资产①	26,804,207.44	需要重分类
40	应付利息	5,274,739.34	贷方	其他应付款	25,853,177.86	直接相加
41	其他应付款	20,578,438.52	贷方			
42	租赁负债	130,323,499.07	贷方	租赁负债	130,323,499.07	直接对应
43	递延收益	19,140,000.00	贷方	递延收益	19,140,000.00	直接对应

续表

序号	会计科目			资产负债表项目		计算说明
	名称	余额	余额方向	名称	金额	
44	长期借款	2,000,520,000.00	贷方	长期借款	2,000,520,000.00	直接对应
45	应付债券	417,800,162.30	贷方	应付债券	417,800,162.30	直接对应
46	实收资本	1,552,733,148.00	贷方	实收资本	1,552,733,148.00	直接对应
47	资本公积	5,605,135,368.36	贷方	资本公积	5,605,135,368.36	直接对应
48	盈余公积	249,711,917.87	贷方	盈余公积	249,711,917.87	直接对应
49	本年利润	-59,803,538.85	贷方	未分配利润	937,809,334.98	直接相加
50	利润分配	997,612,873.83	贷方			
51	库存股	183,165,498.10	借方	库存股	183,165,498.10	直接对应

注：①为应交税费项目贷方负数，根据现行会计准则规定，应重分类为其他流动资产项目。

风险控制 资产负债表编制涉及面广，对基础数据需求量大，数据质量要求高，存在多种风险。一是从税务的角度审视资产负债表要素项目、会计科目以及相关经济业务，发现隐藏的税务风险；二是从企业内部控制体系排除是否存在可能因制度不健全导致报表不准确的风险；三是从某些交易类别、账户余额等易于发生错报，排除技术风险；四是资产负债表本身提供的会计信息有限而对企业作出错误评价风险等。

三 任务实施

通过以上分析研判，编制资产负债表如表8-5所示。

表8-5 资产负债表 会企01表

公司名称：珠江纸业股份有限公司 日期：2023年3月31日 单位：元

资产	期末余额	年初余额	负债和所有者权益	期末余额	年初余额
流动资产：			流动负债：		
货币资金	940,499,861.17	1,464,921,532.27	短期借款	2,094,337,904.62	2,523,000,000.00
交易性金融资产	1,202,144.00	1,113,907.00	交易性金融负债		
衍生金融资产			衍生金融负债		
应收票据	106,838,442.07	141,090,084.64	应付票据	486,011,957.22	330,879,010.45
应收账款	43,270,866.95	65,376,968.97	应付账款	304,130,362.85	206,728,331.17
应收账款融资			预收款项		
预付款项	280,304,690.52	298,153,785.69	合同负债	282,046.81	
其他应收款	2,683,879,746.38	2,683,542,408.44	应付职工薪酬	34,028,374.63	24,641,480.10
存货	1,151,971,321.92	828,802,581.22	应交税费		42,477,659.93
合同资产			其他应付款	25,853,177.86	17,543,684.53

续表

资产	期末余额	年初余额	负债和所有者权益	期末余额	年初余额
持有待售资产			持有待售负债		
一年内到期的非流动资产			一年内到期的非流动负债		1,139,054,074.01
其他流动资产	26,804,207.44		其他流动负债		
流动资产合计	5,234,771,280.45	5,483,001,268.23	流动负债合计	2,944,643,823.99	4,284,324,240.19
非流动资产：			非流动负债：		
债权投资	1,145,340.00	1,145,340.00	长期借款	2,000,520,000.00	1,189,000,000.00
其他债权投资			应付债券	417,800,162.30	0
长期应收款			其中：优先股		
长期股权投资	3,472,328,447.11	2,558,328,447.11	永续债		
其他权益工具投资			租赁负债	130,323,499.07	88,411,408.01
其他非流动金融资产			长期应付款		
投资性房地产	9,880,351.81	5,032,249.43	预计负债		
固定资产	4,281,747,421.43	4,295,848,025.53	递延收益	19,140,000.00	21,220,000.00
在建工程	72,585,352.49	36,468,829.15	递延所得税负债		
生产性生物资产			其他非流动负债		
油气资产			非流动负债合计	2,567,783,661.37	1,298,631,408.01
使用权资产	194,289,922.24	199,824,417.76	负债合计	5,512,427,485.36	5,582,955,648.20
无形资产	360,533,396.14	214,670,132.14	所有者权益（或股东权益）：		
研发支出	22,321,410.90		实收资本（或股本）	1,552,733,148.00	1,397,733,148.00
商誉			其他权益工具		
长期待摊费用	4,212,976.62	5,266,220.78	其中：优先股		
递延所得税资产	20,835,857.28	21,147,857.28	永续债		
其他非流动资产			资本公积	5,605,135,368.36	4,775,884,697.61
非流动资产合计	8,439,880,476.02	7,337,731,519.18	减：库存股	183,165,498.10	183,165,498.10
			其他综合收益		
			专项储备		
			盈余公积	249,711,917.87	249,711,917.87
			未分配利润	937,809,334.98	997,612,873.83
			所有者权益（或股东权益）合计	8,162,224,271.11	7,237,777,139.21
资产总计	13,674,651,756.47	12,820,732,787.41	负债和所有者权益（或股东权益）总计	13,674,651,756.47	12,820,732,787.41

子任务 2　利润表编制

任务导入

【场景8-5】自2023年1月1日至3月31日，公司会计人员通过对经济业务进行账务处理，对损益类有关账户发生额进行了归集。为了了解公司2023年1月至3月的经营成果，编制利润表。

认知识别

1.“上期金额”栏的编制

“上期金额”栏的数字，可根据上期利润表的“本期金额”栏数字，填入相应的项目内；在编制年度利润表时，“上期金额”填列上年全年累计实际发生数，从而与“本期金额”各项目进行比较。如果上年度利润表的项目名称和内容与本年度不一致，应对上年度的报表项目名称和数字按本年度的规定进行调整，填入“上期金额”栏内。

2.“本期金额”栏的编制

“本期金额”栏，反映各项目的本期实际发生数；在编制年度利润表时，“本期金额”栏，反映各项目自年初起至本期末止的累计发生数。

其填列方法有三种：

（1）根据损益类账户的本期发生净额直接或加计填列。

根据损益类账户的贷方发生净额填列。为表内项目的“加”项，即收益类项目，主要有：

“营业收入”项目，反映企业经营主要业务和其他业务所取得的收入总额。“营业收入”项目填列额=“主营业务收入”账户的贷方发生净额+“其他业务收入”账户的贷方发生额。

“投资收益”项目，反映企业以各种方式对外投资所取得的收益。应根据“投资收益”账户的贷方发生净额填列。如为借方发生净额，即投资损失，以“-”号填列。

“营业外收入”项目，反映企业发生的与经营业务无直接关系的各项收入。应根据“营业外收入”账户的贷方发生额填列。

（2）根据损益类账户的借方发生净额填列。

为表内项目的“减”项，即成本、费用、税金、支出等项目，主要有：

“营业成本”项目，反映企业经营主要业务和其他业务所发生的成本总额。“营业成本”项目填列额=“主营业务成本”账户的借方发生净额+“其他业务成本”借方发生额。

“营业税金及附加”项目，根据“营业税金及附加”账户的借方发生额填列。

“销售费用”“管理费用”“财务费用”项目，分别根据“销售费用”“管理费用”“财务费用”账户的借方发生额填列。

“研发费用”项目，反映企业进行研究与开发过程中发生的费用化支出，该项目应根据“管理费用”科目下的“研发费用”明细科目的借方发生额分析填列，把研发费用从管理费用中分拆出来。如果“管理费用”科目下的“摊销费”明细科目的借方发生额属于自主研发的无形资产所计提的摊销，也填列在此项目中。

“营业外支出”“所得税费用”项目，应根据“营业外支出”“所得税费用”账户的借方发生额填列。

（3）根据表内有关项目计算后填列。包括表内各层次的利润指标：“营业利润”“利润总额”“净利润”等项目。

分析研判 企业编制利润表前，需根据账簿的登记结果，编制试算平衡表，如表8–3所示。利润表项目金额的计算以及与账户之间的关系如表8–6所示。

表8–6 利润表项目金额计算表 单位：元

序号	会计科目			利润表项目		计算说明
	名称	余额	结转前余额方向	名称	金额	
1	主营业务收入	977,284,869.33	贷方	营业收入	977,491,423.57	直接相加
2	其他业务收入	206,554.24	贷方			
3	公允价值变动损益	9,362.00	贷方	公允价值变动收益	9,362.00	直接对应
4	投资收益	32,092.30	贷方	投资收益	32,092.30	直接对应
5	其他收益	2,080,000.00	贷方	其他收益	2,080,000.00	直接对应
6	主营业务成本	853,163,056.85	借方	营业成本	853,182,699.15	直接相加
7	其他业务成本	19,642.30	借方			
8	税金及附加	8,441,405.49	借方	税金及附加	8,441,405.49	直接对应
9	销售费用	52,663,355.73	借方	销售费用	52,663,355.73	直接对应
10	管理费用	62,492,971.71	借方	管理费用	36,311,216.85	管理费用总账——研发费用和摊销费用明细账金额
11	研发费用	23,949,162.00	借方	研发费用	26,181,754.86	直接加总
12	摊销费	2,232,592.86	借方			
13	财务费用	47,334,028.82	借方	财务费用	47,334,028.82	直接对应
14	利息支出	43,159,398.32	借方	利息支出	43,159,398.32	直接对应
15	资产减值损失	14,789,955.82	借方	资产减值损失	–14,789,955.82	直接对应（损失用负数表示）
16	营业外支出	200,000.00	借方	营业外支出	200,000.00	直接对应
17	所得税费用	312,000	借方	所得税费用	312,000.00	直接对应

任务实施

根据分析研判结果，编制利润表如表8-7所示。

表 8-7 利润表 会企02表

公司名称：珠江纸业股份有限公司 2023年第一季度 单位：元

项目	行次	本年累计金额	本期金额
一、营业收入	1	977,491,423.57	977,491,423.57
减：营业成本	2	853,182,699.15	853,182,699.15
税金及附加	3	8,441,405.49	8,441,405.49
销售费用	4	52,663,355.73	52,663,355.73
管理费用	5	36,311,216.85	36,311,216.85
研发费用	6	26,181,754.86	26,181,754.86
财务费用	7	47,334,028.82	47,334,028.82
其中：利息费用	8	43,159,398.32	43,159,398.32
利息收入	9		
加：其他收益	10	2,080,000.00	2,080,000.00
投资收益（损失以“–”号填列）	11	32,092.30	32,092.30
其中：对联营企业和合营企业的投资收益	12		0
以摊余成本计量的金融资产终止确认收益（损失以“–”号填列）	13		0
净敞口套期收益（损失以“–”号填列）	14		0
公允价值变动收益（损失以“–”号填列）	15	9,362.00	9,362.00
信用减值损失（损失以“–”号填列）	16		0
资产减值损失（损失以“–”号填列）	17	–14,789,955.82	–14,789,955.82
资产处置收益（损失以“–”号填列）	18		0
二、营业利润（亏损以“–”号填列）	19	–59,291,538.85	–59,291,538.85
加：营业外收入	20		0
减：营业外支出	21	200,000.00	200,000.00
三、利润总额（亏损总额以“–”号填列）	22	–59,491,538.85	–59,491,538.85
减：所得税费用	23	312,000.00	312,000.00
四、净利润（净亏损以“–”号填列）	24	–59,803,538.85	–59,803,538.85
六、综合收益总额	40	–59,803,538.85	–59,803,538.85
七、每股收益：	41		
（一）基本每股收益	42		
（二）稀释每股收益	43		

任务4 财务指标分析

【教学重点】财务指标计算。

【教学难点】各财务指标含义及评价。

任务导入

【场景8-6】为了评价公司各年度之间的财务状况和经营成果变化，或者在某一时点与同行业其他公司的情况进行比较，应开展财务指标分析。

认知识别 财务指标分析通常分以下四个方面：偿债能力分析、盈利能力分析、营运能力分析和发展能力分析。

1. 偿债能力分析

企业在生产经营过程中，为了弥补自有资金不足就要对外举债，而举债经营的前提必须是能够按时偿还本金和利息，即具有一定的偿债能力，否则就会使企业陷入困境甚至危及企业的生存。偿债能力是指企业如期偿付债务的能力，包括短期偿债能力和长期偿债能力，相关指标有：

（1）流动比率=流动资产 ÷ 流动负债。

流动比率越高，说明企业短期偿债能力越强，流动负债得到偿还的保障越大。经验表明，流动比率在2∶1左右比较合适。其理论依据是流动资产中含有存货，而一般企业的存货约占流动资产的一半。如果流动比率过低，企业可能面临到期难以清偿债务的困难。

（2）速动比率=速动资产 ÷ 流动负债=（流动资产－存货）÷ 流动负债。

速动资产是指现金和易于变现、几乎可以随时用来偿还债务的流动资产，是流动资产剔除存货后的余额。把存货从流动资产中剔除的主要原因是：一是存货的变现速度较慢；二是由于某种原因，存货中可能含有已损失但还没做处理的不能变现的存货；三是部分存货可能已经抵押给特定债权人。

速动比率是流动比率的一个重要辅助指标。有时企业流动比率虽然很高，但流动资产中易于变现、具有即时支付能力的资产却很少，短期偿债能力仍然很差。而速动比率由于剔了存货等变现能力较弱且不稳定的资产，较之流动比率能够更加准确、可靠地评价企业资产流动性及其偿还流动负债的能力。速动比率越高，表明企业资产的流动性越强，偿还流动负债的能力越强，债权人的权益越有保障，短期债权人到期收回本息的可能性就越大。通常认为速动比率等于或稍大于1是比较合理的，它表明企业每1元流动负债都有1元易于变现的资产作为保障。

（3）现金比率=（货币资金+交易性金融资产）÷ 流动负债。

现金比率越高，说明企业现金类资产在流动资产中所占比例越大，企业短期偿债能力就强。现金比率对于分析企业的短期偿债能力具有十分重要的意义，因为流动负债不同于非流动负债，非流动负债至少在1年后才偿还，企业有较充裕的时间来筹措资金以还本付息；而流动负债期限很短（一般都不超过1年），很快就需要用现金来偿还。如果企业没有一定的现金储备，等到债务到期了再临时筹资去偿还债务，就容易出问题。因此，企业保持一定的合理的现金比率是很必要的。一般认为，现金比率维持在20%左右的水平，企业的直接支付能力不会有太大的问题。

（4）利息保障倍数=息税前利润 ÷ 利息费用=（利息费用+税前利润）÷ 利息费用。

息税前利润是指利润表中未扣除利息费用和所得税之前的利润，可以用“利润总额加利息费用”来计算，也可以用“净利润加所得税、利息费用”来计算。利息费用是指本期发生的全部应付利息，不仅包括计入财务费用的利息费用，还应包括资本化利息。虽然资本化利息不在利润表中作为费用扣除，但也是企业的一项负债，也要偿还。需要注意的是，当企业外部的分析主体对企业进行分析时，很难准确地获知企业当期计入财务费用的利息费用以及资本化的利息费用，在这种情况下通常用利润表中的“财务费用”代替利息费用来计算利息保障倍数。

利息保障倍数表明企业息税前利润相当于利息费用的多少倍，反映企业所实现的经营成果支付利息费用的能力。其数额越大，表明企业支付利息能力越强，企业对到期债务偿还的保障程度也越高；反之，则表明企业没有足够资金来源偿还债务利息，偿债能力较低。

（5）资产负债率=负债总额 ÷ 资产总额。

资产负债率用于衡量企业利用负债融资进行财务活动的能力，也是显示企业财务风险的重要指标，反映企业偿还债务的综合能力。这个比率越高，企业偿还债务的能力越弱，反之，偿还债务的能力越强。

一般认为，资产负债率的适宜水平是40%~60%。当然，这也不是绝对的。适度的资产负债率水平要综合考虑若干因素来定。首先是企业所处的生命周期。当企业处于成长期或成熟期时，企业前景比较乐观，可以适当提高资产负债率，充分发挥财务杠杆作用；当企业处于创业期或衰退期时，预期现金流减少，应采取相对保守的财务政策，降低资产负债率，以降低财务风险。其次是行业性质。资产流动性强的行业（如零售业），其周转能力和变现能力较强，可容许的资产负债率较大；经营风险比较低的企业（如供水、供电企业），为增加股东收益，其资产负债率较高；经营风险比较高的行业（如高科技企业），为降低财务风险，其资产负债率较低；资金密集型行业（如飞机制造业），其资产负债率较高。再次是资本市场。直接融资市场比较发达时，企业的资产负债率较低，如我国上市公司的资产负债率水平远低于非上市公司。

2. 营运能力分析

企业营运能力是指企业充分有效利用现有资源，保证生产经营正常运转以及创造财富的能力，其实质就是要以合理的资金占用，在尽可能短的时间内生产出尽可能多的产品，创造尽可能多的营业收入。企业的营运能力是通过企业生产经营资金周转速度的有关指标反映出来的。相关指标有：

（1）应收账款周转率（次数）= 销售收入 ÷ 应收账款。

应收账款周转天数 =365 ÷ 应收账款周转次数 =365 ÷（销售收入 ÷ 应收账款）

公式中的“销售收入”是指扣除折扣和折让后的销售净额。“应收账款”是指因销售商品、提供劳务等而应向购货单位或接受劳务单位收取的款项，以及收到的商业汇票。它是资产负债表中“应收账款”和“应收票据”的期初、期末余额之和的平均数。

应收账款周转率反映了企业应收账款变现速度的快慢及管理效率的高低。一定时期内企业的应收账款周转率越高，周转天数越短，表明企业应收账款回收速度越快，账龄期限越短，企业应收账款的管理效率越高，资产流动性越强，短期偿债能力越强；同时，较高的应收账款周转率可有效减少收款费用和坏账损失，从而相对增加企业流动资产的收益能力。另外，借助应收账款周转天数与企业信用期限的比较，可以更好地评价客户的信用程度及企业原定信用条件的合理性。

（2）存货周转率（次数）= 销售成本 ÷ 存货。

存货周转天数 =365 ÷ 存货周转次数 =365 ÷（销售成本 ÷ 存货）

上述公式中的“存货”应是资产负债表中存货项目的期初、期末余额的平均数。

存货周转率不仅是考核企业存货运用效率的指标，还与企业的盈利能力直接相关。一定期间内，企业的存货周转率越高，存货周转天数越短，表明企业存货变现速度越快，企业存货的运用效率越高，资产流动性越强，企业的盈利能力越强；反之，则表明企业存货的运用效率越低，存货占用资金越多，企业盈利能力则越弱。

（3）流动资产周转率（次数）= 销售收入 ÷ 流动资产。

流动资产周转天数 =365 ÷ 流动资产周转次数 =365 ÷（销售收入 ÷ 流动资产）

上述公式中的“流动资产”应是资产负债表中流动资产项目的期初、期末余额的平均数。

流动资产周转率越高，周转天数越短，表明企业以相同的流动资产占用实现的营业收入越多，说明流动资产的运用效率越好，进而使企业的偿债能力和盈利能力均得以增强；反之，则表明企业利用流动资产进行经营活动的能力差、效率较低。

（4）固定资产周转率（次数）= 销售收入 ÷ 固定资产。

固定资产周转天数 =365 ÷ 固定资产周转次数

上述公式中的“固定资产”应是资产负债表中固定资产项目的期初、期末余额的平均数。

固定资产周转率越高，周转天数越短，表明企业固定资产利用得越充分，说明企业固定资产投资得当，结构分布合理，能够较充分地发挥固定资产的使用效率，企业的经营活动越有效；反之，则表明固定资产使用效率不高，固定资产拥有数量过多，设备闲置没有充分利用，提供的生产经营成果不多，固定资产的营运能力较差。

（5）总资产周转率是销售收入与资产总额的比率，有三种表现形式。其计算公式如下：

总资产周转次数 = 销售收入 ÷ 资产总额

总资产周转天数 =365 ÷ 总资产周转次数 =365 ÷（销售收入 ÷ 资产总额）

上述公式中的“资产总额”应是资产负债表中总资产项目的期初、期末余额的平均数。

总资产周转率反映了企业的总资产在一定时期内创造了多少营业收入，是评价企业全部资产营运能力最有代表性的指标。一般来说，总资产周转次数越多，周转天数越少，则表明总资产周转速度越快，总资产创造的销售收入和现金收入越多，全部资产进行经营利用的效果越好，说明企业营运能力越强，进而使企业的偿债能力和盈利能力得到增强；反之，则表明企业利用全部资产进行经营活动的能力差、利用效率低，造成了资金浪费，最终将影响企业的偿债能力和盈利能力。

3. 盈利能力分析

盈利能力又称获利能力，是指企业在一定时期内获取利润的能力，体现了企业利用可支配的资源开展经营活动，从而获取经济利益的程度。盈利能力包含两个层次的内容：一是企业一个会计期间从事经营活动的盈利能力；二是企业在一个较长期间内稳定地获得较高利润的能力。换言之，盈利能力包含获利水平的高低、获利的稳定性和持久性。企业的经营活动是否具有较强的盈利能力，对企业的生存、发展非常重要。持续、稳定地经营和发展为企业获取利润提供了基础，而获取利润又是企业持续、稳定发展的目标和保证。只有在不断获取利润基础上，企业才可能发展。盈利能力是企业组织生产经营活动、销售活动和财务管理水平高低的综合体现。投资者、债权人、经营者、市场及政府管理部门等企业所有利益相关者都日益重视和关心企业的盈利能力，相关指标有：

（1）销售毛利率 = 销售毛利 ÷ 营业收入 ×100%。

销售毛利由营业收入减去营业成本而得，是企业利润的基础。销售毛利率越高，抵补各项期间费用的能力越强，企业的盈利能力也就越高。

（2）销售净利率 = 净利润 ÷ 营业收入 ×100%。

销售净利率表明企业每1元的营业收入可实现的净利润是多少，反映收入的收益水平。该比率越高，说明企业最终盈利能力越强。销售净利润率的分子是企业的净利润，即企业的收入在扣除了各项成本和费用以及税之后的净额，是企业最终为自身创造的收益，反映了企业能够自行分配的利润数额。提取盈余公积金、发放股利等事项，都是建立在净利润的基础上。因此，销售净利率能够从企业生产经营最终目的角度来反映营业收入的贡献。

（3）净资产收益率 = 净利润 ÷ 平均净资产 ×100%。

企业从事财务管理活动的最终目的是实现所有者财富最大化。从静态角度来讲，首先是最大限度地提高净资产收益率。因此，该指标是评价企业盈利能力的核心指标，而且也是整体财务指标体系的核心。一般认为，净资产收益率越高，企业自有资金获取收益的能力就越强，运营效益越好。该指标通用性强，适用范围广，不受行业局限，无论在国内还是在国外的企业综合评价中使用率都非常高。

（4）总资产收益率=净利润 ÷ 平均总资产 ×100%。

总资产收益率越高，说明企业资产利用效果越好，意味着企业能够更有效地运用其资产创造利润。该指标可以用于不同企业之间的经营效率比较，帮助投资者和债权人判断企业的风险水平和盈利能力。

（5）市盈率=普通股每股市价 ÷ 每股收益。

市盈率高低反映了市场对公司未来盈利能力的预期。一般来说，市盈率较高的公司，市场对其未来盈利能力有更高的预期；反之，市盈率较低的公司，市场可能认为其未来盈利能力有限。

4. 发展能力分析

发展能力是指企业未来的发展潜力和发展速度。发展能力分析有利于了解企业的发展状况、发展水平和可持续发展能力。发展能力分析主要从营业收入、利润、总资产、净资产等进行增长分析，相关指标有：

（1）营业收入增长率=（当期营业收入－上期营业收入）÷ 上期营业收入 ×100%。

营业收入增长率可以反映企业营业收入的增减变动情况，是反映企业发展情况的一个比率。营业收入增长率大于零，说明企业本年营业收入有所增长，指标越高，表明企业营业收入的增长速度越快，企业市场前景越好。但是，也不能盲目追求快速增长，如果超出企业资源和能力所及，可能会产生隐患。

（2）净利润增长率=（当期净利润－上期净利润）÷ 上期净利润 ×100%。

净利润增长率可以反映企业净利润的增减变动情况，是反映企业净利润增长情况的一个比率。净利润增长率大于零，说明企业本年净利润有所增长，指标越高，表明企业净利润的增长速度越快，企业发展状况和潜力越好。

（3）总资产增长率=（当期总资产－上期总资产）÷ 上期总资产 ×100%。

总资产增长率反映出企业总资产的增长速度和企业规模发展情况，是反映企业总资产增长情况的比率。总资产增长率大于零，说明企业本年总资产有所增长，指标越高，表明企业总资产的增长速度越快，在一定时期内企业资产规模扩张速度快，企业的发展趋势和潜力越好。但是在分析时，也要关注资产规模扩张质和量的关系，以及持续发展能力，避免盲目扩张。

（4）净资产增长率=（当期净资产－上期净资产）÷ 上期净资产 ×100%。

净资产增长率反映企业自有资产保值增值的情况，是反映企业净资产增长情况的比率。净资产增长率大于零，说明企业本年净资产有所增长，指标越高，表明企业净资产的增长速度越快，企业发展趋势和潜力越好。如果结合净资产收益率分析，企业有较高的净资产收益率，又保持较高的净资产增长率，则表示企业未来发展会更加强劲。

（5）资本保值增值率=期末所有者权益 ÷ 期初所有者权益 ×100%。

资本保值增值率是反映企业自有资本增长情况的比率。资本保值增值率等于100%，表示资本保值；大于100%，表示资本增值。一般情况下，资本保值增值率越高，表明企业的资本保全状况越好，所有者权益增长越快，企业的发展能力越强。

分析研判 部分财务指标计算过程如下：

1. 流动比率 = 流动资产 ÷ 流动负债

计算流动比率，在表 8–5 资产负债表中找到流动资产与流动负债金额，计算结果如下：

流动比率 = 流动资产 ÷ 流动负债 =5,234,771,280.45 ÷ 2,944,643,823.99=1.78

2. 应收账款周转率（次数）= 销售收入 ÷ 应收账款

计算一季度应收账款周转率，在表 8–5 资产负债表中找到应收账款和应收票据的期末与期初数，计算平均值，在表 8–7 利润表中找到营业收入本年累计金额，计算结果如下：

$$\text{应收账款周转率（次数）}=\text{销售收入} \div \text{应收账款}=\frac{977{,}491{,}423.57}{(43{,}270{,}866.95+65{,}376{,}968.97+106{,}838{,}442.07+141{,}090{,}084.64)\div 2}=5.48$$

3. 销售毛利率 = 销售毛利 ÷ 营业收入 ×100%

计算销售毛利率，在表 8–7 利润表中找到本年累计金额的营业收入和营业成本的本期发生额，计算结果如下：

销售毛利率 = 销售毛利 ÷ 营业收入 × 100%=（977,491,423.57–853,182,699.15）÷ 977,491,423.57 × 100%=12.72%

4. 资本保值增值率 = 期末所有者权益 ÷ 期初所有者权益 ×100%

计算资本保值增值率，在表 8–5 资产负债表中找到期末所有者权益金额与期初所有者权益金额，计算结果如下：

资本保值增值率 = 期末所有者权益 ÷ 期初所有者权益 × 100%=8,162,224,271.11 ÷ 7,237,777,139.21 =112.77%

需要说明的是，单个财务指标一般是针对某个特定方面进行的分析，不能全面说明问题。单个财务指标的高低，只能反映一个方面的状态和水平。要想全面评价整体财务状况，需要更多的财务指标，采用更多的分析方法进行综合分析。

三 任务实施

1. 偿债能力分析

表 8–8 偿债能力指标计算表

项目	2023 年 3 月 31 日	2022 年 12 月 31 日
流动比率	1.78	1.28
速动比率	1.39	1.09
现金比率	0.32	0.34
资产负债率	40.31%	43.55%

从表8–8可以看出，流动比率和速动比率均高于上期，但现金比率有所下降，说明短期偿债能力有所提高，但是存货等比重较高。流动比率的绝对值均小于标准值2,说明偿债能力还是较弱。从速动比率的绝对值大于1来分析，说明导致流动性差的原因是存货，企业需要关注存货是否存在积压。

资产负债率绝对值在40%~60%，风险适中，对比期初有所上升，说明长期偿债能力稍有减弱。

2. 营运能力分析

表8–9 营运能力指标计算表

项目	2023年第一季度	2022年第一季度
应收账款周转率	5.48	8.29
存货周转率	0.99	1.42
流动资产周转率	0.18	0.26
固定资产周转率	0.23	0.18
总资产周转率	0.07	0.06

从表8–9可以看出，企业的应收账款周转率较上年下降了2.81，说明应收账款利用效率在下降，存货周转率较上年下降了0.43，说明存货可能有积压，导致周转缓慢，在应收账款周转率和存货周转率的影响下，流动资产周转率也在下降。固定资产周转率有所提高，说明企业固定资产的利用效率在上升。总体来说，企业的营运能力稍有加强。

3. 盈利能力分析

表8–10 盈利能力指标计算表 单位：%

项目	2023年第一季度	2022年第一季度
销售毛利率	12.72	11.93
销售净利率	–6.12	6.15
净资产收益率	–0.78	1.86
总资产收益率	–0.45	0.95

从表8–10可以看出，销售毛利率为正数，且高于行业平均水平，说明企业的成本控制得当。但是企业的净资产收益率和总资产收益率却为负数，说明费用控制出现问题。从表8–7可以看出，企业财务费用金额较大，说明企业负债较高，风险较大。

项目总结

（1）识别交易和事项、填制和审核凭证、登记账簿、编制报表等会计基础性工作，周而复始，构成会计循环（见图8–28）。

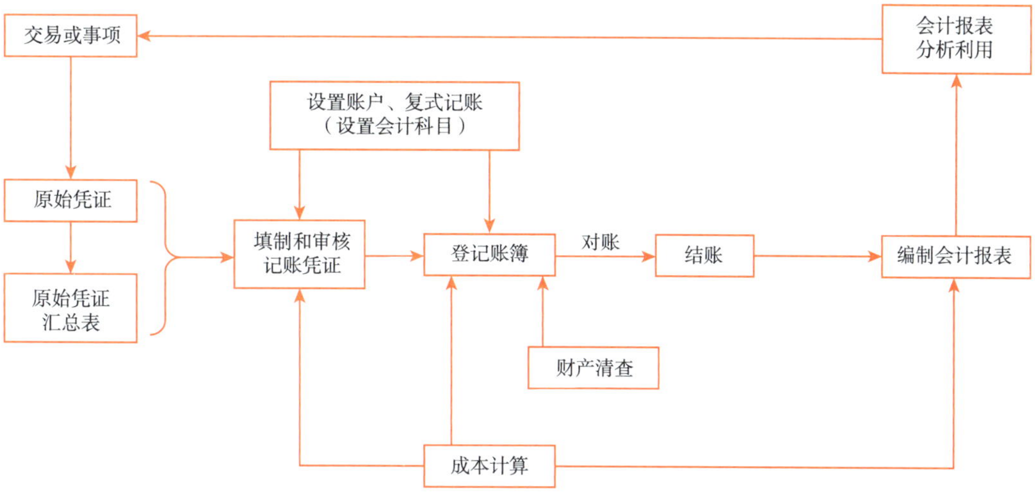

图8–28 会计基本工作循环图

（2）常见财务指标及其分析（见表8–11）。

表8–11 常见财务指标及其分析汇总表

序号	分析角度	指标	指标分析
1	偿债能力	流动比率	比率越大，短期偿债能力越强
		速动比率	比率越大，短期偿债能力越强
		现金比率	比率越大，短期偿债能力越强
		利息保障倍数	比率越大，长期偿债能力越强
		资产负债率	比率越小，长期偿债能力越强
2	营运能力分析	应收账款周转率	比率越大，营运能力越强
		存货周转率	比率越大，营运能力越强
		流动资产周转率	比率越大，营运能力越强
		固定资产周转率	比率越大，营运能力越强
		总资产周转率	比率越大，营运能力越强
3	盈利能力分析	销售毛利率	比率越高，盈利能力越强
		销售净利率	比率越高，盈利能力越强
		净资产收益率	比率越高，盈利能力越强
		总资产收益率	比率越高，盈利能力越强